10대를 위한

행복한
독서토론

일러두기

1. 이 책에 소개된 작품은 한국어 번역 출판권을 가진 국내 출판사의 동의를 얻은 것입니다. 표지 이미지와 본문의 인용글은 모두 해당 출판사에서 펴낸 최신 출판물(2017년 기준)에 맞추어 수록하였고, 서지 정보는 각 작품의 시작 페이지에 자세히 명시하였습니다. 만약 누락되었거나 오류가 있을 경우 행복한아침독서로 연락해 주시면 다음 쇄에서 꼭 수정하겠습니다.

2. 이 책에 수록된 작품에 대하여 좀 더 자세히 알고 싶은 분은 작품별 '첫 번째 수업' 앞에 놓인 큐알코드를 스캔해 보시기 바랍니다. 권일한 선생님의 서평을 담은 '행복한아침독서 포스트'로 이동하거나 작품 해설을 담은 다양한 온라인 콘텐츠로 연결됩니다.

3. 이 책에 수록된 학생들의 글은 모두 동의를 얻어 수록되었으며, 맞춤법에 어긋나는 문장은 『한글맞춤법』(제2017-12호)에 따라 바로잡았습니다.

4. 독서토론에 참가한 아이들이 해가 바뀌면서 학년이 달라졌습니다. 이름이 반복되어 나오는 아이들은 장마다 학년 표시가 다르더라도 동일 인물임을 말씀드립니다.

10대를 위한

행복한
독서토론

권일한 지음

앵무새 죽이기부터 **파우스트**까지
인생책을 만나는 청소년 토론 길잡이

행복한
아침독서

초등학교 2학년 국어교과서에 『개미와 베짱이』가 나온다. 우리 반 두 아이와 함께 배가 고픈 베짱이가 개미를 찾아온 장면을 이야기했다.

나 너희들이 개미라면 어떻게 할 거야? 음식을 나눠줄 거야?

아이들 도와줘야죠!

나 솔직히 말해봐.

아이들 도와주기 싫어요. 개미가 일할 때 베짱이는 놀기만 했잖아요.

나 그럼 베짱이가 죽을 텐데 어떻게 하지?

아이들 도와주기 싫지만 도와줘야죠!

나 베짱이를 도와줬는데 다른 베짱이가 또 찾아오면 어떡하지?

아이들 방아깨비, 여치, 메뚜기까지 오면 어떡해요?

나 백 마리가 찾아오면 어떻게 할 거야? 도와줄 거야?

시리아에서 전쟁이 일어나자 난민이 유럽으로 몰려갔다. 난민이 적었을 때는 유럽이 기꺼이 받아주었다. 그러자 베짱이, 여치, 방아깨비, 메뚜기에 귀뚜라미까지 몰려갔다. 유럽은 문을 걸어 잠그고 일부에선 장벽까지 쌓았다. 몰려든 베짱이들 때문에-물론 이것 때문만은 아니지만-영국은 EU에서 탈퇴했고, 유럽 여러 나라에 극우정당이 세력을 넓혔다. 난민들을 다 먹여 살리려다가는 자기들도 배가 고파질 테니까. 더구나 공손하게 머리 숙여야 할 베짱이가 큰소리까지 치고 있으니까.

질문을 잘하면 개미와 베짱이 이야기로 유럽이 처한 난민 문제를 토론할 수 있다. 사회 구조의 문제, 정부의 역할까지 토론할 수 있다. 독서반에서 기아, 내전, 난민 등의 문제로 토론할 때에 중학생들은 '사람이 어떻게 그럴 수 있느냐!'며 화를 냈다. 돈과 권력 때문에 시민들을 죽이고 난민을 만드는 사람들을 이해하지 못하겠다고 분노했다. 그렇지만 해결방법을 제시하지는 못했다. 아무리 머리를 맞대도 우리 힘으로는 아무것도 못 한다고 결론 내릴 수밖에 없었다. 초등학교 2학년 아이들은 어떻게 대답했을까?

"그럼 사람이 주면 돼요. '베짱이, 메뚜기, 귀뚜라미 다 이리 와라. 내가 과자를 주마!' 하며 부스러기 막 주면 돼요."

신이라면 이렇게 할 수 있다. 사람이 난민 문제를 해결하는 신의 역할을 대신할 수 있을까? 국제기구와 각국 정부가 힘을 합치면 모두를 살리겠지만 그들은 서로 처지가 다르다. 자기 견해만 내세우고 상대방 의견에 반대하느라 사람이 죽어가도 신경 쓰지 않는다. 그들이 논리를 따질 동안 수많은 베짱이들이 계속 죽어간다. 아이들 대답이 결코 해결책이 되지 못하지만 과자 부스러기 막 주면 된다는 말이 참 좋았다. 그런 마음이면 충분하다고 생각했다.

초등학교 2학년 아이들이 난민 문제를 토론할 능력이 없기 때문에 설명해주었다. 개미와 베짱이 이야기가 저 멀리 유럽이라는 곳에서 일어나는 일이라고. 너희들처럼 과자 부스러기 막 주려는 사람들이 많으면 베짱이들이 다 살 수 있을 거라고.

"베짱이가 왜 놀기만 한 줄 알아? 베짱이는 가수가 되고 싶었어. 그렇지만 베짱이가 사는 시골에는 베짱이를 가르칠 선생님이 없었대. 베짱이를 가르칠 정도로 뛰어난 이웃은 모두 서울로 가버렸거든. 부자 친구는 주말마다 서울에 가서 배웠지만 우리 베짱이는 가난해서 그러지 못했어. 그래서 열심히 일하는 개미 곁에서 노래를 부른 거야."

시골 어디에서나 쉽게 볼 수 있는 모습이다. 몇몇 학생은 주말마다 서울에 가서 배우지만 대부분 그러지 못한다. 시골에서 개미처럼 열심히 공부해도 대도시 학생들을 따라가기 힘들다. 교육과 문화에서 소외된 지역, 개미처럼 일하고 싶어도 기회가 적은 강원도 바닷가 마을에서 내가 가진 것이라도 나눠주고 싶었다. 2학년 아이들이 베짱이, 여치, 귀뚜라미에게 과자 부스러기를 나눠주는 마음으로 독서반을 열었다.

2009년부터 초등학생과 독서토론을 시작했다. 찬반토론도 하지만 이야기를 나누는 토론을 더 많이 했다. 깊이 읽기 위해서 한 권을 4주 동안 90분씩 나누었다. 각자 책을 읽어온 뒤에, 함께 내용을 파악하고(1주), 토론하고(2~3주). 글을 쓰고(3~4주), 내용을 정리하며 글을 고쳤다(4주). 토론하고 글을 쓰면 4주가 금방 지나가고 또 새로운 책을 찾았다.

초등학교를 졸업한 학생들이 중학생 반을 만들자고 해서 2012년에 중학생 독서반을 시작했다. 열 명쯤 되는 중고등학생과 일요일마다 만나 책을 읽고 토론하고 글을 썼다. 열 권 읽으면 한 해가 지났고 서른 권을 나누면 학생들이 고등학교에 갔다. 고등학생이 되어도 계속하자고 해서 중고등학생이 함께 토론한다. 그러는 동안 소중한 책과 함께 우리가 나눈 생각들이 차곡차곡 쌓였다. 부스러기에서 시작한 토론이 모여 이 책이 되었다.

학생들이 책을 읽고 토론하고 글을 쓰는 모습을 보면서 즐거웠다. 시간이 지날수록 학생들은 개미와 베짱이에서 자기만의 생각을 만들어냈다. 토론할 때마다 새로운 생각을 듣는 게 재미있어서 언제 시간이 지나갔는지 몰랐다. 이 책을 읽는 독자들도 같은 경험을 하면 좋겠다. 무엇보다도 개미와 베짱이라는 재료로 '열심히 하자'는 요리 하나만 만들어내지 말고 온갖 요리를 만들어내는 실력을 갖추기를 기대한다.

우리에게 좋은 책을 남겨주신 작가들이여! 고맙습니다.
좋은 책을 출판해주신 분들도 고맙습니다.
자기 몸을 책으로 바꾸어 기억의 일부가 된 나무여, 고맙습니다.
원고를 읽고 의견을 보내준 김혜영, 김병재 선생님! 고맙습니다.
잠을 깨워가며 일요일 아침마다 나온 학생들에게 박수를 보냅니다.
우리를 한자리에 모아주신 하나님께 감사드립니다.

차례

제1부 토론으로 **새로운 세상을 꿈꾸다**

제2부 토론으로 **우리들의 고민을 나누다**

제6부 통합논술을 쓰면서 **책을 보는 눈을 넓히다**

독서토론을
잘 이끌어 가려면

귀 기울여 들어야 한다

책을 읽으면 생각이 넓어지고 겸손해질까? 오히려 책이 오만하고 편협한 생각을 강화하기도 한다. 로마사를 쓴 독일 역사가 몸젠이 '로마가 낳은 유일한 창조적 천재'라고 부른 카이사르는 이렇게 말했다.

"사람은 누구나 모든 현실을 볼 수 있는 것은 아니다. 대부분의 사람은 자기가 보고 싶은 현실밖에 보지 않는다."*

이를 심리 용어로 확증편향이라 한다. 자기 생각과 신념을 지지하는 정보는 쉽게 받아들이지만 그렇지 않은 정보는 아무리 근거가 타당하고 올바르더라도 받아들이지 않는 경향을 말한다. 확증편향은 독서에도 영향을 준다. 책을 여러 번 읽고도 '그 책에 그런 내용이 있었나?' 하는 건 기억력 때문만은 아니다. 확증편향의 영향이 크다.

확증편향은 자신의 생각을 뒷받침하는 내용만 기억하게 한다. 자기 생각을 강화하기 위해 내용을 마음대로 해석하게 만든다. 자신이 좋아

*『로마인 이야기 5』 시오노 나나미 지음, 김석희 옮김, 한길사.   **13**

하는 책만, 자기 방식으로 읽으면 아무리 많이 읽어도 소용없다. 토론을 해도 자기 입장만 내세우면 상대를 이해하지 못하는 싸움꾼이 된다. 책 많이 읽었다고 자랑하는 고집불통이 되느니 책을 읽지 않는 게 낫다. 그래서 찬반토론 대회에서는 동전을 던져 찬성과 반대를 정한다. 찬반 양쪽을 모두 준비해야 편협해지지 않기 때문이다.

힐러리 클린턴은 공화당 지지자였다. 공화당이 옳고 민주당은 잘못하고 있다고 믿었다. 고등학생일 때 찬반토론에서 자신이 싫어하는 민주당 편에 서야 했다. 힐러리는 이때 처음으로 민주당의 처지에서 생각하게 되었다. 나쁘게만 봤던 민주당의 정책을 살펴보며 힐러리는 지지 정당을 바꾸었다. 상대방의 생각에 귀를 기울이게 해준 토론이 힐러리를 민주당 대통령 후보로 만들었다.

한 가지 생각만으로 책을 읽으면 편협하고 오만해진다. 잘못된 사실을 왜곡해서 이해하기도 한다. 『개미와 베짱이』는 오래도록 개미처럼 부지런해야 한다는 이야기로 읽혔다. 그러나 곤충 세계에서 베짱이도 개미만큼 열심히 일한다. 일하지 않고 놀고먹는 개미가 전체 개미의 3분의 1이나 된다. 『아기돼지 삼형제』에서 늑대가 나쁘게 나왔지만 지금 늑대는 보호해야 할 멸종 위기 동물이다. 양을 잡아먹어서 나빠진 이미지가 굳어버려 왜곡된 대표 사례이다.

방송매체가 발달하면서 베짱이가 여름 내내 연습해서 가수로 성공한 해석이 새롭게 나왔다. 정해진 답을 벗어난 해석이 인기를 끌자 『흑설 공주 이야기』『늑대가 들려주는 아기돼지 삼형제』 같은 책이 계속 나오고 있다. 다양한 해석은 우리의 생각을 풍요롭게 한다. 토론은 다양한 생각을 듣는 자리가 되어야 한다. 자기 생각만 내세우고 한 가지 생각만 강요하면 토론이 아니라 싸움이다. 나와 다른 생각을 들으려는 태도를 취해야 책의 바다에서 온갖 생명을 만난다.

셰익스피어가 위대한 까닭은 독자들에게 다양한 생각을 들려주기 때문이다. 시오노 나나미는 『로마인 이야기』에서 셰익스피어의 4대 비극이 인간의 욕망을 잘 그려냈기 때문에 명작이라고 했다. 『수요일의 전쟁』*에는 선생님들이 학생을 지루하게 만들어 죽이려고 셰익스피어를 읽힌다고 말했지만 정작 저자는 이 말이 틀렸음을 재미있게 보여준다.

독서반에서 셰익스피어 4대 비극을 토론했다. 혼자 읽을 때는 생각지도 못한 이야기를 들었다. 한 학생은 잘못된 지도자의 모습을 보았고 다른 학생은 우리가 살아가야 하는 올바른 삶의 모습을 보았다. 한 가지에 집착하는 위험성으로 글을 쓴 학생, 복수의 장단점을 생각한 학생, 사람이 어떻게 변해야 하는지에 대해 글을 쓴 학생도 있다.

귀 기울여 듣는 토론은 다양한 해석을 만들어낸다. 다양한 해석을 들으며 4대 비극을 새롭게 보았다. 다양한 해석을 갖춘 토론은 오만과 편견**, 독선과 아집을 깨뜨린다. '이 책은 이런 책이다'가 아니라 '나는 이렇게 읽었고, 너는 저렇게 읽었고, 저마다 다르게 읽었다'고 해야 좋다. 툭 내뱉는 부스러기 같은 생각이라도 붙잡아 새로운 생각을 만나게 해주어야 한다.

다양한 해석을 들려주려면 토론할 주제를 다양하게 준비해야 한다.

| **진로** | 개미처럼 대다수가 하는 일을 할까, 베짱이처럼 새로운 일을 할까? 당장 먹고 사는 데 도움이 되는 일을 할까, 막연하지만 미래를 꿈꾸며 살아갈까?

---

* 『수요일의 전쟁』게리 D. 슈미트 지음, 김영선 옮김, 주니어랜덤.
** 오만과 편견을 깨달으려면 말보다는 제인 오스틴의 『오만과 편견』을 읽는 게 낫다.　**15**

| **복지** | 굶주리고 추위에 떠는 베짱이를 어떻게 해야 할까? 게을러서 굶주린 베짱이, 노력했지만 실패해서 굶주린 베짱이에게 똑같이 복지혜택을 주어야 할까?

| **난민** | 베짱이 십만 마리가 개미 마을에 와서 도와달라고 하면 어떻게 할까?

| **사회** | 우리나라는 개미에게 유리한 사회인가, 베짱이에게 유리한 사회인가?

등을 생각한다면 좋은 토론을 만들 수 있다.

부스러기 생각이 중요하다

토론은 말로 이루어진다. 토론에서는 수많은 말이 쏟아진다. 미처 생각하지 못한 이야기, 낯선 말, 반대 의견이 튀어나온다. 책 내용, 내용과 관련된 다른 책, 비슷한 경험과 반대 경험, 역사적 인물과 사건, 동의하는 의견과 반대하는 의견, 설명과 논증이 뒤섞인다. 온갖 음식이 차려진 뷔페처럼 '말'들이 향연을 벌인다.

찬반토론에서는 논제가 메인 요리가 된다. 논제에 대한 주장과 근거, 근거를 뒷받침하는 설명과 예시가 반찬으로 따라 나온다. 찬반토론은 짧은 시간 동안 같은 재료로 누가 더 맛있는 요리를 만드는지 겨루는 시합과 같다. 상대가 어떤 요리(주장과 근거)를 내놓을지 예상하고 더 맛있는 음식(논리)을 만들어야 한다. 이야기를 나누는 토론*에서는 질문이 음식의 수준을 결정한다. 뻔한 질문은 똑같은 밥과 반찬을 만든다. 좋

* 이야기를 나누는 토론을 더 알고 싶으면 『책벌레 선생님의 행복한 독서토론』(2016) 참고.

은 질문은 똑같은 책에서 새로운 맛을 느끼게 해준다.

찬반토론은 상대가 무엇을 내놓을지 예상하기 쉽다. 이야기를 나누는 토론도 핵심 내용은 대부분 예상한다. 그래서 중요하지 않은 듯 보이는 부스러기 의견이 중요하다. 주장과 근거, 예시와 설명 사이에 부스러기 말이 숨어있다. 찬반토론을 할 때는 학생들이 부스러기 하나라도 놓치지 않으려 한다. 찬반토론이 한 시간 이내의 짧은 시간 동안 미리 준비한 논제를 다루기 때문이다. 또한 상대방의 허점을 찾기 위해서라도 부스러기 말을 놓치지 않으려 한다.

이야기를 나누는 토론은 한 가지 주제에 매이지 않는다. 찬성과 반대로 정확하게 나누지도 않는다. 그래서 부스러기 말이 많이 생긴다. 상대를 이기기 위해서라면 생각을 집중하기 쉽지만 여러 사람이 다양한 이야기를 나누면 부스러기를 놓칠 때가 많다. 토론을 잘 인도하는 사람일수록 부스러기를 놓치지 않는다.

1926년 강원도 태백시 금천마을에서 장 씨라는 사람이 까만 돌덩어리를 주워 면장에게 갖다 주었다. 돌 색깔이 이상해서 가져왔지만 장 씨도 면장도 가치를 몰랐다. 일본인 광산기사 시라키 다쿠치가 '돌 부스러기'에서 열량이 높은 석탄의 가치를 알아보았기 때문에 태백과 삼척에 탄광이 들어섰다. 지금은 전교생 300여 명인 삼척시 도계초등학교에 오천 명이나 되는 아이들이 다녔던 것도 냇가에 뒹굴던 부스러기 때문이었다.

학생들이 툭 내뱉는 부스러기 같은 한 마디를 붙잡아 재료를 잘 섞어 건물을 쌓아 올리면 토론이 잘된다. 『카이사르의 내전기』를 읽고 "카이사르가 군대를 이끌고 루비콘 강은 건넌 것은 잘한 일이다."로 찬반토론을 했다. 로마법은 군대를 이끌고 루비콘 강을 건너지 못하게 한다. 카이사르는 혼자 루비콘 강을 건너면 죽을 위험에 빠지거나, 원로원이 자신의 의견을 무시할 것으로 생각했다. 그래서 로마법을 어겼다.

소크라테스는 아테네 시민뿐만 아니라 법 집행자들까지 악법이라고 생각한 법을 지키기 위해 독약을 마시고 죽었다. 반대 측에서 소크라테스가 법을 지킨 사례를 들어 카이사르를 비판했다. 그러자 찬성 측에서 소크라테스가 법을 지킨 것이 좋아 보이지만 사실 아테네 시민을 변화시키기 위해 소크라테스가 택한 선택 아니냐고 되물었다. 나는 이 말에 깜짝 놀랐지만 학생들은 그냥 넘겨버렸다.

학생들은 자기들이 한 말이 얼마나 중요한지 몰랐다. 배경지식이 없기 때문에 가만두면 '맞다, 아니다'를 두고 입씨름한다. 부스러기 생각의 중요성을 짚어주어야 한다. "소크라테스가 자기 이익을 위해 준법을 수단으로 삼았다는 뜻이냐?"라고 찬성 측 아이에게 다시 물었다. 찬성 측이 나보다 먼저 부스러기 생각을 붙잡았다면 논쟁을 준법과 불법이 아니라 '이익'으로 바꿔버렸을 테고 승기를 잡았을 것이다. 준법과 불법은 모두 이익을 위한 수단에 불과할 뿐 소크라테스나 카이사르가 서로 다를 바가 없다고 말하면 되니까.

어린아이는 고액권 지폐의 가치를 모른다. 그래서 아무 데나 둔다. 잃어버려도 찾지 않는다. 부모는 돈의 가치를 알기 때문에 아이가 흘린 돈을 잘 간직한다. 마찬가지로 학생들이 뜻 모르고 내뱉는 부스러기 생각을 토론 진행자가 붙잡아야 한다. 학생들 말을 잘 듣고 정리해서 다시 질문하면 토론 수준을 높일 수 있다.

질문이 독서토론 수준을 결정한다

독서토론의 생명은 '질문'이다. 질문을 잘하면 선녀와 나무꾼 이야기로 '여성의 권리'를 논하거나 '속아서 한 약속을 지켜야 하는가?'를 토론할 수 있다. 좋은 질문이 좋은 토론을 만들어낸다. 정답 찾기, 뻔한 이야기 되풀이하기, 시간 때우기를 피하려면 질문을 잘 만들어야 한다. 그러면 윌리엄 블레이크가 모래 한 알에서 우주를 보듯 책 한 권에서 온갖 세상을 볼 수 있다.

처음 독서반을 시작했을 때는 시험문제 내듯 단답형 질문을 많이 했다. 학생들의 대답을 듣고 다음 질문으로 이어가야 하는데 단답형 대답은 이어갈 수 없었다. 서술형 질문을 하려고 노력했지만 뻔한 질문에서 벗어나기 어려웠다. 독서토론 연수에 참여해도 질문을 만드는 방법을 가르쳐주지 않았다. 대한민국 독서토론 대회에서 학생들이 실제로 토론하는 모습을 보면서 질문을 어떻게 만드는지 배웠다.

아래에 소개하는 질문 만드는 방법은 내 경험에서 나왔다. 이론으로 입증되진 않았지만 실제로 토론할 때는 도움이 되리라 생각한다. 다만 토론자의 수준과 경험, 분위기에 따라 달라질 수 있다.

첫째, 질문을 잘 만들려면 평소 습관보다 천천히 읽어야 한다. 혼자 내용을 이해하고 즐기려면 마음대로 읽어도 되지만 다른 사람과 나눌 이야기를 질문으로 만들려면 천천히 읽어야 한다. 천천히 읽으면서 이해하고 깨달은 내용과 감정을 다른 사람과 나누려면 어떻게 질문해야 하는지 생각하자. 책을 읽다가 이야기를 나눌 만한 부분을 만났을 때 '무엇을, 어떻게 물어볼까?' 생각하면 자연스럽게 천천히 읽게 된다.

둘째, 저자가 왜 책을 썼는지 생각하며 읽어야 한다. 나는 저자의 생각을 자기 생각, 다른 사람의 생각, 시대의 생각과 견주어 보려고 토론한다. 저자의 생각은 저자가 살았던 시대와 환경, 저자가 선택한 소재나 사건, 저자의 생각을 담은 문장, 저자가 부각하려는 내용에 담겨있다. 책을 읽으면서 이런 부분을 표시했다가 다시 살펴본다. 그러면 좋은 질문을 만들 수 있다.

셋째, ○×형 질문, 정답 찾기 질문을 하지 말아야 한다. 창의적인 질문, 발산하는 질문을 하라고 권하고 싶지만 무엇이 창의적인지 모호하다. 이상한 질문을 해놓고 창의적이라고 생각하거나 주제와 상관없는 엉뚱한 질문을 던져놓고 스스로 만족하기도 한다. 차라리 '예, 아니요'를 찾는 질문, 단답형 질문을 피하겠다고 생각하고 질문을 만드는 게 낫다. 많은 교사들이 수업할 때 ○×형 질문, 정답 찾기 질문을 한다. 이미 정답을 내려놓고 단순히 확인하기 위해 묻는 습관이 굳어버렸기 때문이다.

넷째, 쉬운 내용을 먼저 묻고 이어서 복잡한 내용, 우리 사회와 관련된 내용을 물어야 한다. 베짱이 한 마리가 찾아오면 어떻게 할 건지 물은 뒤에 백 마리가 찾아오면, 난민들이 수십만 명씩 들어오면 어떻게 할 건지 물어야 한다. 이때 두 질문은 반드시 같은 내용이어야 한다. 질문 가, 질문 가-1, 질문 가-2로 이어져야 한다. 서로 연결되지 않는 질문을 이어서 던지면 학생들이 한 주제를 깊이 생각하지 못한다. 문제 풀 듯 대답에 쫓겨 주제를 놓친다.

다섯째, 이야기 토론에서는 책 내용을 학생들 이야기로 연결해야 한다. '그 이야기'가 '내 이야기'가 되면 학생들이 책을 좋아한다. 중등반 학생들이 『고도를 기다리며』를 어려워했다. 그래서 먼저 각자 어떤 고도를 기다리는지, 계속 고도를 기다려야 하는지 토론했다. 토론하기 전에는 고도가 무엇인지 생각하지 못했지만 학생들이 꿈꾸는 세상을 생각하고 난 뒤에는 블라디미르와 에스트라공이 고도를 기다리는 내용을 토론할 수 있었다. '내 이야기'로 책을 읽게 하면 토론이 쉬워진다.

마지막으로 오만하지 않되, 자신감을 가져야 한다. 오만하면 자기 생각 안에 갇힌다. 토론자와 단절된 혼자만의 자신감은 학생들의 마음과 생각을 닫아버린다. 질문을 만들 때부터 차분하고 겸손한 태도를 가져야 한다. 그렇다고 비굴해지고 주눅 들 필요는 없다. 자신 있게 질문을 만들되, 학생들에게 맞는 질문인지 겸손하게 돌아보자.

초등과 중등 독서토론, 이렇게 달랐다

2009년에 초등학교 3~4학년 10여 명, 5~6학년 10여 명과 방과후독서반을 시작했다. 귀여웠다. 초등학생들은 알면 안다고 재잘대고 몰라도 아는 척 떠들었다. 어려운 내용을 물으면 조용해지지만 잠시뿐이었다. 참 즐거웠다. 토론이 제대로 되지 않을 때도 걱정이나 부담이 되지 않았다. 내가 대답하기 어려운 내용을 초등학생이 물을 리가 없어서 마음이 편했다. 독서반 분위기가 늘 활발하고 따뜻했다.

그러나 초등학생들은 교사인 내 말에는 귀를 기울이지만 친구들이 말할 때는 '듣고 배우려' 하지 않았다. 토론은 웅변대회가 아니다. 토론에서는 의견을 내세우는 것보다 듣는 것이 더 중요하다. 이 아이들이 중학생과 고등학생이 되면서 점점 다른 사람 의견을 잘 들었다. 중고등학생은 다른 사람 의견에 '우와!' 하며 엄지를 척 올리기도 했다.

초등학생들은 자기를 표현하는 즐거움 때문에 독서반에 왔다. 새로운 것을 배우는 것도 좋아했다. 중고등학생도 표현과 배움을 좋아했지만 때론 분노했다. 학생들이 책을 읽으며 배우고 위로받을 거로 생각했지만 화를 낼 거라고는 예상하지 못했다. 독서반 학생이 다니는 고등학교 교장선생님을 찾아가 학교와 교육에 대한 의견을 말하며 따졌다. 교장선생님이 들어주지 않자 학교신문과 교내방송에 의견을 제시하겠다며 교장선생님을 따라다녔다.

초등학생은 책을 '책에 나온 이야기'로 읽는다. 토끼와 거북이는 옛날에 토끼와 거북이에게 있었던 이야기로 받아들인다. 중고등학생은 책에 갇힌 이야기가 아니라 작가가 특별한 목적을 위해 쓴 이야기로 받아들였다. 옛날이야기일 뿐만 아니라 우리 시대 이야기로 읽었다. 책에나 나와야 할 잘못된 사회 구조, 억압과 편견, 올바로 판단하지 못하는 사람들, 잘못된 생각에 휩쓸린 지도자와 대중이 바로 우리 이야기여서 분노할 수밖에 없었다.

초등학생이 읽는 책은 배경을 몰라도 이해할 수 있다. 초등학생이 이해하기 쉽도록 시대와 현실을 깊이 담지 않기 때문이다. 중등반에서는 저자가 책을 쓴 까닭을 찾고 우리 시대와 견주어 토론했다. 초등학생은 이렇게 못 하기 때문에 어떤 내용인지, 내용이 어떤 뜻인지 알아보았다. 책 내용 안에서의 원인과 결과를 알아보았지만 책을 벗어나 무엇 때문에 그 책을 썼는지는 찾지 않았다. 중등은 책 내용을 벗어나는 원인과 결과, 시대 배경까지 따지고 분석하며 읽었다.

초등반은 내용을 이해하고 새로운 지식을 배우며 꿈과 희망을 찾으려

했다. 중고등학생이 되면 점점 사회 현실에 관심을 기울인다. 그래서 희망을 찾기보다 비판을 많이 했다. 저자가 책을 쓴 시대를 이해하고, 저자가 바라본 현실을 책에 어떤 모습으로 담았는지 분석하고, 대안을 찾았기 때문에 중등반은 초등반보다 무겁고 답답했다.

청소년 책은 시대와 현실을 반영한다. 특히 고전명작은 인간의 본성을 담기 때문에 이해하기 어렵다. 그래서 고전명작은 초등학생을 위해 쉽게 바꿔 쓴 책이라도 거의 읽지 않았다. 읽을 수는 있지만 토론하지는 못하기 때문이다. 낯선 내용이라도 초등은 관심을 두고 한번 생각해보는 수준으로 토론했고 중등은 따져보고 분석했다. 중고등학생들은 고전명작을 좋아했다. 말투와 내용 모두 어려운 『파우스트』와 사람과 땅과 민족 이름이 복잡한 『카이사르의 내전기』도 즐겁게 토론했다.* 어려운 내용 뒤에 감춰진 가치를 알고 기대했다.

초등반에서는 가끔 찬반토론을 했지만 대부분 이야기를 나누는 토론을 했다. 중등반은 찬반토론을 30~40퍼센트 정도 했다. 찬반토론을 하려면 원인과 결과를 파악할 수 있어야 한다. 장점과 단점도 찾아내야 하고 반대로 생각하는 능력도 있어야 한다. 초등학생은 아직 이렇게 하지 못한다. 반대 측의 주장을 자신에 대한 공격으로 받아들이기도 한다. 중등은 초등보다 유연해서 자신의 의견을 고집하지 않는다. 그래서 찬반토론에서 상대방 의견에 박수를 보내기도 했다. 초등은 독서감상문을 80~90퍼센트 쓰고 중등은 독서감상문과 독서논술을 비슷한 비율로 썼다.

* 『파우스트』는 4부, 『카이사르의 내전기』는 5부 네 번째 장에 토론 내용을 소개했다. **23**

독서반에서 이런 책을 읽었다

2017년 5월까지 독서반에서 외국 작가 37종, 국내작가 18종의 책을 나누었다. 초등반에서는 국내작가와 외국 작가를 비슷하게 읽었지만 중등반에서는 외국 작가가 훨씬 많다. 고전문학 13종이 모두 외국 작가의 책이기 때문이다. 중등반 학생들이 문학책을 좋아해서 문학책이 많다. 인문, 교육, 사회, 과학은 모두 내가 권해서 읽었다. (25~26쪽 표 참고)

초등학생일 때부터 함께한 학생들과 헤어지면서 가장 마음에 드는 책을 골랐다. 『10대를 위한 정의란 무엇인가』 『토요일의 심리클럽』 『죽은 시인의 사회』 『왜 세계의 절반은 굶주리는가』 외에는 모두 문학책이었다. 『멋진 신세계』 『파리대왕』 『기억전달자』 『모모』 『아홉살 인생』 『여고생 미지의 빨간약』을 좋아했다. 학생들이 뽑은 최고의 책은 『내 영혼이 따뜻했던 날들』과 『앵무새 죽이기』이다. 두 책은 모순과 편견 속에서도 따뜻함을 잃지 않는 사람들을 보여준다.

독서반에서 함께 읽은 책들

분야	도서명 및 저자
인문 (9종)	『10대를 위한 정의란 무엇인가』 마이클 샌델 『꿈의 해석』 프로이트 『내가 고통당할 때 하나님 어디 계십니까?』 필립 얀시 『나의 별에도 봄이 오면』 고운기 『빼앗긴 내일』 즐라타 필라보빅 외 『송시열과 그들의 나라』 이덕일 『우리들의 하느님』 권정생 『철학 통조림』 김용규 『토요일의 심리클럽』 김서윤
교육 (4종)	『죽은 시인의 사회』 클라인바움 『프리덤 라이터스 다이어리』 에린 그루웰 『학교의 슬픔』 다니엘 페낙 『행복한 글쓰기』 게일 카슨 레빈
사회 (5종)	『굿머니』 다나카 유 외 『무엇이 행복한 경제를 만들까?』 박세진 『왜 세계의 절반은 굶주리는가』 장 지글러 『식탁 위의 세계사』 이영숙 『체를 통과하는 물』 케빈 베일스 외
과학 (4종)	『요리로 만나는 과학 교과서』 이영미 『웰컴 투 디지털 월드』 클라이브 기퍼드 『청소년이 꼭 알아야 할 과학이슈 11』 박기혁 외 『하리하라의 음식과학』 이은희
고전문학 (13종)	『걸리버 여행기』 조나단 스위프트 『고도를 기다리며』 사뮈엘 베케트 『그리스인 조르바』 니코스 카잔차키스 『맥베스』 셰익스피어 『멋진 신세계』 올더스 헉슬리

분야	도서명 및 저자
	『셰익스피어 4대 비극』 셰익스피어
	『수레바퀴 아래서』 헤르만 헤세
	『오이디푸스왕·안티고네』 소포클레스 외
	『이방인』 알베르 까뮈
	『지킬 박사와 하이드 씨의 기이한 사례』 로버트 스티븐슨
	『카이사르의 내전기』 카이사르
	『파리대왕』 윌리엄 골딩
	『파우스트』 괴테
현대문학 (20종)	『기억전달자』 로이스 로리
	『내 영혼이 따뜻했던 날들』 포리스트 카터
	『내 이름은 망고』 추정경
	『노벨트에서 평범한 건 없어』 잭 갠토스
	『딸들의 제국』 하쿠타 나오키
	『만세 전』 염상섭
	『모모』 미하엘 엔데
	『백설공주에게 죽음을』 넬레 노이하우스
	『사이렌』 전성현
	『수요일의 전쟁』 게리 슈미트
	『아홉 살 인생』 위기철
	『앵무새 죽이기』 하퍼 리
	『여고생 미지의 빨간 약』 김병섭 외
	『우아한 거짓말』 김려령
	『인터넷 나라의 엘리스』 안트예 스칠라트
	『일단 질러』 에릭 월터스
	『태양의 아이』 하이타니 겐지로
	『태평천하』 채만식
	『파이 이야기』 얀 마텔
	『한국중장편소설 1, 2』 박완서 외

▓▓▓▓▓▓ 읽는 내내 계속 놀랐다. '아, 저렇게 생각할 수도 있구나! 원래 우리는 저렇게 살아야 하는 거구나! 저렇게 살 수만 있다면 정말 행복하겠다. 꿈결 같다. 정말 저런 사람들도 있구나!' 많은 따뜻한 생각에 읽을 때마다 좋았다. 이 책을 읽고 나면 한 번쯤은 인디언에 대한 깊이 있는 책도 읽어보고 싶다. 중3 이가진, 『내 영혼이 따뜻했던 날들』

▓▓▓▓▓▓▓ 『내 영혼이 따뜻했던 날들』은 그냥 계속 읽게 된다. 읽고 나면 진짜 영혼이 따뜻해지는 것 같은 내용이다. 지금 사회 시스템을 판단할 시간이 없을 정도로 경쟁하는 사람들이 이걸 읽으면서 이 사회 시스템이 살짝 잘못됐다고 느낄 수 있다. 진짜 너무 재미있다.
『앵무새 죽이기』도 그냥 계속 읽게 된다. 갑자기 빡! 하고 인권을 존중해야겠다가 아니라 서서히 나도 모르는 새에 인권을 존중하는 게 중요하구나 생각하게 된다. 저자가 어린이의 시선으로 글을 풀어서 독자는 순수한 어린아이가 '저 어른들 왜 저러지?' 하는 듯 책을 보게 된다. 그러니 이 책을 읽는 어른들은 죄책감도 들 수 있을 것 같다.
중3 조용연, 『내 영혼이 따뜻했던 날들』 『앵무새 죽이기』

▓▓▓▓▓▓▓ 『앵무새 죽이기』는 우리 주변에 소외당하는 사람들이 얼마나 큰 불이익을 받고도 그냥 넘어가는지에 대해 알게 해줬다. 스카웃의 아빠가 자신이 이길 수도 없는데 사회적 질타를 받으면서까지 흑인을 변호하려는 것이 큰 가르침이 되었다. 한 사람이 사회를 바꾸지 못하지만 하나의 불꽃이 될 수 있고 그 불꽃이 모여 사회를 바꿀 수 있다는 것을 알게 됐다. 모든 결정에서 공정함을 우선시하게 되었고 소외당하는 사람들에게 먼저 다가가도록 삶의 태도가 바뀌었다. 『모리와 함께한 화요일』 『마지막 강의』와 더불어 내 인생에 가장 큰 영향을 미친 책이다. 고1 유승민, 『앵무새 죽이기』

████████ 진짜 꼭 읽어 봐야 할 고전이라 생각한다. 고전에 관한 매력을 제대로 느낄 수 있는 책이다. 괴테의 천재성에 감탄하고 책 읽는 도중에 몸에 소름이 돋는 걸 느낄 수 있을 것이다. 나는 고전(시 형태로 쓰인 원작)을 파우스트로 처음 읽었는데 이 책을 읽은 뒤에 다른 고전들을 막힘없이 술술 잘 읽은 것 같다. 고전 특유의 문체와 향수를 파우스트에서 시도 때도 없이 느낄 수 있을 것이다. 지루하다고 느낄 수도 있고 길어서 지칠 수도 있겠지만 살면서 한 번쯤은 읽어봐야 할 책이라 생각한다. 중3 오다연, 「파우스트」

독서반을 처음 시작했을 때는 나도 서툴고, 학생들도 정답 찾기를 했다. 개미는 부지런하고 베짱이는 게으름뱅이라는 생각에서 벗어나지 못했다. 여러 가지 의견이 중구난방으로 떠다녔다. 『글쓰기 수업』*에서 앤 라모트는 글을 쓰지 못해 끙끙대는 오빠에게 아빠가 한 충고를 써놓았다.

"새 떼를 잡으려면 새를 한 마리씩 한 마리씩 잡아야 한다."

처음부터 멋진 토론을 기대하면 새떼를 놓친다. 욕심 부려 덜컥 다가가면 내려앉으려던 새도 날아 가버린다.

가끔 새를 한두 마리 잡아서 보여주는 학생도 토론 책이 바뀌면 다시 허둥댔다. 토론하는 시간이 쌓이면서 비로소 우리가 보지 못한 것들이 눈에 들어왔다. 손에 들어오는 새도 한 마리 두 마리 늘어났다. 우리가 무얼 놓쳤는지, 왜 토론에 깊이 들어가지 못하는지, 서로 어떻게 책을 읽었는지 나누면서 서서히 새들을 맞이했다. 내용을 이해하고 토론하는 동안 새들이 우리 곁에 함께 내려앉았다. 글을 쓰고 서로에게 읽어주면서 자연스럽게 새가 우리 마음에 둥지를 만들었다.

토론하는 책이 쌓여가면서 새들이 점점 우리 주위에 많이 날아다녔다.

* 『글쓰기 수업』 앤 모라트 지음, 최재경 옮김, 웅진윙스.

『수레바퀴 아래서』와 『그리스인 조르바』를 만났다. 『지킬 박사와 하이드 씨』의 고민을 들어주고 『멋진 신세계』로 여행을 다녀왔다. 새들과 친해지면서 둥지가 생기고 우리의 생각에서 낳은 알을 품게 되었다. 알이 깨어나 자라는 모습을 보면서 행복했다. 헤어질 때 아쉽고 허전했지만 학생들 스스로 책과 문장 사이를 다닐 거라 확신했다.

카프카는 책이 우리 안에 얼어붙은 바다를 쪼개는 도끼가 되어야 한다며, 책을 읽다가 머리를 한 대 맞은 듯 정신이 번쩍 나지 않는 책은 읽을 필요가 없다고 말했다. 우린 토론하면서 카프카의 말처럼 정신이 번쩍 나도록 책에 얻어맞았다. 『1984』 『파리대왕』 『멋진 신세계』 『기억전달자』를 읽었을 때는 작가의 천재성에 놀라면서 동시에 우리가 살아가는 세상이 이렇게 변해간다는 두려움을 느꼈다.

한편 책에서 위로와 희망을 얻었다. 『죽은 시인의 사회』의 시인들처럼 가슴 펴고 살자고 다짐했다. 『학교의 슬픔』을 읽으며 죽은 시인의 사회가 던져주는 얄팍한 감상주의에 빠져 목적을 잃지 말자고 했다. 『수레바퀴 아래서』를 읽을 때는 생각 없이 달리지 말자고 결심했다. 『인터넷 나라의 엘리스』처럼 분별없이 행동하지 말자고 다짐했다. 『파우스트』의 유혹을 성장하는 기회로 만들자고 했다.

학생들과 토론하면서 '아, 저렇게 생각할 수도 있구나!'를 자주 느꼈다. 영혼이 따뜻해질 때가 참 많았다. 소외 받는 사람들에게 다가가려는 모습을 보고 감사했다. 12,000행이 넘는 『파우스트』와 씨름하는 중2 학생들이 얼마나 멋져 보였는지 모른다. 독서반은 '내 영혼이 따뜻했던 날들'로 기억될 것이다.

이렇게 하면
실패한다

    사람은 저마다 장단점이 다르다. 책을 대하는 태도와 마음가짐도 다르다. 같은 사람이라도 읽는 책에 따라, 토론하는 주제에 따라 태도가 달라진다. 토론자의 반응이 천차만별이기 때문에 토론을 진행한 경험이 많아도 실패할 때가 있다. 독서토론은 절차와 방법을 따르는 기계적인 활동이 아니라 인격과의 만남이기 때문이다.

    자동차 명장은 소리만 들어도 엔진 상태를 알아낸다. 기계는 정해진 패턴대로 움직이기 때문에 기술이 있다면 침수피해를 본 적이 있는지, 어디가 문제인지 쉽게 찾아낸다. 그러나 인격은 정해진 패턴으로 움직이지 않는다. 이성과 감성, 개성과 공동체성, 때론 영성까지 얽혀 예상치 못한 변수를 만들어낸다. 토론에서 실패를 줄이려면 인격이 어떻게 반응하는지 알아야 한다.

    실패하지 않으려고 잘 준비해도 실패한다. 그렇다고 좌절하지 말자. 실패는 자연스럽다. 누구나 실패한다. 실패했다고 좌절하면 실패의 의미를 놓치고 성공에서 멀어진다. 실패를 인정하는 태도야말로 실패를 이겨내는 가장 큰 비법이다. 실패에서 교훈을 얻는다면 실패만큼 좋은 스승이 없다. 내가 겪은 일곱 가지 실패 원인을 소개한다.

듣지 않으면 실패한다

내가 가르친 학생들이 결혼해서 부모가 되었다. 한 세대가 자라 새로운 세대를 낳을 동안 학생들의 자기표현이 놀랄 정도로 발전했다. 지금 학생들은 당돌할 정도로 자신 있게 표현한다. 거리에서 신나게 춤을 추고 노래를 부른다. 좋으면 좋다, 싫으면 싫다고 확실하게 반응한다. 사회 불의와 정치 문제에도 목소리를 낸다. 표현에 있어서 학생들은 성장했다.

그러나 듣지 않는 태도는 여전하다. 하고 싶은 말을 해버리고는 귀를 막는 게 인간의 기본 성향인가 보다. 다른 사람의 생각을 들으려 하지 않는다. 어른들은 더 심하다. 우리나라 동쪽과 서쪽이 나뉘어 싸우면서 서로에 대해 귀를 닫아온 것도 모자라 이제는 부모 세대와 자식 세대가 나뉘었다. 계속 자기 목소리만 높인다.

토론에서는 듣지 않으면 실패한다. 내가 실패한 가장 큰 원인도 듣지 않았기 때문이었다. 토론에서는 설명이 아니라 설득해야 한다. 상대의 말을 듣지 않으면서 자기 말을 들어달라고 하면 아무도 설득하지 못한다. 학생들의 생각이 예상과 다를 때 학생들 말을 듣지 않고 밀어붙이면 여지없이 실패했다. 그럴 때면 몇 년 동안 함께 이야기를 나눈 학생들이 맞나 싶을 정도로 대화가 통하지 않았다.

학교에서는 잘 설명하는 교사가 유능하다고 인정받지만 토론할 때는 학생들 말을 잘 듣는 교사가 훌륭하다. 듣고 반응해야 한다. 책을 제대로 읽으려면 저자의 말을 들어야 한다. 찬반토론을 제대로 하려면 논제에 대한 반대 의견을 잘 들어야 한다. 이야기 토론에서도 다른 사람의 생각을 들을 때 진짜 배움이 일어난다.

찬반토론은 형식과 절차를 따라 정해진 논제에 대한 의견을 주고받는 토론이다. 찬반토론을 준비할 때는 상대방이 내세울 의견을 예상해야 한다. 비록 상대를 마주보고 앉지는 않았지만 상대의 머리와 마음에 들어가 어떤 이야기를 할지 들어야 한다. 자기 의견만 앞세우다가는 오만하고 편협한 토론자가 돼버린다.

찬반토론을 할 때는 상대방 주장과 설명을 더욱 잘 들어야 한다. 찬반토론을 하는 까닭은 이기기 위해서가 아니라 자기 생각이 한쪽으로 치우쳤는지 확인하고, 미처 생각하지 못한 의견을 듣기 위해서이다. 그러나 우리나라에서는 찬반토론이 인격과의 만남이 아니라 이겨야 하는 게임이 돼버렸다. 자신의 생각과 다른 의견을 듣지 않고 결과만 따지면 찬반토론에서 이긴다고 해도 실패나 다름없다. 책에 등장하는 인물이건 함께 토론한 상대방의 의견이건 듣지 않는 토론은 실패이다. 토론에서 가장 중요한 태도는 나와 다른 의견에 귀를 기울이는 자세이다.

잘 들어주면 학생들이 감춰둔 마음을 보여준다. 공부에 지쳐 힘들다고 말하고, 꿈이 없는데 사람들이 자꾸 꿈을 꾸라고 해서 답답하다고 말한다. 토론하면서 생각한 우리나라 현실이 마음을 짓눌러 공부를 열심히 해야 하는지 모르겠다고 말한다. 독서반을 하는 가장 중요한 이유가 학생들의 아픔을 들어주는 것 아닐까! 들을 준비를 하자. 간곡하게 다시 부탁한다. 들을 준비를 하자. 책이 말하는 소리를 듣고, 학생들의 아픔을 듣고, 시대의 요구를 듣자. 귀를 쫑긋 세우고 상대의 생각과 마음에서 우러나는 이야기에 귀를 기울이자.

준비하지 않으면 당연히 실패한다

독서토론 연수를 할 때마다 많은 교사들이 책을 읽지 않고 왔다. 인터넷에서 줄거리만 읽고 와서 말을 앞세우는 학부모도 있었다. 대학생들과 토론할 때는 절반이 책을 읽지 않았다. 책을 읽지 않은 대학생, 학부모, 교사 모두 말은 잘했지만 생각이 바뀌지 않았다. 아무리 말을 번듯하게 해도 준비하지 않으면 배우지 못한다.

가르치는 사람은 더 철저하게 준비해야 한다. 교사와 부모가 학생보다 경험과 지식이 많으므로 준비하지 않아도 적당히 넘어갈 수 있다. 그러나 적당히 모면할 가르침으로는 진짜 배움이 일어나지 않는다.

폴란드가 낳은 세계적인 피아노 연주자 파데레프스키는 유명해진 뒤에도 날마다 여섯 시간씩 연습했다. 왜 그렇게 열심히 연습하느냐는 질문에 "사흘을 연습하지 않으면 관객들이 알고, 이틀을 연습하지 않으면 평론가들이 알지. 그리고 하루를 연습하지 않으면 내가 안다네."라고 대답했다. 준비하지 않으면 자신이 알고 학생들이 안다. 반드시 준비해야 한다.

그럼 무엇을 준비해야 할까? 대상도서를 읽고 질문을 만드는 건 기본이다. 책이 쉬워도 질문을 준비해야 한다. 그렇지 않으면 뻔한 질문만 되풀이한다. 쉬우면 쉬워서, 어려우면 어려워서 당황하게 된다. 토론에는 대충이란 말이 통하지 않는다.

가능하다면 관련 기사나 다른 책 내용도 찾아야 한다. 나는 평소에 기사를 모아둔다. 인터넷 즐겨찾기에 폴더를 따로 만들어 두고 도움이 될 만한 기사를 볼 때마다 추가한다. 필요할 때마다 인터넷에서 관련 기사와 역사적 사실을 찾아 소개한다. 우리끼리 수다 떨며 아는 이야기를 내뱉는 시간이 아니라 우리가 살아가는 세상에서 일어나는 일을 함께 고민하며 새로운 생각을 찾고 싶기 때문이다.

『10대를 위한 정의란 무엇인가』*로 '소수자 우대정책'을 토론할 때 인도에서 '하층 카스트 우대제도'에 반발한 상층 카스트 사람들의 시위 기사를 나눠주었다. 같은 책으로 '대리모' 논란을 토론할 때는 일본과 인도에서 일어난 대리모 관련 기사를 소개했다. 기사들은 우리가 토론하는 문제에 현실성과 긴장감을 더해주었다.

대화법을 배워두어도 도움이 된다. 말이란 게 아 다르고 어 다르기 때문에 같은 내용이라도 어떻게 말하느냐에 따라 달라진다. 듣는 사람들이 편하게 받아들이도록 묻는 능력을 갖추면 토론을 잘 이끌 수 있다. 또한 학생이 감정에 북받쳐 말할 때 다른 이야기를 할지, 끝까지 말하도록 덤벼들지 파악하는 능력을 갖춰도 도움이 된다.

자신과 참가자의 장단점을 모르면 실패한다

개성이 다른 수십만의 교사와 수백만의 부모가 톡톡 튀는 학생과 자녀를 가르친다. 우린 인공지능 로봇처럼 가르치지 않는다. 어떤 사람은 화를 내고 소리 지르며 가르친다. 다른 사람은 차분하게 설명한다. 복습을 잘 도와주는 사람도 있고 새로운 내용을 쉽게 가르치는 사람도 있다. 모든 사

* 토론 내용은 제6부에 수록했다.

람이 저마다의 장단점을 갖고 있다. 자신이 가르치는 방식과 장단점을 안다면 실패가 줄어든다.

소크라테스가 다시 말해서 유명해진 "너 자신을 알라"는 델포이 신전에 새겨진 문구였다. 책을 읽을수록, 교사로 지낼수록, 토론을 할수록 이 말이 중요하다고 생각한다. 나는 책을 많이 읽었고 학생들을 만난 경험도 많아서 학생들의 말을 일부만 들어도 무엇을 말하는지 안다. 앞부분만을 듣고 '이런 말을 하는 거지!'와 함께 '그건 이런 반박을 받을 수 있어!'라는 말을 하고 싶어진다. 한마디로 조급하다.

또한 '그건 이 책에 나오고, 저 책에도 비슷한 내용이 있어.' 하면서 관련된 이야기를 해주고 싶다. 오랫동안 교사로 지내서 자꾸만 가르치려 든다. 학생들이 모르는 내용을 자세하게 알려주는 게 뭐가 나쁘냐고 하겠지만 토론하고 글을 쓸 때는 학생들의 생각에 지나치게 개입하면 안 된다. 스스로 생각하지 않고 내 말과 생각을 그대로 따라하는 앵무새를 만들기 때문이다. 내가 조급하고 지나치게 간섭한다는 사실을 알기 때문에 그러지 않으려고 노력했다. 조급함과 지나친 개입은 실패를 부른다. 나와 달리 여기에 얽매이지 않는 사람도 많을 것이다. 그렇다면 자신의 장점과 단점을 찾아보라. 그걸 알면 실패가 줄어든다.

학생들도 장단점이 있다. 독서반에 내가 생각하지 못한 의견을 내는 여학생이 있다. 신중하고 사려 깊은 생각으로 우리를 깜짝 놀라게 한다. 이 학생에게 두 해 동안 찬반토론을 시키지 않았다. 학생은 생각이 깊은 반면에 순발력이 부족하다. 빨리 생각해서 반박하라고 하면 힘들어한다. 시간을 주고 기다리면 훌륭한 생각을 해내는 학생에게 찬반 시합에서 이겨야 한다고 강요할 수 없었다.

학생의 장점을 살리도록 기다려주다가 두 해 만에 찬반토론을 시켰다. 자신의 장점을 잘 살려 상대가 생각지 못한 반박을 했다. 나도 생각하지 못한 내용이었다. 말을 잘하는 학생은 찬반토론을 할 때 발제문을 쓰고 계속 고치며 글이 중요하다고 강조했다. 참가자의 장단점을 무시하고 '열심히 하라'고만 하면 실패한다. 부족한 점을 이겨낼 힘을 기르도록 도와주어야 한다.

지레짐작하면 실패한다

우리나라 국민은 논리보다 감정을 앞세우는 특징을 갖고 있다. 옳고 그름을 명확하게 판단하기보다 마음으로 호소한다. 에누리와 덤이 있는 문화는 인정이 넘쳐서 좋다. 그러나 두루뭉술하게 넘기는 태도는 토론과 논술을 망친다. 정확한 기준이 없으면 지레짐작하고 대충 넘어가려 한다. 토론과 논술은 정확해야 한다. 지레짐작은 실패를 부른다.

내가 지레짐작했던 경우는 크게 세 가지이다. 우선 학생들이 이 정도는 알 거라고 지레짐작했다. 학생들이 아는지 모르는지 확인해보면 될 텐데 학생들이 모른다고는 생각조차 하지 않았다. 내가 당연히 안다고 생각하는 것을 학생들은 모를 수 있다. 아무리 하찮은 내용이라도 아는지, 안다면 어떻게 받아들이고 이해하는지 물어야 한다. 토론하는 도중에 학생들이 모른다는 사실을 알면 처음으로 다시 돌아가야 한다. 그때는 분위기도 흐트러지고 이미 내린 결론을 뒤집어야 하므로 처음보다 힘들어진다.

두 번째는 내 생각을 학생들이 당연히 받아들일 거라고 지레짐작했다. 토론에서는 전제가 중요하다. 낱말, 문장, 이야기, 사건에 대해 내가 생각하는 것과 상대방이 생각하는 것이 같은지 다른지 확인해야 한다. 그러나 토론을 해본 경험이 없는 학생들은 다른 사람이 자신과 같은 뜻으로 생각할 거라 착각한다. 토론을 인도한 경험이 적은 교사도 같은 오류에 빠진다. 내게 당연한 것이 다른 사람에게는 이상하게 보일 수도 있다. 반드시 전제를 확인해야 한다.

세 번째는 결론을 지레짐작했다. 우리나라에서는 오랫동안 정해진 결론을 찾는 문제풀이 공부를 시켰다. 시를 읽고 각자 어떻게 느꼈는지 찾기보다 시인의 생각이 가장 잘 나타난 부분, 표현법을 찾았다. 정답 찾기만 했기 때문에 책을 읽으면 저절로 단순한 결론을 내린다. 독서감상문을 쓸 때 "이 책을 읽고 감명을 받았다."거나 "나도 부지런한 사람이 되어야겠다."라고 써야 하는 줄 안다. 늘 그렇게 했기 때문에 다른 결론은 생각조차 못 한다. 토론에서는 이런 결론을 피해야 한다.

어느 날 토론이 끝나고 한 학생이

"예전에는 무슨 말인지도 모르고 글을 썼어요. 그런데 이제는 내가 쓰는 말이 무슨 뜻인지 알겠어요."

라고 말했다. 학생들은 자기가 한 말이 무슨 뜻인지 모를 때가 많다. 지레짐작에서 벗어나려면 학생들이 한 말의 의미를 이해하는지 확인하면 된다. 나는 토론 도중에 "지금 한 말이 이런 뜻이니?"라고 묻는다. 학생의 의도를 물으면서 동시에 다른 학생들에게 다시 설명하는 효과가 있다. 똑같은 말을 해도 서로의 생각이 다르다는 걸 알면 토론을 치밀하게 하고 글도 정확하게 쓰려고 노력한다.

카이사르가 군대를 이끌고 루비콘 강을 건넌 행동을 받아주어야 하는지 찬반토론을 했다. 반대 측 학생이 질서가 유지되어야 사회가 안정된다며 카이사르가 법질서를 깨뜨렸다고 주장했다. 당연한 결론처럼 들린다. 모두 맞는 말이라고 동의할 때 평소에 조용하던 학생이 어떻게 유지되는 질서인지 물었다. 군대와 강압에 의해 유지되는 질서라면 아무리 사회가 안정된 것처럼 보여도 안정이 아니라고 반박했다. 질서가 유지되어야 사회가 안정된다는 말이 당연하게 들리지만 이런 말조차 지레짐작에서 나온 오류를 안고 있다.

자신감이 넘쳐도 부족해도 안 된다

가끔 다른 학교에 독서토론 수업을 하러 갔다. 처음 만나는 학생들과 수업하는 것도 떨리는데 교사들이 지켜보고 있어서 더 떨렸다. 지식을 전달하는 수업이라면 준비한 강의안을 설명하고 오면 된다. 그러나 토론은 진행자와 토론자가 함께 만들어간다. 자신감을 잃으면 상대의 의견에 제대로 반응하지 못한다. 토론 진행자가 흔들리면 학생들이 믿고 따라오지 않는다. 흔들리는 기둥 위에 건물을 세울 수는 없다. 그래서 일부러 떨리지 않는 척, 전문가인 척 용기를 냈다.

자신감이 필요하다. 자신감이 있어야 학생들을 이끌어간다. 자신감은 아는 것을 자연스럽고 당당하게 가르치게 한다. 그러나 자신감이 지나치면 다른 사람 말을 듣지 않는다. 자신감이 지나치면 책을 읽을 때부터 단순하게 해석해서 질문부터 편협해진다. '그 책! 이런 뜻이잖아!' 하고는 더 이상 듣지 않는다. 자신감이 지나치면 반대 증거를 제시해도 같은 주장을 되풀이하거나 '아님 말고~'로 반응한다. 그러면 토론 흉내를 내는 전달 수업이 된다.

　교사와 부모는 학생들이 빨리 배우기를 원한다. 자신들이 잘하는 걸 학생이 못하면 왜 그것도 못하느냐고 답답해한다. '나는 예전에 정말 잘했다'거나 '내가 너라면 그러고 있지 않겠다'고 말한다. 자기들 생각이 옳고 자신들이 가장 좋은 판단을 내리므로 시키는 대로 하라고 강요한다. 이런 자신감은 어디에서 생겼을까?

　자신감이 지나쳐서 오만하면 안 된다. 오만은 귀를 제 손으로 막고 이야기를 듣겠다고 나서는 짓이다. 듣지 않고 자기 말만 앞세운다. 나는 자신감이 넘칠 때마다 지레짐작했다. 학생들 수준과 입장을 무시하고 혼자 달리면서도 알아채지 못했다. 이런 날 토론이 잘 안 되면 '내 탓이 아니다. 아이들이 부족하기 때문이다'고 학생들 탓으로 떠넘겼다. 실패를 학생 탓으로 돌리는 태도는 나쁘다. 지나친 자신감은 토론이 산으로 가는데도 잘하고 있다고 착각하게 만든다. 그러면 토론해야 할 이유가 사라진다.

　자신감이 넘치면 일반 국도에서 왜 고속도로처럼 달리지 않느냐고 비판하는 사람이 된다. 지나친 자신감은 사고를 부른다. 반면에 자신감이 부족하면 멀리서 가는 다른 차까지 신경 쓰면서 안절부절못하는 사람이 된다. 목적지에 다다를 때까지 계속 땀 흘리며 힘들어한다. 자신감은 마음의 상태이다. 한 번의 결심으로 넘치는 자신감을 빼거나 부족한 자신감을 채우기 어렵다.

　독서토론을 하면서 자신감이 넘칠 때도 있었고 부족할 때도 있었다. 실패할 때도 있었지만 대부분 학생들과 재미있게 토론했다. 나에 대한 자신감이나 실망감에 마음을 두지 않고 책을 믿었기 때문이다. 책이 주는 힘이 내 마음의 상태를 뛰어넘으리라 믿었다. 그래서 좋은 책을 골라야 한다. 책을 믿는 자신감이 있다면 내게 자신감이 있느냐 없느냐로 고민하지 않아도 된다. 책이 이끄는 대로 따라가면 된다. 내 경험으로 토론은 덤덤하게, 글쓰기는 마음에 불이 붙듯 다가갈 때 잘되었다.

숲을 놓치고 나무만 보면 실패한다

수능 시험과 모의고사 시험에서 국어 지문이 상당히 길다. 빨리 읽고 뜻을 파악해야 하지만 많은 학생들이 글을 읽고도 내용을 이해하기 어렵다고 한다. 한 문장, 한 문장은 이해하지만 글 전체의 뜻은 모르겠다고 한다. 심지어 각 문단이 무엇을 말하는지도 몰라서 문제를 풀기 힘들었다고 한다. 독서반 학생들은 이해하지 못하는 문장이 있어도 무엇을 말하는 글인지는 알아냈다. 한 학생은 지문을 읽지 않고 문제만 봐도 글이 어떤 내용일지 짐작이 간다고 했다.

숲을 보기 때문이다. 독서반 학생들은 숲에 있는 나무를 모두 알지 못해도 어떤 숲인지는 안다. 나무를 보는 미시적 관점이 필요하고 중요하다. 세부사항 하나가 전체를 흔들기도 한다. 그런데도 숲을 보는 거시적 관점을 강조하는 까닭은 토론에서는 숲을 보아야 하기 때문이다. 또한 지금은 숲을 보는 사람이 나무를 보는 사람보다 훨씬 적기 때문이다. 골목에 갇히면 목적지를 향해 나아가지 못한다. 미로 찾기에 성공하려면 길을 하나씩 따라가지 말고 전체를 봐야 한다.

나는 토론 질문을 만들 때 저자가 무엇 때문에, 무엇을 말하고 싶어서 책을 썼는지 찾는다. 저자의 경험과 의도를 따지며 읽어야 숲이 보이기 때문이다. 숲을 보면 왜 특정 사건이 그곳에 나오는지 이해가 된다. 숲을 놓치고 나무만 보면 사건 사이의 관계를 놓치고 중요하지 않은 곳에 마음을 쏟기 쉽다. 나무에 대해 토론하면 토론내용이 사방으로 뛰쳐나간다. 이야기가 사방으로 뻗어나가면 학생들이 이해하지 못하고 혼란스러워한다. 숲을 토론하면 토론내용이 하나로 모인다. 핵심을 다루기 때문에 학생들이 토론하기 쉽고 배우기 쉽고 생각을 정리하기도 쉽다.

『정의란 무엇인가』*를 쓴 마이클 샌델은 자신의 생각을 직접 내세우지 않고 질문과 대답으로 수업을 진행한다. 학생들의 대답에 다른 질문을 하거나 의견이 다른 학생의 반박을 끌어내서 생각을 충돌시킨다. 토론 전체를 이해하지 못하면 무엇을 말하는지 모른다. 나도『정의란 무엇인가』를 처음 읽을 때 드문드문 나무를 이해했지만 숲이 보이지 않았다. 논리의 흐름에 집중하지 않아서 저자가 무엇을 말하는지 몰랐다.

숲을 보려면 책 내용을 이해해야 한다. 『10대를 위한 정의란 무엇인가』를 토론하면서 마이클 샌델이『정의란 무엇인가』에서 다룬 내용이 무엇인지 깨달았다. 『10대를 위한 정의란 무엇인가』는 청소년을 위해 썼기 때문에 이해하기 쉽다. 샌델은 공공의 이익을 앞세우는 공리주의와 개인의 자유를 앞세우는 자유지상주의를 소개한 뒤에 자신이 주장하는 공동체주의를 말한다. 내용이 쉬워졌기 때문에 숲이 보였다.

대한민국 독서교육 대상 심사위원으로 대구에 갔다. 독서교육을 잘한다는 고등학교에서 교장선생님이 필독서를 자랑했다. 플라톤의 국가론을 비롯해 고전이 즐비했다. 학생들이 읽지 않을 책 목록을 만들었다. 담당교사는 목록을 바꾸고 싶다고 했다. 교장선생님께 목록을 바꾸면 어떻겠냐고 물었지만 거절당했다.

---

*『정의란 무엇인가』 마이클 샌델 지음, 김명철 옮김, 김선욱 감수, 와이즈베리.

학생들이 필독서를 읽는다고 치자. 학생들은 무얼 볼까? 책이 어렵다는 것, 읽어도 이해하지 못한다는 것, 학교에서 권하는 책은 읽지 않겠다는 것……. 결국 학생들은 잘못된 필독서 때문에 나무만 보고 책의 숲에 들어가기를 포기할 것이다. 아니, 도대체 무슨 나무인지도 몰라 다시는 보고 싶지 않을 것이다. 학교의 독서교육이 나무만 보고 숲을 놓친 경우다. 숲을 본다면 다른 방식으로 접근해야 한다. 그래야 학생들이 책의 숲에 빠져들 것이다.

『수요일의 전쟁』은 뉴베리상을 받은 좋은 책이다. 나와 두 자녀는 『수요일의 전쟁』을 낄낄거리며 읽었다. 울기도 했다. 그러나 동료교사는 이 책이 왜 재미있는지 모르겠다고 했다. 독서반 학생들도 내용은 좋아하지만 책의 진짜 가치를 알지는 못했다. 재미있기 때문에 저자의 의도를 찾기 어려운 책이 있다는 걸 이때 알았다.

주인공 홀링은 수요일마다 학교에 혼자 남는다. 베이커 선생님은 뭐라도 해야겠기에 홀링과 셰익스피어를 읽는다. 책 내용 곳곳에 베이커 선생님과 홀링이 셰익스피어 작품에 대해 나누는 이야기가 나온다. 홀링은 셰익스피어 작품으로 연극을 공연하고 셰익스피어의 문장을 인용해서 욕을 만든다. 여자 친구를 사귀다가 오해가 생겨 헤어졌을 때는 『로미오와 줄리엣』에 대한 생각이 하늘과 땅 사이를 오르내린다.

여기까지는 나무에 대한 이야기이다. 개인적인 만족을 위해 '내가 좋아하는 나무'를 찾아 산에 가는 사람에게 누가 뭐라고 할까! 그러나 나무만 보면 중요하지 않은 사실에 빠져 핵심을 놓친다. 책의 숲에는 '그 나무' 외에도 우리를 풍요롭게 하는 바위와 골짜기, 개울과 샘, 풀과 약초, 동물들이 남긴 흔적이 가득하다. 이 모두를 보면 토론이 풍성해진다.

숲을 보려면 저자가 왜 이 책을 썼는지 생각해야 한다. 저자는 영문학 교수이다. 영문학에서는 셰익스피어를 다룬다. 그러나 학생들이 셰익스피어를 읽지 않았던 것 같다. 셰익스피어 작품을 제대로 읽지 않고 셰익스피어를 말하면 얼마나 답답할까! 그래서 셰익스피어의 작품이 얼마나 좋은지 알려주려고, 셰익스피어가 지금도 우리에게 말을 걸고 있다고 말해주려고 셰익스피어의 작품에 대한 저자의 생각을 곳곳에 담아 『수요일의 전쟁』을 썼다고 생각한다. 홀링이 셰익스피어에 빠져들었듯이 독자들이 『수요일의 전쟁』을 읽으며 셰익스피어에 빠져들기를 바란 것 같다.

숲을 볼 능력이 없다면 어떻게 할까? 그래도 괜찮다. 각자의 관점으로 책을 읽고 이해하고 해석해도 된다. 그러나 토론에서는 개인의 만족보다 더 멀리 나가야 한다는 사실을 기억하자. 똑같은 나무를 본 사람끼리 토론하면 동질감이 주는 기쁨을 누리겠지만 마음과 생각의 폭이 넓어지지는 않는다. 내가 본 숲의 이쪽 부분, 다른 토론자가 본 숲의 저쪽 부분을 더해 숲 전체를 보는 눈을 길러야 한다. 토론하면서 자신이 보지 못한 숲의 일부를 계속 보면 저절로 숲을 보는 능력이 길러질 것이다.

글을 쓰지 않으면 실패라고 본다

기억은 소중하다. 사람들은 사진을 찍고 일기를 써서 그때를 기억한다. 앨범을 만들고 글을 남기는 것은 사실 그때의 생각을 남기는 일이다. 앨범과 글은 그때를 생각나게 하고 그때의 생각으로 돌아가게 해준다. 사진과 글을 봐도 아무 생각이 나지 않는다면 누가 앨범을 만들고 글을 쓰는 수고를 할까!

그러나 우리는 생각의 중요성을 잘 따지지 않는다. 건강을 위해 좋은 음식을 먹고 마음을 만족시키기 위해 좋은 경치를 구경하지만 생각을 건강하게 유지하려고 노력하는 사람은 드물다. 대학 가기 전에는 성적에, 대학생이 되면 취직에, 어른이 되면 당장의 필요에 신경을 쓰느라 생각조차 못 하기 때문이다.

생각이 건강하지 않으면 아무리 육체가 튼튼해도 소용없다. 아름답고 멋진 외모보다 건강한 생각이 더 중요하다. 생각을 건강하게 만들려면 지금까지 어떤 생각을 해왔는지 알아야 한다. 그래서 글이 중요하다. 생각을 담는 가장 좋은 도구가 글이다. 때론 사진 한 장이 책 한 권보다 더 많은 이야기를 한다지만 우리는 그런 사진을 남기기 어렵다. 글을 모아놓으면 생각의 변화과정이 보인다.

말은 사라지지만 글은 남는다. 독서토론을 잘해도 글을 쓰지 않으면 기억이 사라진다. 글을 써도 다시 읽지 않으면 역시 사라진다. 그래서 글을 쓰고, 고쳐 쓰고, 학생들 글을 모두 인쇄해서 돌아가며 읽었다. 서로의 글을 함께 읽고 궁금한 내용, 동의하지 않는 내용을 묻고 대답한 뒤에 다시 쓰라고 했다. 그리고도 아까운 글이 사라지는 게 아쉬워서 독서반 문집을 만들었다.

한순간의 생각이 모이고 모여 한 사람의 생각을 만든다. 그 생각이 삶을 이끌어간다. 글은 책을 읽는 바로 그때의 생각을 담는다. 바로 그 책을, 그 시간에, 그 학생들과 토론했기 때문에 갖게 된 생각이다. 토론이 생각에 영향을 주지 않았다고 해도 글을 남기지 않으면 어떤 생각을 했는지 모른다. 시간이 지나면 책 내용도, 책에 대한 자기 생각도 사라지거나 달라진다. 그래서 반드시 글을 써야 한다.

또한 글은 생각을 정리하게 도와준다. 찬반토론, 이야기를 나누는 토론 모두 자기가 한 말보다 들은 말이 더 중요하다. 생각이 건강해지려면 자신과 다른 생각을 듣고 반응해야 한다. 자기가 미처 생각하지 못한 의견은 한 번 듣는다고 정리가 되지 않는다. 곰곰이 생각하면서 글을 쓰면 새로운 생각을 정리할 수 있다.

말 잘하는 사람은 많지만 말에 책임을 지는 사람은 적다. 자기 생각이 다른 사람에게 어떤 영향을 주는지 신경 쓰지 않고 말만 하기 때문이다. 글은 그렇게 되지 않으면 좋겠다.

제1부

토론으로
새로운 세상을
꿈꾸다

우린 자본주의 가치 위에 세워진 민주주의 국가에서 산다. 우리 손으로 지도자를 뽑고, 돈을 중요하게 여기며, 자유와 평등을 존중하는 것이 당연하다고 생각한다. 그러나 이런 가치관이 자리 잡은 역사는 길지 않다. 100년 전만 해도 우리나라에서 자본주의, 민주주의, 자유와 평등은 낯선 말이었다. 앞으로도 어떻게 달라질지 모른다.

사람은 모두 경험과 환경에 따라 편견을 갖는다. 이런 사실을 안다고 해도 자신에게 있는 편견을 제대로 분별하지 못한다. 우리가 발을 디딘 시간과 장소의 영향을 뛰어넘어 올바른 가치를 따라가기가 정말 어렵다. 『내 영혼이 따뜻했던 날들』과 『앵무새 죽이기』는 편견을 가진 사람들의 오만과 고집, 그에 맞선 소수의 노력을 보여주는 책이다.

『내 영혼이 따뜻했던 날들』의 할아버지는 백인과 아메리카 원주민의 혼혈이다. 손자인 작은나무를 원주민 방식으로 키우려 한다. 소유보다 존재로, 경쟁보다 협력으로, 홀로 우뚝 서기보다 곁에서 함께 가도록 가르친다. 자연과 어울려 함께 사는 모습이 아름답다. 그러나 백인들은 작은나무를 고아원에 보내는 게 낫다고 생각했다. 자기들이 편견을 가졌다는 사실을 전혀 몰랐기 때문이다.

『앵무새 죽이기』는 1930년대에 미국에 만연한 편견을 다룬다. 백인들은 흑인이라는 이유만으로 착한 톰을 죽이려 했다. 술에 절어 가족에게 아버지 노릇조차 하지 않는 나쁜 백인의 거짓말을 선량한 흑인의 피부색보다 중요하게 여겼다. 또한 훌륭한 백인 돌퍼스 레이먼드가 흑인과 결혼했다는 이유만으로 알코올 중독자라고 비난했다. 자기들과 다르면 모두 잘못되었다고 판정해 버렸다.

두 책은 모두 아이들이 주인공이다. 편견에 물들지 않은 아이들 눈을 통해 어른들이 얼마나 이상한지 보여준다. 어린아이 눈으로 바라보지 않으면 내용이 무거워질 것이다. 순진한 아이들이 일으키는 소동이 묵직한 이야기를 가볍고 재미있게 이끌어간다. 『앵무새 죽이기』를 토론하면서 학생들이 왜 하퍼 리가 어린아이 시각으로 글을 썼는지 나누었다.

"아이들은 필터링을 하지 않잖아요. 선입견이 없어요."

"아이들은 순진하고 감정을 그대로 표현해요."

"철이 없지만 의외로 생각이 깊어요."

책 속 아이들은 아무것도 못 하지만 안타까운 현실에 발을 동동거리며 소리를 지른다. 편견에 물들지 않은 말과 행동으로 어른들이 깨닫지 못한 잘못을 드러낸다. 현실을 바꾸지 못하지만 사람들이 당연하게 받아들이는 모습을 정말 당연하게 받아들여도 되는지 묻는다. 마치 다큐멘터리 영상을 보여주는 것 같다. 눈앞에 펼쳐지는 일에 손을 대고 싶지만 그러지 못하는 마음까지 담아서 보여준다.

밖에서 안을 들여다보면 이상한 점이 보인다. 그러나 안에 사는 사람에겐 자연스럽기만 하다. 뻔히 보고 있지만 보지 못하는 영역이 있다. 맹점이다. 두 책을 통해 그들이 보지 못했고 우리가 보지 못하는 맹점을 찾았다. 편견을 주제로 정해놓고 책을 주제에 맞춰가는 게 아니라 책으로 이야기를 나누면서 자연스럽게 편견을 다루었다. 정해진 답이 있다고 생각하지 않게 하려고 질문도 간단하게 했다.

네가
곁에 있는 것만으로도
너무나 귀하다

"나는 가슴이 뻥 뚫린 것처럼 허전하고 마음이 아팠다.
할아버지는 네 기분이 어떤지 잘 안다,
나도 너하고 똑같은 기분을 맛보고 있다,
사랑했던 것을 잃었을 때는 언제나 그런 기분을 느끼게
된다, 그것을 피할 수 있는 방법은 아무 것도 사랑하지 않
는 것뿐이지만, 그렇게 되면 항상 텅 빈 것 같은 느낌 속에
살아야 하는데
그건 더 나쁘지 않겠느냐고 말씀하셨다." (144쪽)

중학교 2학년 학생들이 '인생의 책'으로 뽑은 책

The Education of Little Tree
내 영혼이 따뜻했던 날들

포리스트 카터 지음, 조경숙 옮김
아름드리미디어, 2014

원제는 『작은나무의 교육』이다. 할아버지가 손자인 작은나무를 아메리카 체로키 원주민 방식으로 가르치는 이야기이다. 울고 웃으며 읽다 보면 정말 영혼이 따뜻해진다. 마음을 울리는 문장을 읽다 보면 나를 돌아보게 된다. 독서반을 시작하고 6개월 지난 뒤에 읽었다.

첫째 주에는 문장을 나누었다. 좋은 문장이 참 많다. 둘째 주에는 할아버지와 백인의 가치관(사냥 방법, 금주법, 교육, 일하는 목적, 돈, 물건, 죽음)이 어떻게 다른지 토론했다. 셋째 주에는 할아버지가 사람을 대하는 방식이 우리와 어떻게 다른지 알아보았다. 넷째 주에는 할아버지의 교육 방법을 자세히 살펴보고, 자신의 가치관과 비교하면서 대한민국 교육을 비판하는 내용 등을 담아 글을 썼다.

 코드를 스캔하면 『내 영혼이 따뜻했던 날들』을 읽고 4주간 실제로 토론했던 '행복한책방의 일요독서토론' 포스트로 이동할 수 있습니다.

책을 가슴에 품고
내 이야기로 읽자

첫 시간이다. 토론하려면 학생들이 내용을 알고 있어야 한다. 그래서 첫 시간에는 늘 핵심 내용을 문제로 만들어 학생들이 얼마나 알고 있는지 확인한다. 내용을 잘 알고 있으면 곧바로 토론하고, 내용을 모르면 함께 내용을 알아보았다. 그러나 이번에는 따뜻한 책을 문제풀이로 대하기 싫어 내용을 알아보는 질문을 네 개로 줄였다. 간단하고 쉬운 문제만 냈다.

- 교회에서 할아버지 친구 윌로 존을 웃게 만든 사건은 왜 일어났나?
- 작은나무가 한 번에 가장 많이 번 돈은 얼마인가?
- 작은나무가 고아원에서 항상 바라보던 별은 무엇인가?
- 아메리카 원주민은 죽으면 어디에 묻나? 왜 그렇게 묻나?

책 읽은 소감을 물었다. 막 중학생이 된 1학년 두 명은 그저 그렇다고 한다. 다른 한 명은 슬펐다고 한다. 2학년들은 재미있다고 말하지만 감동한 기색은 없다. 생각이 깊은 중2 여학생 한 명만 좋다고 한다. 내가 읽은 느낌을 아는 학생이 한 명뿐이다. 그렇지만 함께 이야기를 나누면 달라질 것이다.

할아버지는 자연을 책 삼아 우리와 다른 가치관으로 가르친다. 정해진 분량을 정해진 시간에 주입하는 게 아니라 아이 눈높이에 맞게, 삶에서 일어나는 일을 통해 가르친다. 백인들의 우둔한 생각을 고발하지만 할아버지의 가르침이 따뜻해서 차갑거나 딱딱하지 않다. 따뜻한 마음을 느끼고 싶어 문장을 먼저 나누었다.

마음에 드는 문장이 없다고 한다. 학생들은 문장을 읽을 줄 모른다. 책에서 줄거리만 읽으면 다 읽은 줄 안다. 그러면 문장이 보이지 않는다. 교과서에 밑줄 긋고 뜻을 받아쓰며 외우는 교육을 받으면 문장의 가치를 잘 모른다. 감동한 책이라고 해도 문장이 눈에 들어오지 않는다. 학생들에게 작가가 의도를 담아 쓴 문장이 있다는 사실을 알려주고 싶었다.

문장의 빈 칸에 들어갈 말을 찾는 퀴즈를 냈다.

▶ 할아버지가 링거와 모드를 짝지어준 것은 (   )을 위해서였다. 무엇일까?

링거는 아주 늙은 개이다. 시력과 청력이 약해졌지만 냄새를 잘 맡고 지혜롭다. 모드는 후각이 약하지만 시력과 청력이 좋고 활기차다. 할아버지가 '모드와 링거가 서로 도와주면서 가치를 더하라고 짝을 지어주었다'고 대답했다.

▶ 다음 문장에 대한 생각을 말하고 예를 찾아보자. "그는 한 바구니에 자기가 가진 달걀을 몽땅 집어넣거나, 알에서 병아리가 깨기도 전에 닭의 머릿수를 세는 일을 하지 않았다. 그건 현명한 일이었다."(104쪽)

이렇게 문장을 제시하고 무엇을 뜻하는지, 알맞은 예가 있는지 물으면 잘 대답한다. 그러나 짚어주지 않으면 그냥 지나쳐버린다. 문장의 가치를 자꾸 보여주어야 스스로 찾아낸다.

문장 몇 개를 더 나눈 뒤에 버스에서 생긴 일을 이야기했다. 백인들이 타고 다니는 버스에 인디언 할아버지, 할머니, 작은나무가 타자 운전사가 칠면조처럼 꽥꽥댔다. 승객은 모두 비웃고 낄낄거렸다. 할아버지는 "그건 그 사람이 짊어져야 할 짐이란다. 우리한테는 아무 문제도 없으니까 신경 쓸 필요 없단다."(28쪽)라고 말한다. 언제, 누구에게 이렇게 대하는지, 본받을 만한 태도인지 물었다.

바꿀 수 없다면 받아들이는 게 낫다고 대답한다. 사람들이 모두 자기를 두고 낄낄거리는데 과연 받아들일 수 있을까? 책을 강 건너 불구경하듯 읽었다는 뜻이다. 책이 자기 이야기로 읽혀야 제대로 느낀다. '내 이야기'로 받아들이게 하려고 한 사람씩 대놓고 물었다.

중2 남학생에게 "○○○이 계속 집적거리고 네 이야기를 하면 어때?" 하니 패버리겠다고 한다. ○○○은 장난치며 짜증 나게 만드는 학생이다.

"방금 '나한테는 아무 문제가 없으니까 신경 쓸 필요 없다'고 말했잖아?" 하니 얼굴이 빨개진다. 이걸 보고 학생들 모두 낄낄거리며 웃는다. 얘가 당하는 것조차 자기 이야기가 아니라는 태도다.

중2 여학생에게 싫어하는 아이를 생각해보라고 했다. 그랬더니 한 아이가 있다고 한다. 자기는 잘해주려고 하는데 오해가 생겨 자기가 괴롭힌다는 소문이 쫙 퍼졌다고 한다. 애들이 왜 그런지 모르겠다고 한다. 그래서 바짝 다가가서 얼굴 들여다보고 말했다. "너한테는 아무 문제가 없으니까 신경 쓸 필요 없단다." 표정이 변하더니 그렇게 말하는 사람 확

패버리고 싶어진다고 한다. 조금 전에는 다른 사람 말에 신경 쓰지 않는 할아버지 말이 맞다고 했다. 할아버지와 버스 운전사 이야기일 때는 쉽게 받아들였지만 자기 이야기가 되자 화를 낸다. 지켜보던 학생들이 그제야 "아~!" 한다.

다른 사람 이야기로 읽을 때는 편하다. 무심하게 받아들인다. 그러나 자기 이야기가 되면 달라진다. 그럴 수도 있는 이야기가 결코 그럴 수 없는 이야기로 바뀐다. 얼굴이 빨개지고 패버리고 싶은 마음이 든다.

작은나무는 백인이 인디언을 죽이고 보호구역으로 몰아낸 세상에서 핍박받는 소수자로 살아가야 한다. 편견은 기본이고 무시와 학대, 억울한 상황을 견뎌야 한다. 버스에 탄 백인이 꽥꽥대며 비웃을 때 신경을 쓴다면 아무것도 하지 못한 채 어리석은 분노만 안고 살아갈 것이다. 물론 할아버지가 이런 상황 때문에 신경 쓰지 말라고 한 것만은 아니다. 아메리카 원주민들은 자신의 마음이 올바르면 상대가 아무리 이상하게 행동해도 고개 들고 떳떳하게 살아가야 한다고 가르쳤다.

이것을 책 읽고 글 쓰는 태도에 적용했다.

"얘들아, 내가 계속 정답 찾기 글을 쓰지 말라고 하잖아. 정직해야 한다, 편견을 갖지 말아야 한다, 할아버지 태도를 본받아야 한다……. 정말 이렇게 느끼지 않았다면 쓰지 말라고 했! 이건 책을 멀리 두고 보는 태도야. 나와 상관없는, 책에나 나오는 이야기로 받아들이는 거지. 책은 이렇게 읽어야 해." 하며 책을 가슴에 품었다.

"이건 내 이야기야. 할아버지가 당한 일은 내가 당한 일이야. 작은나무가 받은 교육은 내가 받는 거야. 관찰하듯 멀리 두고 읽지 마라. 마음에 품고 그대로 느껴야 해. 친구를 패버리겠다고 할 때의 감정, 신경 쓰지 말라고 하는 사람을 재수 없다고 생각하는 마음으로 읽고 쓰는 거야. 감정을 확 드러내는 거야. 그렇게 읽고 써라." 했더니 이제 좀 진지하게 받아들인다.

"다시 읽어봐라. 『내 영혼이 따뜻했던 날들』은 우리 가치관에 충격을 주는 책이다. 내 이야기라 생각하고 읽어라."

당부하고 보냈다. 다음 시간에는 과연 마음으로 읽어낼까?

소유양식으로 사는 우리,
존재양식이 그립다

두 번째 시간이다. 책을 다시 읽어왔다. 두 번 더 읽은 학생도 있다. 마음에 드는 장면을 나눴는데 자기만의 생각을 말한다. 책이 처음 읽을 때와 다르게 보였나 보다. 먼저 '늑대별'이야기를 길게 나눴다. 늑대별은 작은나무가 고아원으로 끌려갈 때 할머니가 알려준 별이다. 고아원에서 힘든 일이 생기면 할아버지와 할머니가 늑대별을 바라보는 시간에 같이 늑대별을 바라보자고 했다. 늑대별은 할아버지와 작은나무를 이어주는 끈이다. 그리움의 표현, 소망, 어려움을 견디는 힘…….

"너희들에겐 늑대별이 있어?" 하니 대답이 없다. 이런 생각을 해본 적이 없겠지. 몇 년 동안 우리나라를 떠나게 된다면 고향을 기억하고 어려움을 견디기 위해 무엇을 가져갈지 물었다. 가족사진, 편지를 말한다. 늑대별만 한 건 아직 없을 것이다. 나도 중학생일 때는 없었다. 오늘이 전부인 것처럼 살았다. 이제는 책이 늑대별이 되었다.

작은나무는 신발 없이 다니는 가난한 아이에게 할머니가 동물 가죽으로 만든 모카신을 주었다. 아이는 신이 생겨 좋아했지만 아이 아빠는 아

이를 때리고 모카신을 벗겨서 할아버지에게 돌려줬다. 왜 그러는지 묻는 작은나무에게 할아버지는

"그 사람이 가진 건 자부심밖에 없을 거야…… 좀 잘못 발휘되기는 했지만. 그 친구는 그 여자애나 자기 자식 중의 누군가가 자기들이 가질 수 없는 걸 좋아하도록 내버려 둘 수 없었던 거야. 그래서 자기들이 가질 수 없는 걸 받아들고 좋아할 때는 매를 드는 거란다…… 애들이 깨달을 때까지 매를 때리지…… 그렇게 매를 맞고 나면 아이들도 그런 것들을 바라서는 안 된다는 걸 깨닫게 된단다."(176쪽)

라고 말했다. 아이 아빠가 인디언에게 신발을 받고 싶지 않았을지도 모른다. 딸이 인디언 신발을 신는 것보다 맨발로 다니는 게 낫다고 생각했을 수도 있다. 그러나 할아버지는 그 사람이 자신을 무시한다고 생각하지 않았다. 딸을 위해 신발을 거절하는 사람이라고 말했다. 발을 보호할 신발도 중요하지만 자부심이 무너진다면 신발은 소용없다. 학생들이 이 마음을 이해한다. 책을 나누면서 계속 등장인물의 마음에 관심을 둔다.

책 속 원주민과 백인의 사고방식이 어떻게 다른지 토론했다. 둘째 시간에 가장 중요하게 생각한 활동이다. 땅, 사냥, 금주법, 교육, 일하는 목적, 돈, 물건, 죽음에 대해 원주민과 백인이 어떻게 생각하는지 각자 찾아 적고 함께 나누었다.

| 땅 | 원주민에게 땅은 어머니와 같다. 사람이 왔다가 돌아가는 곳이고 삶의 터전이다. 수천 년 동안 아메리카에 살아온 원주민에게 땅은 전통이 깃든 곳이다. 조상들이 살았고 후손들도 살아갈 터전이다. 그러나 백인은 정반대로 생각한다. 유럽에서 건너온 백인은 원주민을 몰아내고

땅을 차지했다. 백인에게 땅은 차지할 곳, 돈 버는 장소, 소유대상이다. 땅의 주인이 바뀌면서 소유의 가치가 전통의 자리를 차지했다.

| **사냥 방법** | 원주민은 가장 느리고 약한 동물만 잡아먹는다. 강한 동물이 살아남아 동물 집단이 강해지게 돕는다. 자연의 순리대로 먹을 만큼만 잡는다. 그러나 백인은 가장 좋은 동물부터 잡는다. 당장 필요한 만큼만이 아니라 자신이 만족할 때까지 모조리 잡아 생태계 균형을 깬다. 원주민은 동물과 더불어 살고 백인은 욕심을 채우기 위해 마구잡이로 죽인다.

| **금주법** | 원주민은 살아가면서 술이 필요하다고 말한다. 그러나 술을 절제하기 때문에 굳이 금주법이 필요하지 않다. 그러나 백인은 다르다. 어떤 백인은 술을 절대 먹지 말아야 한다고 주장한다. 다른 백인은 술을 마음껏 팔아야 한다고 주장한다. 또 다른 백인은 몰래 팔아야 돈을 더 벌기 때문에 금주법을 찬성한다. 원주민에게는 공통된 원칙이 있지만 백인은 자기에게 편리한 대로 법을 적용하려 한다.

| **교육 방법** | 원주민에게 배움은 삶의 일부이다. 원주민은 방법을 가르친다. 천천히 배우더라도 스스로 깨달을 때까지 도와주며 기다린다. 앎을 삶으로 받아들인다. 시행착오를 거치면서 배우므로 실수가 줄어든다. 반면 백인에게 교육은 원하는 것을 움켜쥐기 위한 수단이다. 효율성을 내세우고 결과를 따진다. 백인은 답을 가르쳐주며 기억하고 외우라 한다. 실패자가 생기건 말건 성공하는 사람이 있으면 만족한다. 원주민은 모두 함께 배워야 한다고 생각하고 백인은 빨리 배우는 사람이 이긴다고 생각한다.

| **일하는 목적** | 원주민은 의식주 해결을 위해 일한다. 일은 생계를 유지

해주므로 가치가 있다. 시간을 잘 활용하게 해주고, 일을 하면서 살아 있음을 알게 해준다. 일이 곧 자신의 가치라 생각한다. 그러나 백인은 일 자체가 아니라 일로 얻는 결과를 중요하게 여긴다. 돈과 명예를 가져다준다면 과정을 무시하고 좋게 평가한다. 결과가 좋지 않으면 좋은 일도 나쁘게 판단한다. 원주민은 모든 일이 귀하다고 생각한다.

| **돈과 물건** | 원주민에게 돈과 물건은 필요한 만큼만 있으면 되고, 없으면 없는 대로 산다. 서로 나눠주며 자기 것이라 주장하지 않는다. 그러나 백인은 계속 더 가지려고 욕심을 부린다.

| **죽음** | 원주민은 죽음을 자연에서 온 사람이 자연으로 돌아가는 거라고 생각한다. 그래서 나무 아래에 시신을 묻는다. 백인은 죽음을 끝이라 생각하기 때문에 죽음을 두려워한다. 백인에게 늙음은 소멸, 쇠퇴, 추한 것이다. 백인은 자식조차 늙은 부모와 함께 있지 않으려고 요양원 같은 장소를 만든다. 원주민에게는 죽음이 끝이 아니기 때문에 노인의 지혜를 귀하게 여긴다. 노인도 소중하게 대한다.

학생들이 백인과 원주민의 차이를 잘 찾아냈다. 함께 나눈 내용만으로 충분하지만 정리해주고 싶어서 『소유냐 존재냐』*를 소개했다. 할아버지는 존재방식으로 산다. 땅은 존재로 소중하다. 원주민은 생태계가 자연스럽게 존재하는 방식을 유지하며 사냥한다. 일하는 목적은 자기 존재의 가치를 드러내는 것이고 죽음은 존재의 근원인 자연으로 돌아가는 것이다. 원주민은 많이 소유하지 않아도 존재만으로 귀하게 생각한다. 백인은 소유방식으로 산다. 자기가 많이 소유할 수 있다면 생태계가 파괴되건 말건 무시한다. 그래서 몰래 술을 팔아서 돈을 벌고, 원

---

* 『소유냐 존재냐』 에리히 프롬 지음, 차경아 옮김, 까치.

주민을 쫓아내서 땅을 차지한다. 교육을 좋은 직업, 많은 돈을 얻기 위한 수단으로 삼고, 배움을 도구로 전락시킨다. 할아버지에게 살아가는 이유와 삶의 가치를 배운 작은나무는 백인의 가치관을 도무지 이해하지 못한다.

오랜 역사와 전통을 가진 우리나라는 일본에 지배당하기 전까지 존재양식으로 살았다. 일부 양반들이 욕심을 부려 창고를 채웠지만 국민들은 품앗이를 하고 두레를 만들어 서로 도와주며 살아왔다. 그러나 지금은 가치관이 완전히 달라졌다. 많이 소유하기를 원한다. 그래서 학생들이 슬퍼한다. 우리 조상들이 누리던 좋은 가치가 왜 사라져 버렸는지…….

너희는 모두
가치 있는 존재란다

셋째 시간이다.

할아버지(와 할머니, 윌로 존, 파인 씨, 젠킨스 씨)가 사람을 대하는 방식과 우리가 사람을 대하는 방식에서 다른 부분을 찾아보았다.

할아버지는 옥수수 술을 팔아 돈을 마련한다. 작은나무에게 사소한 일을 부탁하고는 작은나무가 많이 도와준다고 말한다. 딸기를 딸 때는 아래쪽 딸기를 작은나무가 따도록 남겨둔다. 함께 해낸다는 마음을 심어주고 자긍심을 갖게 한다.

"(…) 우린 세 마리면 충분하니까 작은 나무야, 네가 골라보렴." 나는 그놈들 주위를 빙 돌다가 털썩 주저앉아서 한 놈 한 놈 자세히 관찰했다. 그러다가 일어나서 다시 그 둘레를 한 바퀴 돌았다. 신중해야 했다. 결국 나는 손과 무릎으로 땅바닥을 짚고 칠면조들 사이를 기어다니면서 비교를 하고 나서야 그중에서 가장 작은 세 놈을 집어낼 수 있었다. 할아버지는 아무 말도 하지 않고 나머지 세 마리의 다리에 묶인 끈을 풀어주었다. (…) "저놈은 네가 가져갈 수 있지?" "예, 할아버지" (…) 앞서 가던 할아버지가 콧노래를 흥얼거리는 소리가 들려왔다. 이 시간이 영원히 계속될 수 있다면 좋을 텐데…… 내가 할아버지를 기쁘게 해드렸다! 나도 그 이치란 걸 배운 것이다!(30~31쪽)

심지어 할아버지는 작은나무를 구하기 위해 방울뱀에게 물리고 나서도 "이만하면 우리 둘이서 그 망할 놈의 짐승에게 본때를 보여준 셈이지?" 하며 함께 방울뱀을 물리쳤다고 말한다.

할머니는 기쁜 일이 있을 때면 요리하다가 '실수로' 비싼 설탕을 쏟았다. 처음부터 설탕 넣고 과자를 만들어도 되는데 일부러 실수하는 척하면서 설탕을 더 넣었다. 작은나무가 고아원으로 떠나기 직전에는 모든 음식에 설탕을 쏟는 실수를 했다. 할아버지와 거래하는 백인 젠킨스 씨도 작은나무에게 사탕을 공짜로 주지 않고 아주 오래된 사탕이라 어차피 버릴 거라는 둥, 나무 한 단 옮겨준 값으로 오래된 사탕은 너무 작다는 둥 하면서 사탕을 줬다.

와인 씨는 주머니에 사과가 있다는 사실을 잊은 척했다. 작은나무가 아저씨 주머니에 사과가 있다고 말해주면 "아, 맞지?" 하면서 어쩔 수 없다는 태도로 작은나무에게 사과를 줬다. 어느 날은 멀리 인디언연방에 있는 증손자에게 줄 외투가 쓸모없어졌다며 고민한다. 작은나무가 입어주겠다고 하자 '그렇게 하면 정말 고맙겠다'며 외투를 줬다. 그냥 줘도 되는데 꼭 적당한 이유를 만들어 자연스럽게 주었다.

나는 그분에게 그 옷을 내가 입으면 어떻겠느냐고 물었다. 번쩍 고개를 든 와인 씨의 수염 가득한 얼굴에는 기쁜 웃음이 번져갔다. (…) 내 덕분에 죄를 완전히 벗고 무거운 짐을 내려놓을 수 있게 됐다고 기뻐하셨다. 내가 그분을 그렇게 크게 도와드린 것이다.(298~295쪽)

할아버지는 작은나무가 선물과 은혜를 당연하게 받아들이지 않게 한다. 반드시 무언가를 해서 정당한 노력의 대가로 받게 한다. '우리가 함께했다'는 걸 계속 알려준다. 노자는 도덕경에서 무언가를 이룰 때 함께한 사람들이 '우리가 함께 이 일을 이루었다'고 말하게 만들어야 훌륭한 지도자라고 가르쳤다. 할아버지가 그런 사람이다.

할아버지는 '가치'를 가르친다. '넌 소중한 존재다'를 말과 행동으로 계속 가르친다. 할아버지는 개들조차 가치 있는 존재라고 느끼게 해주려고 링거와 모드를 짝지어 주었다. 작은나무가 은혜를 공짜로 받지 않고 함께 노력한 뒤에 즐거움을 누리게 해주었다. 할아버지는 작은나무가 스스로 가치 있는 존재라고 생각하며, 홀로 서도록 도왔다. 쓸모없고 가난하며 시대에 뒤떨어진 인디언이 아니라 지혜롭고 자기 몫을 해내는 존귀한 사람으로 세워주었다.

학생들에게 자신이 가치 있는 존재라는 걸 느껴본 적 있는지 물었다. 상을 탔을 때, 선생님이 내준 어려운 문제를 2시간 30분 만에 풀었을 때, 공부가 잘될 때 그렇다고 한다.

"너희들이 말한 건 성취감이야. 성취감은 자신이 가치 있는 존재라고 느끼게 해줘. 작은나무도 할아버지를 돕고 젠킨스 씨와 와인 씨를 도와주면서 성취감을 느끼지."

할아버지가 나이가 더 들어 쇠약해지자 작은나무는 할아버지에게 배운 그대로 할아버지를 대했다.

나는 옥수수를 할아버지보다 더 많이 땄다. 할아버지가 따기 쉬운 것은 일부러 남겨두었다. 그러나 나는 그에 관해서 아무 말도 하지 않았다. 이전에 늙다리 링거에 대해서 할아버지가 "자신이 여전히 가치 있는 존재라고 느끼는 것이 중요하다"라고 말씀하신 것이 떠올랐다. 그 마지막 가을에 노새 영감이 죽었다.(370쪽)

작은나무는 자신을 존귀하게 키운 할아버지가 늙어가면서 힘이 없어지자 할아버지를 위해 옥수수를 다 따는 자신감을 내보이지 않았다. 할아버지가 딸 옥수수를 남겨두었다. 그저 인디언 꼬마였던 자신을 가치 있고 존귀한 사람으로 만들어준 것처럼 자신도 늙고 병든 할아버지를 쓸모 있는 사람, 가치 있는 존재로 느끼게 해주었다.

포리스트 카터가 책을 쓴 까닭을 물었다. 할아버지의 지혜, 작은나무가 배운 지혜를 나누기 위해 썼다고 한다. 사람들이 소유방식으로 사는 모습이 안타까워서 썼다고 한다. 자기 경험을 나누려고, 자기가 잘 아는 것이라서 썼다고도 한다. 맞다. 우리는 돈을 원한다. 좋은 성적과 대학을 원한다. 넓은 아파트와 큰 차를 원한다. 경쟁에서 이겨 더 많이 누리고 싶어 한다. 자기계발서를 읽고 재테크에 몰두하고 날마다 씩씩대면서 욕망을 뿜어낸다.

현대인들은 자신이 귀한 존재라는 걸 확인하기 위해 소유에 집착한다. 비싼 집과 차를 가지면 자신이 대단한 존재라도 된 것처럼 우쭐댄다. 그러나 인격체인 인간에게는 소유방식으로는 채우지 못하는 커다란 공간이 있다. 소유를 좇다가 마음에 결핍이 생길 때 비로소 보이는 공간, 돈과 물질이 아니라 존재로만 채울 수 있는 공간이다. 상담을 받고 힐링을 쫓아다녀도 가치관이 바뀌지 않으면 여전히 비어있는 곳이다.

인생의 진짜 가치는 어디에서 올까? 무엇이 인간을 존귀하게 만들까? 학생들도 소유 방식으로는 진정한 만족을 누리지 못한다고 인정한다. 무작정 공부만 하기에 앞서 왜 사는지 고민한다. 더 공부하고 잠이라도 잘 시간에 친구들 안 읽는 책 읽고 토론하며 글 쓰는 까닭은 우리 안에 가치를 찾고 싶은 존재방식이 여전히 꿈틀대고 있기 때문이다.

『내 영혼이 따뜻했던 날들』을 토론하며 할아버지의 지혜를 나누고 싶었다. 우리 모두 존재 자체로 가치 있다는 걸 함께 나누며 스스로 깨닫게 하고 싶었다. 첫 번째 시간에 '애들도 나처럼 느낄까?' 고민했는데 세 번째 시간에는 '애들과 함께해서 너무 좋다'고 느꼈다. 『내 영혼이 따뜻했던 날들』은 우리 모임을 따뜻하게 해주었다. 책에게도 고맙고 학생들에게도 고맙다.

네 번째
수업

소름 돋는
글을 만났다

네 번째 시간에 글을 썼다. 소름 돋았다. 좋은 책을 나눠서인지, 6개월
동안 글 솜씨가 좋아진 건지 모르지만 글이 진실해졌다.

**권민하
중1 여**　　할아버지와 할머니는 사랑한다는 표현 대신 '이해한다.(Kin
ye)'고 하신다. 이해하면 서로 사랑하게 되기 때문이다. 현대사
회에서는 서로 이해하는 가족이 거의 없다. 아빠와 아이는 서
로 이해하지 못한다. 아빠는 자기가 열심히 일하는데 아이는 놀고 공부도 안
한다고 한다. 아이는 아이대로 자기는 공부하는데 아빠가 매일 화를 내고 논
다고 한다. (…) 사랑을 느끼지 못하고 사는 인생은 허무할 수밖에 없다. 돈과
문명에 젖은 사람들은 허무함조차 느끼지 못한다.

**이가진
중2 여**　　새 학년으로 올라갈 때마다 제일 하기 싫었던 건 자기소개서
쓰기였다. 자기소개서를 쓸 때마다 가장 먼저 보이는 건 취미

68 제1부 토론으로 새로운 세상을 꿈꾸다

와 특기! 하지만 취미와 특기는 항상 마지막까지 비어있는 칸이었고 가장 오래 고민하다 마지못해 아무거나 적어내는 칸이었다. 정말 싫었다. 지금도 싫다. 어째서 내가 가장 가장 잘 알아야 할 취미와 특기는 마지막까지 버티다가 마지못해 적어내야 하는 걸까?

항상 이 문제로 자기소개서를 내지 못하고 연신 낙서만 그리고 있으면 선생님들은 화를 낸다. 어떻게 자기 취미 하나 모르고 살았냐고, 얼마나 자기 자신에 대해 생각 안 하고 살았으면 자신에 대해 아는 게 하나 없냐고 다그치기도 하신다. 우리는 자기 자신에 대해 아무 생각도 안 하고 산 게 아니다. 나에 대해 생각할 시간까지 학교에 뺏기고 공부에 뺏겨 하지 못한 것이다.

중학교 2학년이 되면서 일주일에 한 번 진로시간이 생겼다. 왠지 모르게 진로 시간에 대한 기대가 컸다. 재미있을 것 같았고 가장 기다리는 시간이 될 것 같았다. 그런데 너무 기대를 해서였을까? 처음 해본 진로 시간은 너무 실망이었다. 학년 초에 썼던 자기소개서와 똑같았다. 똑같이 자기소개서를 썼고, 쓴 자기소개서로 미니북을 만든다는 게 학년 초 썼던 자기소개서와 다른 점이었다.

화가 났다. 그렇게 기대했던 진로 수업인데 결국 한 건 내가 제일 싫어하는 일이었다. 더 싫었던 건 자기소개 책을 만들면서 잘 만든 건 전시회를 한다며 색칠을 해 예쁘게 꾸미라고 강요한 것이다. 왜 자기소개서를 예쁘게 포장해 남에게 보여주려 하는 건지 이해할 수 없었다. 겉치레만 잔뜩 한 내 소개가 정말 가치 있는 소개인지 궁금하기도 했다. 그 뒤로 진로수업은 점심시간 전, 시간이나 때우는 시간이 되어버렸다.

책을 만드는 데 비유한다면 학교는 우리에게 책 내용을 구상할 시간도 주지 않은 채 책 표지 꾸미는 시간만 준 것과 같다. 내가 잘하는 건 무엇인지 또 좋아하는 건 무엇인지 알아볼 시간은 주지도 않았으면서 취미와 특기, 그리고 내 진로까지 생각해 적으라는 건 말도 안 되는 소리였다. 결국 우리는 이 말도 안 되는 소리에 빠져 허우적거리다 건진 물건 하나 없이 같이 빠져 가라앉는 것이다.

지금 우리의 교육방식도 이렇다. 우리에게 감당 못 할 많은 것들을 던져주며 건질 시간은 주지도 않은 채 또다시 뭔가를 던져주고 모두 건져내라 한다. 당연히 이 상황에 가장 큰 피해자는 우리이다. 모든 걸 건져내려 허우적거리다 보니 내 꿈, 진로, 취미 따위는 신경 쓸 겨를이 없는 것이다.

학습의 '學'과 '習'은 배울 학과 익힐 습이다. 학교는 배울 시간은 주지만 익힐 시간은 주지도 않는다. 배우는 것보다 더 중요한 것은 배운 것을 익히는 것이다. 배우는 시간보다 더 많은 시간을 투자해야 하고 더 많이 생각해야 하는 시간이다. 학교에서 주지 않은 시간에 나 혼자 투자하려다 보니 결국엔 나를 생각할 시간이 없어지는 것이고 내 취미와 특기는 알 수 없는 것이다. 진로, 적성, 심지어 내가 좋아하는 것이 무엇인지도 모르는데 학교는 지금 이 순간에도 뭔가를 던져주고 있다.

"도대체 학교가, 교육이 진정으로 우리에게 가르쳐 주려는 건 무엇일까?"

끝없이 이어지는 평가, 그 속에서 지쳐가는 우리. 학교가 바란 게 이런 거였을까? 아마 아닐 것이다. 끊임없이 이어지는 평가 속에서 지친 기색 없이 완벽하게 모든 걸 수행하는 우릴 원하겠지. 항상 그들의 기준은 저 하늘 위 그들이 원하는 곳에 있고 그들의 경험 안에서 나온다. 늘 이런 식인 그들은 교육이라는 이름 아래 우릴 더 몰아세운다.

작은나무의 할아버지는 그러지 않았다. 작은나무가 50센트를 주고 산 소가 병든 소임을 알았지만 아무 말 없이 작은나무가 소를 사는 것을 지켜보았다. 얼마 지나지 않아 소가 죽자 작은나무는 왜 아무 말도 하지 않았냐고 물었다. 할아버지는 작은나무에게 소를 사게 하지 않았더라면 집에 가는 내내 미련이 남았을 거라 말한다. 맞는 말이다. 할아버지가 작은나무에게 소를 사게 하지 않았다면 작은나무는 내내 아쉬워했을 것이다. 소를 사게 놔둬서 작은나무에겐 또 다른 경험이 생겼고 다신 같은 실수를 반복하지 않게 되었다.

하지만 우린 그들의 경험만을 바탕으로 한 판단에 갇혀 더 이상 어떤 경험도, 판단도 할 수 없게 되었다. 언젠간 진정한 교육이 무엇인지 끊임없이 알아내려 노력하는 학교 안에서 진정한 가치가 무엇인지 알아내려는 우리가 될 수 있기를……. 이론의 틀에만 박혀 공부하는 우리가 진정으로 바라는 교육이 바로 이런 것 아닐까?

다름은 다름일 뿐
차별과 편견으로
바꾸지 마라

"흑인을 속이는 백인은, 그 백인이 누구이건 아무리 돈이 많은 사람이건 아무리 명문 출신이건 쓰레기 같은 인간이야. (…) 이 세상에 흑인의 무지를 이용하는 저급한 백인보다 볼썽사나운 건 없다. 절대로 그런 바보 같은 짓을 해서는 안 돼. 그 모든 것이 쌓이면 언젠가 그 대가를 톡톡히 치르게 될 테니까. 그런 일이 너희들 세대에 일어나지 않으면 좋으련만."(408~409쪽)

왜곡된 생각에 맞서는 다양한 방법을 보여주는 책

To Kill a Mockingbird

앵무새 죽이기

하퍼 리 지음, 김욱동 옮김, 열린책들, 2015

하퍼 리는 첫 작품인 『앵무새 죽이기』로 퓰리처상을 받았다. 흑인에 대한 백인들의 편견, 가치관이 다른 사람들이 벌이는 다툼, 팽팽한 긴장을 아이들의 눈으로 풀어가는 솜씨가 뛰어나다. 무엇보다 인물의 특징을 탁월하게 묘사했다. 성격을 드러내는 대사와 행동이 기가 막힌다. 대사, 관련된 사건, 행동, 사람들을 대하는 태도를 이야기하며 하퍼 리의 솜씨에 탄복했다. 독서반 3년째 첫 책으로 읽었다.

책을 읽는 수준이 높아져서 내용을 파악하는 활동을 하지 않았다. 첫 시간에 서로 궁금한 내용을 질문하고 대답한 뒤에 등장인물의 행동과 가치관을 분석했다. 둘째 시간에는 주요 문장을 해석하고 문장에 동의하는지, 다르게 생각할 수는 없는지 토론했다. 셋째 시간에는 돌퍼스 레이먼드, 부 래들리를 자세히 살펴보았다. 아빠가 질 줄 알면서도 재판을 맡은 이유도 찾아보았다. 그리고 글을 썼다.

코드를 스캔하면 『앵무새 죽이기』를 더 자세히 알 수 있는
열린책들 출판사 포스트로 이동합니다.

서당개 삼 년이면
풍월을 읊는다

첫째 시간이다.

책을 읽은 느낌을 말했다. 『앵무새 죽이기』는 배경설명 없이 1930년대 미국을 보여주므로 앞부분을 이해하기 어렵다. 학생들은 앞부분이 어렵다고 하면서도 다들 좋다고 한다.

"지금까지 나눈 책 중에서 가장 재미있다."

"재미있고 대단한 책이다."

"제목과 내용이 다른 것 같다."

"다른 책은 읽다가 중간에 멈춰서 생각해야 하거나 앞으로 돌아가서 다시 읽어봐야 하는데 이 책은 드라마 보듯이 한번에 쭈욱 홀리듯이 읽었다."

좋은 책을 즐겁게 읽은 마음이 표정에 나타난다. 독서반 시작할 때는 책을 읽어도 궁금한 게 없다고 했는데 책 맛을 안 뒤에는 소감이 달라졌다. 질문에 단답형 정답 위주로 말해서 답답하고 힘들던 때가 언제였나 싶다. 이제는 내가 준비한 질문을 자기들끼리 묻고 대답한다. 신기하고 즐겁다. 아래 내용 모두 학생들이 질문했다.

"나단 아저씨는 왜 나무 둥치를 막아버렸을까?"

"부 래들리가 밖으로 나오지 않는 까닭이 무엇일까?"

"래들리 씨 직업이 뭘까?"

"유얼 씨가 재판에서 이겼다는 걸 받아들이지 못하겠다. 왜 백인이 이 겼을까?"

"톰 로빈슨은 왜 갑자기 감옥에서 뛰쳐나가려 했을까?"

작가는 우리가 고민하는 내용을 이야기에 녹여 넣는다. 독자는 바닷 물을 증발시켜 소금을 만들어내듯이 이야기 속에서 작가가 녹여낸 생각 과 사상을 찾아낸다. 이걸 찾으려면 인물과 사건을 분석하며 '왜'를 물 어야 한다. 독서반에서 2년을 지내고 나서 이제는 '왜'를 묻는다. 내용을 추론해서 해석할 정도로 책을 읽는 수준이 높아졌다.

가장 기억나는 장면과 인물을 나누었다. 허풍 떠는 딜이 좋다, 마옐 라 유얼이 법정에서 변호사에게 말하는 장면을 보면서 화가 났다, 자기 가 불리하니까 괜히 호칭 갖고 트집 잡는다, 로빈슨 죽이는 데 총을 너 무 많이 쐈다는 부분이 왠지 모르게 자꾸 생각난다, 젬이 듀보스 할머니 집에 책 읽어주러 가는 장면이 생각난다……. "좋은 쪽으로 생각나는 거 야?" 하니 그렇다고 한다.

"할머니가 모르핀 중독을 이겨내려고 그러잖아요. 그걸 모르고 젬은 할머니 동백꽃을 다 잘라내고 소리 지르잖아요. 미리 알려주었다면 괜 찮았을 텐데 왜 알려주지 않았을까요?"

좋은 질문이다. 다른 학생들에게 이유를 물었더니 '할머니를 동정심

으로 대하지 않게 하기 위해서'라고 한다. 좋은 대답이다. 할머니를 동정
해서 도와주는 것과 끙끙 참아내다가 이해하는 건 아주 다르다. 내가 준
비한 질문을 학생들이 다 하고 있다.

아빠는 훌륭한 사람이다. 1930년대 미국에서 백인 여성을 추행한 죄
로 기소된 흑인을 변호한다. 옳고 그름과 상관없이 무조건 유죄로 판결
날 줄 알면서도 최선을 다해 변호한다. 재판하기도 전에 흑인 피의자를
죽이겠다고 찾아온 사람들 앞에 버티고 서서 흑인을 보호한다. 고소인
인 유얼 씨가 얼굴에 침을 뱉으며 위협해도 그러다 말 거라며 자기는 상
관없다고 한다. 『내 영혼이 따뜻했던 날들』의 할아버지 같다.

아빠에 대한 환상을 깨려고 가장 이해하기 어려운 사람을 찾아보자고
물었다. 주로 나쁜 사람을 말한다.

"혐오하는 사람 말고 이해가 안 되는 사람 말이야. 나는 아빠를 이해
할 수 없어. 세상에 이런 사람은 없어. 너무 모범이야. 자식 키우다 보
면 화를 내게 돼." 했더니 "맞아요. 아빠는 너무 방임하는 것 같아요. 교
과서적이에요. 선의 집합체예요." 하고 맞장구친다. 다른 학생이 아빠가
아이들을 돌보지 않는 것 같지만 칼퍼니아가 아이들을 잘 돌보기 때문
에 방임은 아니라고 하자 그래도 냉정하다고 대답한다.

"냉정한 건 변호사 기질 때문인 것 같다. 법정에서의 태도가 실제 모
습에 영향을 주었을 것이다." 라는 학생의 말을 듣고 좋은 주제라 생각
해서 질문을 바꿔 물었다.

"직업이 사람의 성격에 영향을 줄까? 사람이 어떤 일을 하느냐에 따
라 성격이 바뀔까?"

그렇다고 한다. 변호사라는 직업이 아빠에게 영향을 주었을 거라고

말한다. 한 학생은 엄마가 보건소에 근무할 때는 까칠했는데 시청으로 옮기더니 친절해졌다고 한다. 하고 있는 일이 사람에게 영향을 준다. 나는 교사라서 자꾸 설명하려 하는데, 이것도 같은 경우이다.

소감 말하고, 줄거리 간단하게 쓰고, 기억나는 부분 나누고, 서로 묻고 대답하고, 이해하기 어려운 등장인물 나눴는데 90분이 벌써 다 갔다. 서당개 삼 년이면 풍월을 읊는다더니 학생들끼리 나누는 풍월을 듣는 게 재미있다.

솔직함이
차별과 편견을 깨뜨린다

둘째 시간이다. 문장을 나누었다.

▶ 왜 흑인을 변호하느냐는 스카웃의 질문에 아빠는 이렇게 말한다. "여러 가지 이유가 있지. 가장 중요한 이유는, 내가 그 일을 하지 않는다면 읍내에서 고개를 들고 다닐 수 없고, 이 군을 대표해서 주 의회에 나갈 수 없고, 너랑 네 오빠에게 어떤 일을 하지 말라고 다시는 말할 수조차 없기 때문이야."(148쪽) 굳이 이렇게 생각해야 할까? 아빠 생각이 지나친 건 아닐까?

아빠가 도덕교과서에나 나올 법한 모범 인물이라는 얘기는 지난 시간에 이미 나누었다. 이런 사람이 현실에 있어야 할까 물었다. 아빠처럼 되라고 하면 부담스럽지만 아빠 같은 사람이 있어야 한다고 대답한다.

중2 남학생이 "아이들을 따로 모아놓고 가르치면 되지 않을까요? '배려해야 한다, 양보해야 한다……'를 계속 가르치면 아빠 같은 사람이 많아지겠죠. 아, 『멋진 신세계』처럼 하는 거죠. 부모와 함께 지내면 부모의 나쁜 태도를 배울 테니까 10년 정도 아이들만 따로 모아서 아빠처럼 행동하도록 가르친 뒤에 내보내면 우리나라가 달라지지 않을까요?" 한다.

에티커스 핀치 같은 사람이 드물다. 아무리 잘 가르친다고 해도 부모와 사회가 영향을 주기 때문에 핀치처럼 되기 힘들다. 『멋진 신세계』처럼 세뇌시키지 않으면 핀치 같은 사람을 만들어내기 어렵다. 『멋진 신세계』를 토론*했기 때문에 학생들은 인격을 조작해서 만든다는 생각이 모순임을 알고 있다. 그래서 멋진 신세계처럼 하자는 말에 다들 웃는다.

▶ 스카웃이 매춘부가 뭐냐고 삼촌에게 묻자 삼촌은 늙은 수상 이야기로 얼버무린다. 아빠는 "어린애가 뭘 묻거든 반드시 그대로 대답해 줘, 지어내지 말고. 애들은 역시 애들이라지만 대답을 회피하는지는 어른들보다도 빨리 알아차리거든. 그리고 대답을 회피하면 애들은 혼란에 빠지게 되지."(168쪽)라고 말한다. 아빠의 말에 동의하는가? 반대하는가?

삼촌의 태도를 한 낱말로 표현하라 했더니 '회피'를 말한다. '모면'도 가능하다. 의견이 양쪽으로 나뉠 거라 예상했는데 모두 솔직하게 알려줘야 한다고 말한다.

"아니, 매춘부라는 말은 아이가 받아들일 만한 내용이 아니잖아. 감당하지 못할 이야기를 너무 빨리 알려주는 거 아냐?" 했더니 호기심을 남기는 건 안 좋다고 한다. 호기심을 남기면 안 된다는 말을 어떻게 이어갈까 궁금해서 듣기만 했다. 남학생은 부모가 숨기면 좋지 않은 방법으로 알게 되기 때문에 더 나쁘다고 말한다. 여학생은 궁금한 걸 물어봤는데 부모님이 회피한 경험을 이야기한다.

"전 대답해주지 않으면 찾아보거든요. 아무리 찾아도 잘 모르겠는데 어느 날 부모님이 몰래 말하는 걸 들었어요. 그때 충격받았어요. 그래서

*『멋진 신세계』로 토론한 내용은 제3부에서 나온다.

얘기해주는 게 낫다고 생각해요."

문득 성교육 생각이 나서 몇 살에 성교육을 받으면 좋은지 물었더니 초등학교 5학년 전후가 좋다고 대답한다. 글로 분위기를 담지 못해 아쉽다. 부모 나이와 비슷한 교사, 중학교 1~3학년 남학생, 2학년 여학생들이 모여 성에 관한 지식을 언제 알려줘야 하는지 말한다. 미묘하다. 남학생은 호기심이 호기심을 낳는다고 대답하면서 눈동자가 흔들린다. 누구든 말할 때는 얼굴이 빨개지고 듣는 학생도 말하는 친구 보며 미묘한 표정을 짓는다. 여학생은 표정 변화 없이 논리를 댄다.

"야, 이거 말하는데 남자와 여자가 다르네. 여자는 논리를 말하는데 남자들은 뭐냐? 상상하지 말고 말해. 도대체 뭘 상상하는 거야? 자꾸 상상하니까 표정이 그렇지?" 했더니 낄낄거리며 웃는다.

한 학생은 부모님이 알려줬다고 한다. "진짜? 부모님이 같이?" 했더니 그렇다고 한다. 앞에서 부모님이 대화를 회피한 경험을 말한 여학생이 세 살 정도에 성교육을 해줘야 한다고 말한다. 세 살이 무얼 알겠느냐 하니 "남자와 여자가 다르잖아요. 자기를 소중하게 여겨야 한다고 알려줘야 해요." 한다.

남성과 여성으로 태어난 자체를 귀하게 여기는 가치관을 알려줘야 한다는 말에 깜짝 놀랐다. 나는 성교육을 정말 '성적인' 교육으로 생각했다. 남성 위주의 성교육을 생각하고 있었다. 남학생들이 성교육을 '성적인' 지식을 아는 교육이라고 생각하기 때문에 미묘한 분위기를 만들었다. 각자의 성을 귀하게 여겨야 한다는 여학생의 말에 크게 배웠다.

사람을 변하게 하려면 마음을 흔들어 주어야 한다

▶아빠가 흑인을 변호하는 게 잘못이라고 말하는 사람에 대해 아빠는 이렇게 말했다. "그들에겐 분명히 그렇게 생각할 권리가 있고, 따라서 그들의 의견을 충분히 존중해 줘야 해. 하지만 난 다른 사람들과 같이 살아가기 전에 나 자신과 같이 살아야만 해. 다수결에 따르지 않는 것이 한 가지 있다면 그건 바로 한 인간의 양심이다."(200쪽) 무슨 뜻일까?

먼저 문장의 앞부분 '다른 사람과 살기 전에 자신과 잘 해나가야 한다'가 무슨 뜻인지 나누었다. 다른 사람 말에 흔들리지 않는 자기만의 생각이 있어야 한다는 뜻으로 정리했다. 이걸 간단하게 뭐라 할까 물었더니 자기 확신, 양심, 자아 존중감으로 이해한다.

아빠는 자기 확신과 양심이 강하다. 듀보스 할머니가 욕해도, 검둥이 변호한다고 마을 사람들이 수군대도, 유얼이 얼굴에 침을 뱉어도 흔들리지 않는다. 젬과 스카웃은 다른 사람 말과 행동에 쉽게 흔들린다. 아빠는 줄곧 그들을 신경 쓰지 말라고 하지만 아이들은 그들 때문에 힘들어한다. 굳건하게 서 있는 아빠가 있기 때문에 아이들도 점점 자기 확신을 갖게 된다는 점에서 이 책은 성장 소설이기도 하다. 그렇지만 성장의 관점은 나누지 않았다. 성장 외에도 나눌 이야기가 너무 많았다.

뒤 문장은 어려웠다. 다수의 원칙이 변해도 인간의 기본 의식, 양심은 흔들리지 않는다는 뜻으로 받아들였다. 다른 사람을 의식하고 사는지, 자기 확신을 더 중요하게 여기는지 물었다. 두 명은 다른 사람 시선이 신경 쓰인다고 하고 나머지는 자기 확신을 중요하게 생각하는 편이라고 한다. 말수가 적은 학생이 다른 사람을 의식할 줄 알았는데 아니라고 한다. 앞뒤 가리지 않고 말하는 학생은 다른 사람 말에 신경 쓰지 않을 것 같았는데 사람을 의식한다고 말해서 또 의외였다. 역시 사람은 함부로 판단하면 안 되겠다.

이어진 토론에서 다른 사람을 의식한다고 말한 두 학생은 계속 같은 논리를 보였다. 다른 사람을 의식하고 살면 힘들 때가 많다. 그래서 둘을 위해 내 이야기를 해주었다.

"나도 너희 둘처럼 다른 사람 신경 써주는 성격이라 힘들어. 안 해도 되는 일까지 하게 돼. 상대 반응을 생각하면 말을 가리게 되잖아. 생각이 많아져서 힘들어. 대신 좋은 점이 있어. 생각이 많으면 글을 잘 써. 너희 둘은 글을 잘 쓸 기반을 갖고 있어!"

▶ 가난해서 시럽을 먹지 못했던 월터는 모처럼 기회가 생기자 음식마다 시럽을 듬뿍 부어 먹었다. 그 모습을 보고 스카웃이 '저러다 시럽에 빠져 죽을 것'이라고 말하자, 칼 아줌마는 화를 내며 말한다. "저 앤 네 손님이고, 그러니 만약 그 애가 식탁보를 먹어 치우고 싶다고 해도 그냥 내버려 둬야 해."(55쪽) 캐롤라인 선생님과 아이들 사이에서 일어난 일을 들은 아빠는 "무엇보다도 간단한 요령 한 가지만 배운다면 모든 사람들과 잘 지낼 수 있어. (…) 누군가를 정말로 이해하려고 한다면 그 사람의 입장에서 생각해야 하는 거야"(64~65쪽)라고 말한다. 두 사람의 생각에 동의하나, 반대하나? 만약 너희가 친구를 집에 데려갔는데 월터처럼 행동한다면 너희 엄마는 어떻게 말할까? 친구가 있을 때와 친구가 돌아갔을 때 말이야.

친구가 있을 때는 많이 먹으라고 하겠지만 돌아간 뒤에는 저런 친구 사귀지 말라고, 다시 데려오지 말라고 할 거라 한다.

"그럼 엄마가 없어서 친구가 힘들게 산다는 걸 알면 엄마 반응이 달라질까?"

당연히 달라진다고, 잘해줬을 거라 대답한다. 캐롤라인 선생님은 월터가 가난한지 모른다. 스카웃은 월터의 상황을 알기 때문에 월터가 선생님의 돈을 받지 않는 걸 이해하지만 선생님은 그렇지 않다. 이런 사실을 모르는 선생님은 스카웃이 함부로 말한다고 혼낸다. 반면 스카웃은 선생님이 월터 상황을 몰라서 그러는 걸 모르기에 선생님을 싫어한다. 아빠는 선생님의 시각으로 바라보면 이해할 수 있다는 뜻으로 말했다. 선생님 역시 월터의 시각으로 보면 월터를 이해할 수 있을 것이다. 책에서 아빠는 계속 상대방을 이해하라고 한다. 다른 사람을 의식한다고 말한 두 학생은 이 질문에 적극적이다. 평소 생각하던 문제이기 때문이다.

▶ "유죄 평결을 내리려는 사람과 역시 유죄 평결을 내리려는 또 다른 사람 사이에 차이란 없으니. 유죄 평결을 내리려는 사람과 마음에 약간 동요를 느끼는 또 다른 사람 사이에는 아주 미미한 차이가 있는 거지. 모든 배심원 중에서 유일하게 그 사람만이 확신할 수 없었던 거야."(412쪽) 이 문장에서 '그 사람'은 누구이며, 이 말은 무슨 뜻일까?

톰 로빈슨이 감옥에 갇히자 밤에 월터의 아빠 커닝햄을 포함한 백인들이 찾아와 톰 로빈슨을 죽이겠다고 아빠를 위협한다. 이때 몰래 아빠를 찾아간 스카웃이 아저씨들 앞에 뛰어든다. 스카웃은 커닝햄에게 자기는 월터랑 같은 반 친구이고 집에 초대한 적도 있다며 상속 문제는 잘 해결되었는지 묻는 등 자질구레한 이야기를 한다.

아빠가 아무리 훌륭해도 흑인을 죽이려고 모여든 백인을 막지 못했을 것이다. 아무것도 모르는 아이, 흑인을 처단하려고 찾아온 백인을 친구 아빠로 대하는 아이만이 그들을 막을 수 있다. 흑인을 변호하는 사람에 겐 해코지를 하겠지만 아들과 같은 반 친구 아빠를 해칠 수는 없다. 팽 팽한 긴장이 흐르고 건들기만 해도 터질 것 같은 분위기 한가운데 아홉 살 여자애를 보내 백인 우월주의자들을 돌려보낸 하퍼 리의 솜씨가 탁 월하다.

이때부터 커닝햄은 마음이 흔들렸다. 백인이 아니라 월터의 아빠로, 월터 친구 스칼렛을 아는 한 사람으로 배심원단에 참가했다. 아빠는 커 닝햄이 흑인이라면 무조건 유죄 평결을 내리는 다른 사람들을 보면서 자신도 그들과 똑같이 편견에 사로잡혀 있었다는 걸 깨달아 마음에 약 간 동요를 느꼈을 거라고 생각했다. '미미한' 차이지만 다수의 인식을 바꾸는 일은 늘 작은 도전, 미미한 시작에서 비롯되었다. 하퍼 리는 흑인 을 백인과 동등한 인격을 가진 존재로 대하는 일이 작은 차이에서 시작 된다고 말하고 있다.

▶ 아빠는 누군가가 살아온 삶을 이웃의 생각으로 교화하려는 것을 반대 한다. 각자 자기 생각으로 살아가게 놔두려 한다. 어떻게 생각하는가?

"사람을 믿는 마음이 있어서 이러는 것 같다."

"교화하려고 해도 사람을 바꾸지 못한다는 걸 알기 때문이다."

"아빠가 좋은 사람이기 때문에 '그냥 자기 원하는 대로 살게 놔둬. 그 러다 죽겠지!'라는 식으로는 말하지 않는다."라고 한다.

▶ 듀보스 할머니가 아빠를 검둥이 옹호자라고 욕하는 것에 대해 아이들 이 불평하자 아빠는 "그건 단지 그 말을 하는 사람 자신이 얼마나 시시 한 인간인가를 보여주는 것일 뿐, 네게 상처를 주진 않을 거다. 그러니까 듀보스 할머니가 너희들을 놀릴 기회를 드리지 않도록 하는 거지."(162쪽)

라고 말했다. 아버지의 의도는 무엇일까? 아빠가 사람들을 너무 좋게만 생각하는 것 아닐까?

앞의 질문을 구체적인 사례와 함께 물었다. 자기합리화라 말하기도 하고 '놔둬! 무시하고 살아!'처럼 들린다고도 한다. 부모님께 이런 이야기를 들은 적 있는지 물었다. 중2 남학생은 친구들이 학교에서 엄마 이름이 촌스럽다고 놀려서 엄마에게 말했더니 "놔둬, 내가 괜찮은데 네가 왜 신경 쓰냐? 무시해!"라고 말했다고 한다. 엄마가 화낼 줄 알았는데 그렇게 말해서 놀랐다고 한다. 중2 여학생은 동생이 친구들 때문에 학교에서 힘들어해서 엄마에게 말했더니 역시 무시하라는 대답을 들었다. 자기가 듣기에는 친구들이 심해서 엄마가 어떻게 해야 한다고 생각했는데 엄마가 그렇게 말해서 역시 놀랐다고 한다.

"스카웃의 아빠도 그렇고 너희 부모님들도 왜 이렇게 말할까? 비난을 듣고 상처를 안 받을 수 있을까? 할머니가 계속 욕하는데 무시할 수 있을까?"

그럴 수 없을 거라고 한다. 이건 불가능한 일이다.

"말하는 사람이 시시한 인간이라고 생각하면 위로는 되겠지만 이겨내기 어렵다. 그런데 왜 아빠는 이렇게 말할까?"

사람이 바뀌지 않기 때문이라 한다. 토론한 내용 중에 여기가 가장 좋았다. 독서반 학생들은 사람이 쉽게 변하지 않는다는 내용을 주로 말했다. 변하지 않는 사람을 변화시키려 들면 싸우게 된다. 듀보스 할머니, 흑인 로빈슨을 죽이려고 온 사람들, 유얼 같은 이들에게 맞서면 더 심하게 싸운다. 말이 주먹으로, 주먹이 칼로, 칼이 총으로 변한다. 사람이 쉽게 변하지 않는다는 걸 아는 아빠는 조금 흔드는 것만으로 만족한다.

▶처음 발문할 때 미처 생각하지 못했던 질문이 떠올랐다.

"흑백 갈등 역사에서 변하지 않는 백인들을 대상으로, 맞서 싸우지 않으면서, 계속 마음을 흔들어 변화시키는 전략을 구사한 사람이 있다. 누구일까?"

대답을 못한다.

"백인들을 이기기 위해 맞서 싸운 사람이 있어. 누구지?"

"맬컴 엑스요."

"맞아. 그럼 맞서 싸우지 않고 두들겨 맞으면서, 언젠가 흑인을 때리고 죽이는 짓이 인간 이하의 짓이라는 걸 스스로 깨닫게 하려 했던 사람이 누구지?"

마틴 루서 킹이라고 대답한다. 『세상을 바꾼 사람들』*과 『체를 통과하는 물』**을 읽으면서 살펴보았던 인물이다.

"간디도 그랬지! 간디와 킹은 상대방이 얼마나 악한지 드러내서 이기려 했어. 굉장히 힘들었어. 이 방법의 단점이 뭘까?"

견디기 힘들다고 한다. 『앵무새 죽이기』에서 같은 사례를 찾을 수 있을까 물으니 톰 로빈슨이 견디지 못했다고 한다. 내부에서 반대하는 사람들이 있다, 악용하는 사람들이 있다고 한다. 맞다. 유얼은 자기 잘못을 인정하지 않고 악용했다. 또한 시간이 너무 오래 걸린다.

▶유얼이 아이들을 공격하리라는 걸 아빠가 전혀 예상하지 못한 건 너무 고상하게만 생각했기 때문 아닐까? 각자 자기 생각으로 살아가면 된다는 생각을 하지 않았다면 막을 수 있지 않았을까?

---

* 『세상을 바꾼 사람들』 워런 코헨 지음, 장문철·김광익 옮김, 창조문화.
** 『체를 통과하는 물』 케빈 베일스·베키 코넬 지음, 송재영 옮김, 동산사.

중1 남학생이 "유얼을 무시한 건 아닐까요?" 한다. 아빠가 너무 성인군자 같아서 유얼이 얼굴에 침 뱉은 걸로 화풀이 다했다고 생각했는데 무시한 걸 수도 있겠다. 듀보스 할머니가 젬을 화나게 하자 아빠는 그 말을 하는 사람 자신이 얼마나 시시한 인간인가를 보여주는 것일 뿐이라고 말했다. 아빠가 듀보스 할머니를 시시한 사람으로 생각하고 있다는 걸 은연중에 드러내는 말이다. 유얼은 재판에서 이기지만 재판이 끝난 뒤에 완전히 잊혔다. 마을 사람들은 로빈슨이 유죄로 확정됐지만 유얼이 옳아서가 아니라 백인이기 때문에 이겼다는 걸 알았다. 중1 남학생의 그 말이 오래 남는다. '훌륭한 아빠조차 악한 사람을 바꿀 수 없어 무시했구나. 어떻게 해야 사람이 조금씩 나은 모습으로 바뀔까?' 생각하게 된다. 보통 소설은 주인공과 몇몇 주변 인물을 통해 작가가 하고자 하는 이야기를 전한다. 『앵무새 죽이기』는 잠깐 등장하는 인물도 깊이 이야기를 나누게 한다. 하퍼 리가 인물 선정을 기막히게 했다. 돌퍼스 레이먼드도 그런 사람이다.

▶ 돌퍼스 레이먼드는 어떤 사람인가? 그는 흑인과 결혼하고 혼혈아를 낳았다. 당연히 사람들이 손가락질하고 비난한다. 콜라병을 종이 포장지로 감싸고 빨대를 꽂아 갖고 다닌다. 사람들은 술을 먹는 거라고 또 비난한다. 1930년대엔 술을 먹는 일이 비난받을 짓이었다. 딜과 스카웃에게 술이 아니라 콜라라는 걸 밝히자 아이들은 왜 사실대로 말하지 않느냐고 묻는다. 오해를 풀면 손가락질당하지 않을 텐데 굳이 사서 고생하는 까닭이 뭐냐고 묻는다.

스카웃은 돌퍼스 레이먼드를 두고 '자기 자신을 고의로 기만하는 존재'라고 말했다. 사람들은 레이먼드가 술을 먹어서 욕하는 게 아니라 흑인과 결혼해서 혼혈아를 낳았기 때문에 욕한다. 술을 먹는다고 욕하는 건 흑인과의 결혼을 비난하기 위한 핑계에 불과하다. 학생들은

"술이 아니라고 밝혀도 욕먹는 건 변하지 않는다."

"어차피 안 먹으니 괜찮다."

"상대방이 들을 준비가 안 되었기 때문에 상대에 맞춰주는 거다."

"다른 사람 말 듣지 않고 욕하는 사람은 그냥 욕하게 놔두는 게 낫다. 하고 싶은 대로 하게 놔둬서 그들이 만족하게 하는 게 낫다. 그들은 마음대로 욕해서 좋고, 욕을 듣는 사람은 겉으로는 그들이 원하는 대로 행동하는 것 같지만 마음은 자유로울 수 있다."

라고 말한다. 돌퍼스 레이먼드는 멋진 사람이다. 그는 아빠를 이해한다. 변하지 않는 사람들 앞에서 자기를 비난의 대상으로 내세우고 그들의 행동이 옳은 것처럼 보이게 만들지만 사실 그들의 죄와 허물을 드러내고 있는 셈이다. 지금은 아니지만 언젠가 그들이 받아들일 준비가 되면 포장지를 벗겨내고 그들과 콜라를 함께 마실 사람이다. 학생들이 돌퍼스 레이먼드를 이해해서 참 좋았다.

김동현
중2 남

돌퍼스 레이먼드는 현명한 행동을 했다. 그는 사람들이 자기보다 더 나은 사람을 좋아하지 않는다는 것을 알고 있었기 때문에, 자신을 술주정뱅이로 사람들이 인식하게 하고 또한 자신이 흑인들과 가까이 지내는 이유를 모든 사람들이 받아들일 수 있는 술로 인한 문제로 알려지게 했다. 그럼에도 스카웃과 딜에게는 그 비밀을 알려준 것을 보면 아저씨는 외로웠고 다른 사람들도 그들의 어린 모습으로 돌아가 아이들처럼 편견 없이 자신을 받아들일 것을 바라셨던 것 같다.

앵무새를 죽이지 않으려면
앵무새를 알아야 한다

▶ 부 래들리는 열다섯 살쯤 되었을 때 나쁜 친구들과 몰려다녔다. 어느 날 훔친 자동차를 몰고 다니다가 사고를 쳤다. 판사가 학생들을 실업학교에 보내도록 결정했을 때 아버지 래들리 씨는 자신에게 아들을 맡겨 달라고 했고 판사는 아버지의 인품을 믿고 허락했다. 그 뒤로 부 래들리는 15년이 지나도록 집 밖으로 나오지 않았다. 부 래들리가 서른네 살일 때 가위로 아버지를 찔렀다는 소문이 있지만 사실인지 확인할 수 없었다. 아버지는 왜 아들을 감금했을까?

아들을 보호하려는 마음 때문이라고 말한다. 아버지가 아들에게 실망해서 또는 창피해서 가둬둔 건 아닐까, 길게 이야기했지만 래들리 씨가 왜 부 래들리를 감금했는지 이유를 찾지 못했다.

▶ 그가 우리 시대에 산다면 어떤 사람일까? 먼저 부 래들리의 집을 아이들이 어떻게 생각하는지 알아봤다. 아이들은 부 래들리의 집을 두려워한다. 친해지고 싶지만 두려움 때문에 쉽게 다가가지 못한다. 집 앞을 지날 때는 뛰어가고, 부 래들리 집 뒷마당 호두나무에서 학교 운동장으로

호두가 떨어져도 아무도 손대려 하지 않았다. 아이들은 부 래들리에게 가까이 다가가면 위험하다고 생각한다. 어른들은 무관심으로 일관한다. 부 래들리가 무얼 하건 자기들에게 해를 끼치지 않는다면 그냥 놔두라고 한다. 당시에 흑인을 대하는 태도가 이러지 않았을까. 실제와 다른 이미지를 덧씌우고 가까이 갈 생각도 하지 않았다. 백인은 백인끼리, 흑인은 흑인끼리 나뉘었다. 그러다가 서로 부딪치는 일이 생기면 철저히 백인 중심으로 생각했다.

▶ 부 래들리를 통해 하퍼 리가 보여주려 한 것은 무엇일까? 호기심에서 나온 태도라고 해도 아이들이 다가가지 않았다면 부 래들리는 이웃집 아이들을 알지 못했을 것이다. 그럼 유얼 씨가 잭과 스카웃을 공격할 때 도와주러 가지 않았을지도 모른다. 결국 친밀감이 아이를 살렸다. 이 사건을 통해 하퍼 리는 부 래들리 같은 사람에게 다가가라고 말한다.

▶ 모디 아줌마의 말이다. "테일러 판사님이 그 청년을 변호하도록 너희 아빠를 임명하신 게 우연이 아니라는 생각이 들지 않았니? 테일러 판사님이 너희 아빠를 임명하신 데는 다 그럴만한 까닭이 있었다는 걸 말이야. (…) 우리는 한 걸음을 내딛고 있는 거야, 아기 걸음마 같은 것이지만 그래도 진일보임에는 틀림없어."(398~399쪽) 무슨 뜻일까? 이길 수 없는 재판에 나서는 건 바보 같은 짓이다. 동의하는가?

두 명은 바보 같은 짓이므로 나서지 말아야 한다고 대답하고 네 명은 지더라도 재판을 해야 한다고 말한다. 한 학생이 묻는다. "그럼 질 줄 알면서도 재판한 건가요?"

그랬을 거라 하니 놀란 눈치다. 실패로 끝날 거라면 시작하지 않는 게 당연한 것 같지만 모디 아줌마의 말을 들은 이상 그렇다고 말할 수도 없다. 미국에서 흑인 대통령이 당선된 것도 이런 한 걸음이 있었기 때문이다.

▶ "흑인을 속이는 백인은, 그 백인이 누구이건 아무리 돈이 많은 사람이건 아무리 명문 출신이건 쓰레기 같은 인간이야. (…) 이 세상에 흑인의 무지를 이용하는 저급한 백인보다 볼썽사나운 건 없다. 절대로 그런 바보 같은 짓을 해서는 안 돼. 그 모든 것이 쌓이면 언젠가 그 대가를 톡톡히 치르게 될 테니까. 그런 일이 너희들 세대에 일어나지 않으면 좋으련만."(408~409쪽) 무슨 뜻일까?

백인들은 흑인을 학대하고 착취해서 막대한 이익을 얻었다. 많은 선진국들이 가난한 나라의 땀과 눈물, 핏방울을 밟고 그 자리에 올라섰다. 미국과 유럽이 누리는 풍요의 이면에는 아프리카와 아시아의 눈물이 담겨 있다. 학대하는 사람은 자기들이 빚을 만들고 있다고 생각하지 않았다. 다음 세대가 빚을 갚아야 한다고도 생각하지 않았다.

1991년 LA에서 폭동이 일어났다. 천 개가 넘는 가게가 공격당했고 차량이 불타고 물건이 도난당했다. 이를 진압하기 위해 투입된 공권력과 사후 처리 비용이 엄청나게 들었다. 흑백 갈등이 낳은 아픔은 지금까지도 셀 수 없이 많은 손실을 일으킨다. 예를 찾아보라 하니 세르비아, 북한, 남아프리카 공화국을 든다. 국가를 이루는 인재들이 죽거나 다치고, 서로 다투느라 인적 손실도 많다. 백인들은 지금 당장 자기들에게 생기는 이익만 바라보느라 다음 세대가 치러야 할 비용을 계산하지 못했다. 백인뿐만 아니라 우리도 마찬가지이다.

▶ 책에서 앵무새에 해당하는 인물은 누가 있을까? 왜 그 사람을 앵무새라고 생각하는가?

흑인은 단지 검다는 이유만으로 미움받았다. 부 래들리는 밖으로 나오지 않는다고, 돌퍼스 레이먼드는 흑인과 결혼했다고, 젬과 스카웃은 아빠가 흑인을 변호한다고 미움받았다. 그들은 약하지만 아무도 괴롭히지 않은, 죽이지 말아야 할 앵무새이다. 우리 시대의 앵무새는 누구일까 물었다. 외국인 노동자, 세월호 유가족, 왕따당하는 친구를 든다.

▶ 앵무새를 죽이지 않으려면 어떻게 해야 할까? 법이나 사회의 대안이 아니라 개인들이 어떤 생각을 가져야 앵무새를 죽이지 않게 될까?

아기 걸음마라도 누군가 걸음을 내디뎌야 한다. 다수의 횡포에 맞선 소수의 한 걸음이 무력해 보이지만 다른 생각을 하는 사람이 있다는 걸 보여주어야 한다고 대답했다. 백인이 흑인을, 일본인이 조선인을, 친일파가 독립운동가를 이렇게 대했다. 지금은 부자가 가난한 자를, 권력자가 약한 자를 이용해서 자기 배를 불린다. 그건 앵무새를 죽이는 것과 같은 짓일까? 학생들이 동의한다. 그리고 여전히 앵무새가 죽어간다고 말한다.

제2부

토론으로
우리들의 고민을
나누다

몸과 마음이 지친 흑인들이 창고에 모여 술을 마신다. 이리저리 비틀거리며 걷는다. 빗자루를 북채 삼아 술통을 북처럼 두드린다. 둥둥 소리가 심장을 울린다. 젖 먹던 힘을 다해, 백인 주인의 비단 우산까지 들고 북을 두드린다. 술에 취해 휘청대며 신세를 한탄하던 흑인들이 장난 삼아 북을 두드리다가 콩고 강에서 수풀을 가르며 배를 타고 맹수를 좇아다니던 조상들을 떠올린다. 아프리카의 드넓은 땅을 호령해야 할 자유로운 종족의 후손들이 '황금빛으로 빛나는 물줄기'를 바라본다.

『죽은 시인의 사회』의 웰튼 아카데미 학생들은 부모의 욕심을 채우는 도구가 되어, 하고 싶은 일을 포기하고, 어른들의 요구에 떠밀려 살았다. 그러다가 키팅 선생님을 만나 동굴에서 시를 읊으며 생각을 바꾼다. 삶을 스스로 개척하며 새로운 꿈을 꾸게 되었다. 비록 현실의 벽에 막혀 닐이 자살하고 키팅 선생님이 쫓겨나지만 그들의 가슴에는 황금빛으로 빛나는 물줄기가 흐르게 되었다.

학생들이 『죽은 시인의 사회』를 정말 좋아했다. 우리나라 대입제도와 교육 구조를 비판하며 많이 공감했다. 불합리한 현실에 소리를 질렀지만 대한민국 중학생에게 대안을 제시하지는 못했다. 그래서 『학교의 슬픔』을 읽었다. 『학교의 슬픔』은 『소설처럼』의 저자인 다니엘 페낙이 학창시절을 돌아보며 쓴 에세이다. 공부를 너무 못했던 저자가 키팅과 정반대 선생님을 만나 공부를 좋아하게 되고 대학에 가서 꿈을 이룬 뒤에 쓴 글이다.

다니엘 페낙은 『죽은 시인의 사회』가 감정만 자극하고 대안을 제시하지 못했다며 비판했다. 그는 흑인들이 콩고 강을 그리워하며 날마다 술에 취해 탁자만 두드리도록 놔두지 않는다. 동굴에서 시를 읊느냐 아니냐가 중요한 게 아니라 술 창고에서 벗어나 콩고 강에서 빛나는 물줄기를 만지기 위해 무언가를 해야 한다고 말한다.

『수레바퀴 아래서』의 한스는 촉망받는 유망주였지만 지쳐서 공부를 포기했다. 공부만 하느라 자연을 느끼는 감성과 여유로움, 우정까지 잃어버렸기 때문에 아무것도 할 수 없었다. 학교에서 쫓겨나듯 돌아온 뒤에 비로소 이웃과 함께 과일을 따면서 웃음을 되찾았다. 공부할 때는 알지 못했던 수확의 기쁨, 고단하게 일한 뒤에 친구와 나누는 대화의 풍요로움을 깨달았다. 사람들의 기대를 받으며 우쭐대는 자리는 아니지만 황금빛으로 빛나는 물줄기를 누리게 되었다.

『그리스인 조르바』는 한스, 웰튼 아카데미 학생들과 정반대의 삶을 보여준다. 조르바의 오늘은 결코 어제와 같지 않다. 관습과 규칙을 깨버리고 지나치리만큼 현재를 즐긴다. 조르바는 날마다 수풀을 가르며 황금빛 물줄기를 찾아다닌다. 조르바의 삶에는 기쁨과 환희, 놀라움이 가득하다. 위선과 편견, 아집에 매인 사람들을 깨우친다. 너무 자유로워서 받아들이기 어려울 정도이다.

우리 학생들은 웰튼 아카데미 같은 현실에서 경쟁에 짓눌려 살아간다. 죽은 시인의 사회를 만들지도, 조르바처럼 현재를 즐기지도 못한다. 힘들어하면서도 벗어나지 못한다. 대안을 생각하지도 못한다. 네 권을 읽고 고민을 나누면서 학생들이 참 좋아했다. 무엇을 위해, 왜 공부하는지 이야기하며 콩고강의 북소리를 들었다. 둥 두둥 둥!

성적은 너를
보여주는 것들 중
하나일 뿐이다

"평일에 손이 시꺼매지고, 팔다리가 피곤해지도록 일을 하고 난 뒤라야 일요일의 거리는 축제 분위기로 들뜨고, 태양은 더욱 밝게 빛나고, 모든 것이 보다 화려하고 아름답게 보이는 법이었다. 햇볕이 드는 집 앞의 벤치에 앉아 마치 제왕처럼 환한 얼굴을 하고 있는 정육점 주인이나 피혁공, 빵집 주인이나 대장간 주인을 한스는 이제 이해할 것만 같았다. 그리고 더 이상 그들을 속물 같은 인간이라고 경멸하지 않게 되었다."(243쪽)

대한민국 중학생의 실상을 보여주는 책

Unterm Rad

수레바퀴 아래서

헤르만 헤세 지음, 김이섭 옮김, 민음사, 2001

『수레바퀴 아래서』는 경쟁에 시달리는 대한민국 학생들의 이야기이다. 학생들은 경쟁에서 이길 때까지 계속 달리라고 재촉당한다. 언제까지 뛰어야 하는지 모르면서 계속 달리다 보면 점점 지친다. 앞만 보고 달리다가 수레바퀴에 깔려버릴 수도 있다. 수레바퀴를 벗어나기 위해 다른 길을 찾아도 잘 보이지 않는다. 들판과 멀리 보이는 신기루 사이에서 방황해야 한다.

헤르만 헤세를 깔아뭉갠 수레바퀴가 우리 학생들을 짓누르는지 토론하고 싶었다. 수레바퀴 아래에 깔리지 않으려면 어떻게 해야 하는지, 대한민국에서 중학생으로 살아간다는 게 무엇인지 나누고 싶었다. 헤세가 마울브론 신학교를 뛰쳐나오면서 했던 질문이 같은 처지를 살아가는 학생들에게 힘을 주리라 생각했다. 독서반 첫 해 11월에 읽었다.

독서모임에서 내용 파악 - 독서토론 - 글쓰기 - 글 고치기를 순서대로 하지만 세부 내용을 나누는 방식은 책에 따라 다르다. 보통은 첫 시간에 인물, 사건, 배경을 이해하는 문제를 풀면서 사건이 일어난 순서나 인물의 특징을 파악한다. 『수레바퀴 아래서』는 각 장의 제목을 정하는 데 첫 시간을 다 썼다. 둘째 시간에는 성적, 교우 관계, 주체성을 기준으로 한스의 인생 그래프를 그렸다. 『수레바퀴 아래서』는 한스가 뛰어난 실력으로 마을 사람들의 박수를 받으며 일류 학교에 입학하고, 1등을 달리다가, 견디지 못해 공부를 포기하고, 고향에 내려와 잠깐 기계공 생활을 하다가 죽기까지의 짧은 일생을 다룬 이야기이다. 그래서 인생 그래프를 그려서 한스의 삶과 우리의 삶을 비교했다. 셋째 시간에 문장을 나누고 글을 썼다.

코드를 스캔하면 '자기 충실의 삶'이라는 주제로 『수레바퀴 아래서』를 해설한 문광훈 충북대 독어독문학과 교수의 강연 페이지로 이동합니다.

각 장에 제목 붙이기
내용을 알아보자

학생들이 글을 쓸 때 제목 정하기가 힘들다고 한다. 쓸 내용을 정해주어도 제목이 생각나지 않아 연필만 돌리는 학생도 많다. 그러나 책 내용을 정리하며 제목을 찾을 때는 재미있어한다. 『수레바퀴 아래서』는 각 장의 제목이 없이 번호순으로만 돼 있어서 장마다 내용을 이야기하고 함께 의논해서 제목을 정했다. 내용을 요약하는 능력이 부족해도 함께 이야기하며 제목을 찾아가는 과정이 즐겁다. 엉뚱한 제목을 말해도 맞장구치며 새로운 이야기를 하고, 덧붙여 더 나은 제목을 찾아간다.

시골학교에서 한스는 풀피리를 만들고 낚시를 하며 여유롭게 지냈다. 공부를 잘하면서 점점 경쟁에 내몰려 강물을 바라볼 시간조차 없이, 자신을 잃어버릴 정도로 공부에 매달렸다. 학생들이 자기들 얘기라고 한다. 우리나라 학생들은 신나게 떠들며 놀다가도 공부 얘기만 나오면 입을 꾹 다문다. 경쟁에 눌려서 자기가 무엇을 하고 싶은지도 생각하지 못한다. 한스처럼 수레바퀴에 깔리지 않으려고 발버둥치며 달린다.

| 1장. 단추 | 한스는 산더미처럼 쌓인 숙제에 매달리면서 낚시, 토끼 기르기, 산책, 풀피리 만들기를 못 하게 되었다. 좋은 학교에 입학한 뒤에는 자신이 친구들보다 더 나은 인물이며, 언젠가 아득히 높은 곳에서 그들을 내려다보리라는 대담하고 행복한 예감에 사로잡혀 잃어버린 추억을 아쉬워하지 않았다. 새 학교에서 첫 단추를 끼우는 장이어서 장 제목을 '단추'라고 정했다.

| 2장. 잘못 낀 단추 | 신학교에 합격한 뒤 입학하기 전까지 한스는 그동안 못 했던 놀이를 하면서 여유롭게 지내려고 했다. 그러나 경쟁에서 이기려면 미리 준비해야 한다는 말을 듣고 히브리어를 시작으로 그리스어와 수학까지 공부하면서 실속 없이 거리를 쏘다니고 장난치는 일을 그만두었다. 정원을 가꾸고 토끼를 기르고 낚시하는 일도 멀리했다. 공부만 하면서 몸이 약해지고 머리가 조금씩 아파졌다. 성급하게 단추를 끼우면서 뭔가 잘못된 조짐이 보인다. 제목을 '잘못 낀 단추'라고 정했다.

| 3장. 주름 | 한스는 학교에서 친구를 사귀고 공부도 열심히 했다. 방학을 맞아 집에 돌아왔지만 별로 기쁘지 않았다. 건강도 조금씩 나빠졌다. 제목을 '주름'으로 정했다. 기숙사에 처음 들어가는 날, 엄마들이 입학하는 자녀 옷 주름을 펴주는 장면이 나온다. 한스 인생에 주름이 지기 시작했다는 뜻이다.

| 4장. 문둥병 환자 | 하일러는 시를 쓰는 반항아였다. 모범생 한스가 하일러와 친해지면서 갈등이 고조된다. 이때 지치면 수레바퀴 아래 깔리고 만다는 교장 선생님의 충고를 듣는다. 그러나 하일러는 퇴학당하고 한스는 점점 수레바퀴 아래 깔리게 된다. 제목을 '문둥병 환자'라고 정했다. 4장은 "그는 문둥병자나 다름없는 존재가 되어버린 것이다."(169쪽)로 끝난다.

| **5장, 사라짐** | 하일러가 떠난 뒤에 한스는 신경쇠약 진단을 받고 집에 돌아온다. 기대하는 사람 하나 없이 무기력한 모습으로 살아간다. 집시 리제 곁에 앉아 이야기를 듣고 피라미를 잡고 동화를 읽고 홉을 따는 일부터 정원의 물레방아까지 '사라져버린' 과거를 그리워하며 그때로 돌아가려 한다. 그러나 이제는 아이가 될 수 없다는 사실을 깨닫는다.

| **6장, 과일주스** | 시간이 약이라는 말이 맞나 보다. 한스에게도 풍요의 계절 가을이 찾아왔다. 한스는 마을 사람들과 함께 과일주스를 짜면서 회복된다. 이성으로 다가온 여자가 갑자기 떠나버려 당황하기도 하지만 촉망받던 기대주라는 옷을 벗어버리고 평범한 사람으로 다시 시작하려 한다. 단추를 잘못 끼운 옷, 주름 잡힌 옷을 벗어버리게 만들어준 '과일주스'

| **7장, 마지막 미소** | 한스는 기계공 작업장에서 수습공으로 일하기 시작한다. 물집이 생기고 손이 욱신거리지만 공부할 때와 다른 기쁨을 맛본다. 몸은 노곤하지만 일한 뒤의 휴식이 더 달콤하다는 사실도 알아간다. 자기 일을 자랑스러워하는 노동자들과 함께 인생을 다시 즐길 수 있게 되었다. 그러나 평범한 일상에서 의미를 찾자마자 물에 빠져 죽는다. 한스가 기계공이 되어 행복하게 살았다면 좋았을 텐데 아쉽다. 그래서 '마지막 미소'라고 정했다.

7장까지 장 제목을 붙이다 보니 줄거리뿐만 아니라 한스의 인생이 어떻게 바뀌어 가는지 한눈에 알겠다. 처음 해본 방식이지만 학생들이 즐거워했고 내용도 잘 파악했다. 다만 장 제목을 정하는 데 시간이 오래 걸려서 첫 시간이 다 가버렸다.

한 가지만으로
인생을 평가하지 말자

 둘째 시간에는 한스의 인생 그래프를 그렸다. 『수레바퀴 아래서』는 한스가 촉망받던 때부터 죽기까지 과정을 시간 순서로 썼다. 인생 그래프를 그리면 한스가 어떻게 살았는지, 학생들이 한스를 어떻게 생각하는지 알 수 있다. 한스는 성적이 올라가면서 친구를 잃었다. 하일러와의 관계가 힘들어졌을 때는 성적이 좋았지만 친구 관계는 바닥으로 곤두박질쳤다. 학교를 떠난 뒤에 아우구스트를 사귀면서 친구관계가 다시 좋아졌을 때는 성적의 중요성이 완전히 사라졌다. 행복이 성적과 비례하지는 않는다. 무엇을 중요하게 여기느냐에 따라 달라진다. 그래서 행복에 대해서는 의견이 서로 달랐다. 다른 세 가지는 그래프처럼 의견을 모았다.

 성적을 중요하게 생각하는 학생은 좋은 성적을 받아 도시로 떠나는 1장에서 가장 행복했다고 최고점을 주었다. 친구관계를 중요하게 생각하는 학생은 하일러와 우정이 회복된 4장, 아우구스트와 함께 일한 7장이 인생의 절정이라 생각했다. 따뜻한 삶을 좋게 보는 학생은 성적과 경쟁에 찌들었던 학교에서 벗어나 고향에 내려온 6장을 가장 행복했다고 말하기도 했다.

많은 사람들이 성적을 행복의 가장 중요한 기준이라고 말한다. 건강한 사회는 사람의 인생을 단순하게 평가하지 않는다. 돈과 성적만이 인생을 평가하는 기준이 아니다. 한때 실수하고 좌절하더라도 다시 일어설 수 있다. 행복은 쉽게 단정 지을 수 없다. 우리의 삶은 수많은 순간들이 모여 이루어지며 행복을 결정하는 기준도 계속 바뀐다.

성적만을 유일한 목표로 삼았을 때 한스는 성적이 떨어지자 목표를 잃고 건강한 삶을 놓쳐버렸다. 한스를 가르쳤던 목사와 교장은 한스가

▼ 가로축은 7장까지를 숫자로 표시했다. 왼쪽은 과거, 오른쪽으로 갈수록 미래이다. 세로축은 행복한 정도를 나타낸다. 위로 갈수록 기쁘고 편안하며, 아래로 내려올수록 슬프고 힘들다. 성적, 행복함, 주체성(인생을 스스로 이끌어 가느냐), 친구관계를 기준으로 정했다.

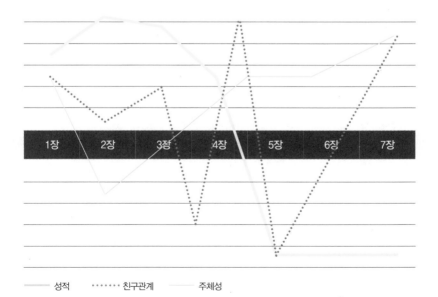

――― 성적　　…‥‥‥ 친구관계　　――― 주체성

수레바퀴 아래서 **105**

퇴학당하고 돌아오자 한스에 대한 기대를 버렸다. 자기들의 기준에서 벗어나버린 한스에게 관심조차 두지 않았다. 그러나 그들의 판단이 한스의 인생을 결정짓는 게 아니다. 또한 나락으로 떨어진 것처럼 보여도 다시 회복될 수 있다.

한스의 삶을 다양한 기준으로 바라보았다면 성적이 떨어졌다고 단번에 포기하진 않았을 것이다. 인생을 스스로 이끌어 가는지를 살펴보면 한스는 시간이 지날수록 그래프가 올라간다. 처음에는 부모, 교장, 마을 사람들이 원하는 대로 살았지만 하일러를 만나면서 스스로 자기 삶을 결정하기 때문이다. 비록 다른 사람 눈에는 실패로 보이지만 한스는 스스로 기계공이 되기로 하고 행복해했다. 그렇다면 괜찮은 인생 아닌가!

한스의 인생에서 가장 아름다운 때와 비참한 때를 나누었다. 한스가 다리에서 떨어져 죽었을 때가 아니라 학교에서 공부하던 때 가장 비참했다고 한다. 다른 사람 생각에 떠밀려 수레바퀴 아래 깔리지 않으려고 뛰다가 지쳐버렸기 때문이다. 스프링벅이라는 동물은 다른 동료에게 뒤지지 않으려고 않으려고 무작정 달리다가 벼랑에서 떨어져 몰살당하기도 한다.* 한스도 스프링벅처럼 앞만 보고 뛰다가 뚝 떨어져버렸다.

다른 사람을 이기려는 목표만 바라보고 달리면 수레바퀴 아래 깔린다. 잠시 승승장구하다가도 한 번에 좌절할 수 있다. 대부분 1학년인 중학생들이 수레바퀴 아래 깔리지 않으려는 목적만으로 공부하면 안 된다고 말한다. 한스의 마음을 알기 때문에 다리에서 떨어진 게 다행이라고, 오히려 행복했을지도 모른다고 말한다. 그래도 한스가 죽은 게 안타까워서 한스의 인생 그래프를 바꿔 그렸다. 좋은 학교에 입학하지 않고도 행복하게 살아가는 한스, 학교에서 열심히 공부해서 성공한 한스, 고향

*『스프링벅』 배유안 지음, 창비.

에 돌아와 기계공이 되어 즐겁게 살아가는 한스……. 어떤 모습으로 살아가건 '한스가 행복하게 살았대요'라고 끝나는 인생 그래프를 만드니 좋다. 좋은 학교에 입학하건, 그렇지 않건, 좌절하고 다른 길로 가건 어디에서나 행복을 누릴 수 있다.

이어서 자신을 소개하는 그래프를 그렸다. 학생들은 사람 때문에 즐거워하고 슬프며 괴롭다고 했다. 특히 선생님 영향이 크다. 어떤 선생님을 만나느냐에 따라 세상이 살 만하다는 생각을 하기도 하고 힘들어하기도 한다. 우리가 만나는 좋은 사람은 축복이다. 내가 만나는 학생들에게 더 잘해야겠다고 생각했다.

시간이 조금 남아서 두 가지를 더 물었다.

"한스가 스스로 뛰어내렸을까? 실수로 다리에서 떨어졌을까?"

헤르만 헤세는 한스가 자살했는지, 실수로 떨어졌는지 알려주지 않는다. 수레바퀴 아래 깔려 고향에 내려온 직후에 죽었다면 자살이라고 봐야 한다. 그러나 친구와 함께 일하는 즐거움을 맛보고 술에 취해 집으로 돌아가는 길에 난간에서 떨어졌으니 자살했을 리가 없다고 한다.

한스는 비록 퇴학당해서 사람들의 기대를 깨뜨렸지만 행복하게 살아갈 수 있었다. 헤세는 학교에서 자퇴한 일을 실패라고 생각하지 않았다. 공부에는 실패했지만 다시 새로운 세상에 발걸음을 내디딜 수 있다는 생각이 헤세를 실패와 좌절에서 건져냈을 것이다. 헤세 역시 마울브론 수도원에서 쫓겨났지만 다시 소망을 품었다. 어릴 적 신나게 놀던 니콜라우스 다리를 걸으며 글쓰기라는 새로운 세상을 발견했고 우리에게 귀중한 책을 남겼다. 절망 뒤에도 소망이 있다.

"한스가 친구 하일러를 만난 건 축복인가, 아닌가?"

한스에게 가장 영향을 많이 준 친구 하일러는 반항아다. 한스가 하일러를 만나지 않았다면 '왜 살아야 하는가?'를 묻지 않았을 것이다. 두 명은 한스가 하일러 때문에 혼란에 빠졌으므로 축복이 아니라고 주장했다. 하일러를 만났기 때문에 공부에서 멀어졌고 그래서 신학교를 뛰쳐나갔다고 한다.

다른 학생들은 하일러가 좋은 친구라고 한다. 공부만 시키느라 하일러의 천재성을 알아보지 못한 교장과 학교 측의 잘못이라고 한다. 스티브 잡스나 아인슈타인이 대한민국에 태어났다면 능력을 제대로 발휘하지 못했을 거라는 이야기가 있다. 능력을 성적으로만 평가하면 스티브 잡스도 하일러처럼 문제아로 쫓겨나고 만다.

두 번째 시간을 마치며 내 설명을 정답처럼 받아들이지 않고 자기 의견을 말하는 모습이 대견했다.

문장 나누기
한 문장이 많은 것을 나타낸다

이 어린 소년 기벤라트는 얼마나 아름답게 성숙했는가! 길거리를 배회한다거나 장난을 치는 따위는 스스로 그만두었다. 학교에서 공부하다가 공연히 웃는 일은 사라진 지 이미 오래이다. 정원 가꾸기와 토끼 기르기, 그리고 낚시질 따위의 취미 생활도 벌써 오래전에 그만두었다.(72~73쪽)

어른들은 학생들이 거리를 쏘다니면 실속 없다고 말한다. 애완동물을 기르고 낚시를 하면 쓸데없는 일에 시간 빼앗기지 말고 공부하라고 한다. 그러나 거리를 쏘다니지 않고, 장난치지 않고, 여가 활동을 하지 않고, 공부만 한다고 좋은 게 아니다. 사람은 제 나이에 맞는 일을 하면서 자라야 건강하다. 성공도 중요하지만 인간답게 사는 게 더 중요하다. 공부 때문에 웃음과 즐거움을 잃어버리고 어른이 될 준비에 몰두하는 아이를 보면 슬프다. 헤르만 헤세가 어른이 된 뒤에 누릴 행복을 위해 지금 누려야 할 추억을 잃어가는 대한민국 학생을 본다면 똑같은 문장을 쓰면서 씁쓸한 미소를 짓지 않았을까!

"예컨대 호머를 읽을 때 말야. 우린 오디세이를 마치 무슨 요리책처럼 대하지. 겨우 두 구절을 읽는 데 한 시간이나 걸리게 마련이야. 단어 하나하나를 낱낱이 되씹어보고, 찬찬히 음미하는 거라구. 하지만 결국에는 구역질이 날 정도로 지겨워지는 법이지."(107쪽)

초등학교 6학년 교과서에 시애틀 추장이 미국 대통령에게 보낸 편지가 나와 있다. 땅을 팔지 않으면 부족이 모두 죽을 줄 알았지만 어머니와 같은 땅을 팔 수 없어 미국 대통령에게 편지를 보낸 추장의 마음을 생각하면 마음이 무겁다 못해 분노가 치민다. 그러나 시애틀 추장의 마음을 느끼는 아이들을 만나지 못한다. 문제 풀이하듯 읽기 때문이다. 추장의 마음이 잘 드러난 부분을 찾고, 편지를 보낸 까닭을 쓸 수 있지만 편지에 관심이 없다. 분석하고 해석할 수는 있지만 느끼고 받아들이지 못한다.

좋은 책은 읽고 느끼는 독자를 기다린다. 책을 분석하고 문제를 풀어 100점 맞는 1등급 수험생이 아니라 읽고 느끼며 마음이 움직이는 독자를 기다린다. 이렇게 읽는 학생이 드물다. 헤세는 하일러의 입을 빌려 자신이 학교에서 1등이 되기 위해 공부했던 모습을 비판한다. 슬프게도 독서반 학생들 모두 이 문장에 동의한다. 학교에서도 문학작품을 문학이 아니라 국어 문제를 풀기 위한 지문으로 읽는다며 화를 냈다. 마지막 문단 내용이 지나치지만 용연이는 학교의 현실을 잘 표현했다.

조용연
중1남

요즘 수업 방식은 조금 읽고 문단 표시 후 문단에 대한 내용을 적는다. 이런 방식으로는 주인공을 공감할 수 없고 책에 대한 생각을 나타낼 수 없다. 『수레바퀴 아래서』의 한스에 대한 질문으로, "한스는 몇 등? 1등." "한스가 좋아하는 것은? 낚시."라고 대답한다. 실제로 한스가 좋아하는 것이 낚시가 아니라 공부하지 않고 노는 방학이었을지도 모른다. 그게 그냥 낚시로 표현된 것뿐이다. 지금의 수업 방식으로는 그걸 알 수 없고 내가 생각하는 수업 방식을 따라갈 수도 없다. 이미 세뇌되었기 때문이다.

어른들의 욕심이 아이들 생각을 가로막는다. '나는 생각한다, 고로 존재한다'는 말을 요즘은 '나는 외운다, 고로 1등한다'고 말해도 과언이 아니다. 그 정도로 외우는 걸 집중적으로 하고 있다. 답을 생각하는 게 아니라 외운다. 어른들의 욕심이 아이들이 생각하는 권리를 빼앗았다. 조금이라도 행복을 찾으려고 아이들이 게임하고 놀이동산 가고 영화를 보지만 그것마저도 금방 못 하게 된다. 공부가 뭐기에 놀 수 있는 시간을 빼앗기고 자유를 빼앗기고 행복을 빼앗기고 권리를 빼앗길까? 공부가 정말 우리가 빼앗긴 모든 것보다 가치 있을까?

공부해서 성공하면 우리가 빼앗겼던 것을 다시 할 수 있지만 그때 가서는 열심히 일하는 친구들과 놀 수 없고 공부하느라 포기한 친구를 다시 사귈 수도 없다. 돈과 친구가 되어 돈과 함께 살다가 돈과 함께 쓸쓸한 죽음을 맞이할 것이다. 한스는 친구를 선택하고 공부를 포기해서 신학교에서 퇴학당하고 죽는다. 대충 보면 한스가 불행해 보이지만 자세히 보면 한스가 더 행복할지도 모른다.

부자는 죽을 때 진심으로 울어주는 친구가 없다. 많은 사람도 없다. 가족과 친척 그리고 회사 사람만 몇 명 와서 밥 먹고 갈지도 모른다. 그러나 친구를 선택한 한스는 진심으로 울어주는 친구가 있고 많은 사람들이 장례식장에서 슬퍼해 줄 것이다. 누가 더 불쌍할까? 물론 사람마다 다르겠지만 부자가 더 많을 것이다. 그런 사실을 아는 사람이 많이 있다. 공부가 다가 아니라고 생각하는 분들이 있다. 그러나 그분들이 있거나 말거나 아이들은 아직도 수레바퀴 앞에서 미친 듯이 달리고 있다. ⠇

"성적이나 시험이나 성공에 의해서가 아니라, 양심의 순결이나 오욕(汚辱)에 의하여 인간이 평가되는 그러한 세계로."(134쪽)

이 말은 이루어질까? 학생들에게 물으니 자기들이 어른이 될 때까지는 이루어지기 어렵다고 한다. 조금씩 변하고 있지만 여전히 양심보다 성적과 성공을 더 중요하게 생각한다. 적당히 꾀를 부리고 양심을 속여야 성공하기 쉬운 현실이 싫다. 학생들은 양심으로 평가하는 세상을 원하지만 그런 세상에서 살 수 있으리라는 기대는 적다. 양심에 따라 살면 살수록 손해 본다. 그래도 양심에 따라 살아야 할까?

양심에 따라 살아야 하지만 우리가 살아가는 세상이 시험과 성공을 떠받들면 양심을 속여서라도 성공하고 싶어진다. 학생들에게 양심을 속여서 성공하라고 유혹하는 사회는 좋은 사회가 아니다. 그러나 헤세의 눈에도 그건 '다른 세상'에서나 있을 법한 일이었다.

"평일에 손이 시꺼매지고, 팔다리가 피곤해지도록 일을 하고 난 뒤라야 일요일의 거리는 축제 분위기로 들뜨고, 태양은 더욱 밝게 빛나고, 모든 것이 보다 화려하고 아름답게 보이는 법이었다. 햇볕이 드는 집 앞의 벤치에 앉아 마치 제왕(帝王)처럼 환한 얼굴을 하고 있는 정육점 주인이나 피혁공, 빵집 주인이나 대장간 주인을 한스는 이제 이해할 것만 같았다. 그리고 더 이상 그들을 속물 같은 인간이라고 경멸하지 않게 되었다."(243쪽)

일한 뒤의 기쁨을 묘사하는 문장이다. 일하는 기쁨을 모르면 정육점 주인, 무두장이, 빵집 주인, 대장장이를 비참한 속물로 볼 수도 있다. 한스가 공부를 잘했을 때는 공장과 가게에서 일하는 친구들을 얕보며 자신이 대단한 사람이라 생각했다. 그러나 동료들과 함께 땀을 흘리며 일한 뒤에는 그들의 삶이 얼마나 소중한지 이해했다. 수레바퀴에 깔리지 않으려고 달릴 때는 결코 보지 못했던 일상의 아름다움을 깨달았다.

『수레바퀴 아래서』는 앞지르기 위한 목적만으로 달리는 게 얼마나 어리석은 짓인지 경고한다. 앞에 무엇이 있는지도 모른 채 무작정 뛰다가 벼랑에서 떨어져 죽는 스프링벅처럼 하지 말라고 한다. 전교 1등 하는 독서반 학생이 "우리가 살아가는 사회에서 사람을 평가하는 기준이 존재하는 한, 진정한 행복을 느끼는 사람은 있을 수 없다."라고 글을 썼다. 1등에 오른 학생도 성적을 기준으로 사람을 평가하는 건 싫다고 한다. 자녀가 스스로 생각하며 앞으로 나아가길 원한다면 『수레바퀴 아래서』를 읽고 이야기를 나눠보자. 부모와 자녀가, 교사와 학생이 이야기를 나누며 성적과 시험과 성공이 아니라 양심이 깨끗한지 더러운지를 기준으로 사람을 평가하는 다른 세상을 꿈꿔보자. 성적을 높이기 위해 달리는 것보다 함께 꿈을 꾸며 토론하면 다른 세상이 더 빨리 오지 않을까!

낭만에 젖되,
낭만에서
허우적대지는 마라

"여러분이 무언가에 대해 어떤 강한 확신이 들었다 하더라도 또 다른 방향에서 그 문제를 생각해 보는 지혜와 여유를 가질 수 있도록 해야 한다. 가령 책을 읽을 때도 단순히 지은이의 생각에만 주의를 집중하면 곤란하다. 대신 자기 자신의 생각이 무엇인지 여유를 갖고 꼼꼼히 따져 봐야 한다."(134쪽)

Dead Poets Society

죽은 시인의 사회

N.H. 클라인바움 지음, 한은주 옮김, 서교출판사, 2004

『수레바퀴 아래서』는 한스 개인에게 초점을 맞추었다. 친구 하일러 외에 한스에게 영향을 주는 사람이 별로 없다. 교사와의 관계나 사회 구조의 문제가 나오지 않는다. 그래서 중학교 1학년 때 토론했다. 『죽은 시인의 사회』는 부모와의 갈등, 학교 제도에도 초점을 맞추었다. 키팅 선생과 친구들뿐만 아니라 교장과 학부모와의 갈등이 심각하다. 그래서 『수레바퀴 아래서』를 토론한 지 두 해가 지나 대부분 학생이 중학교 3학년을 시작하는 해 3월에 읽었다.

이런 책보다 '열심히 노력해서 성공하는 이야기'를 읽는 게 낫다고 생각할 것이다. 부모들도 자녀가 성공한 위인의 태도를 배우기를 바란다. 그러나 성공한 결과만 내세우는 이야기는 부담스럽고 현실성이 부족하다. 무엇 때문에 열심히 하게 되었는지 이유와 과정을 알려주는 사람에게 배워야 한다. 그런 분으로 마틴 루서 킹, 왕가리 마타이, 권정생에 대한 책을 앞서 읽었다.

『수레바퀴 아래서』와 『죽은 시인의 사회』 모두 죽음으로 이야기가 끝난다. 비극은 희극보다 깊고 강한 인상을 남긴다. 두 책 모두 공감하는 이야기를 담은 책, 공부하는 까닭을 고민하게 하는 책, 어떻게 살아야 하는지 토론하게 만드는 책이다. 다른 사람의 강요 때문이 아니라 마음에서 동기를 일으키리라 기대하며 『죽은 시인의 사회』를 읽었다.

『죽은 시인의 사회』는 웰튼 아카데미에서 공부했던 톰 슐만이 감독한 영화를 낸시 클라인바움이 각색해서 소설로 펴냈다. 『파우스트』를 끙끙대며 읽은 뒤이기도 하고 영화의 극적인 요소를 갖춘 이야기여서 학생들이 아주 좋아한다. 독서반 3년째 여서 내용 파악을 하지 않았다.

첫째 시간에 가장 기억나는 장면이나 인물을 말하고 곧바로 주요 등장인물의 행동과 성격을 파악했다. 자신과 비슷하거나 다른 인물, 같은 상황에서 어떻게 행동했을지 토론했다. 둘째 시간에는 책에 나오는 시를 나누고 어떤 선생님이 좋은지 경험을 이야기했다. 셋째 시간에는 안정과 환희 중에 무엇을 따라갈지 토론한 뒤에 문장을 나누었다. 넷째 시간에 글을 썼다.

코드를 스캔하면 『그대에게 듣는다』(휴머니스트)의 저자 정재찬 교수가 '죽은 시인의 사회와 그 적들'이라는 제목으로 네이버에 연재한 글을 만날 수 있습니다. 『죽은 시인의 사회』와 우리 사회의 교육 현실을 이해하는 데 도움이 될 글입니다.

등장인물 이해하기
현실에서는 캐머룬이 많다

   책을 읽은 느낌을 말했다. '열심히 노력해서 행복하게 살았더래요.' 하는 뻔한 이야기가 아니어서 재미있다, 키팅 선생님이 학교를 떠나서 슬프다, 닐이 죽어서 안타깝다, 제목이 슬퍼 보였는데 내용은 그렇지 않고 재미있었다, 감동적이다, ……. 느낌을 계속 말한다. "마지막에 눈물 나지 않더냐?" 하니 남학생까지 고개를 끄덕인다.

▶ 기억나는 장면이나 인물, 화나게 만드는 장면이나 인물, 가장 공감 가는 사람과 장면을 이야기했다. 교장선생님이 화가 나서 학생들에게 훈계하는 시간에 달튼이 하나님한테서 전화 왔다고 능청스럽게 말하는 부분이 재미있었다고 한다. 캐머룬이 배신해서 짜증 났다고 하고, 마지막에 책상에 올라가 선생님을 보내는 모습이 좋았다고 한다. 한 남학생은 낙스가 몰래 크리스 가슴을 만지는 장면을 말한다. 이 말을 듣고 모두 낄낄거리며 웃었다. 나는 키팅 선생님이 토드에게 들짐승처럼 외치라고 말하는 장면을 소개했다.

"『프리덤 라이터스 다이어리』*라는 책에서 학생이 책임을 다하지 못하자 에린 그루웰 선생님이 소리 지르며 '널 엿 먹이지 말고 날 엿 먹이지 말고 우릴 엿 먹이지 말라'고 꾸짖는 모습이 떠오르더라. 난 그렇게 대놓고 말하지 못하는 성격이거든."

▶ 주요 등장인물을 정하고 그들의 특징과 역할, 변한 모습, 결국 어떻게 되었는지 알아보자. 키팅, 캐머룬, 교장, 맥카리스터 선생, 토드, 닐을 골랐다. 등장인물이 겪은 주요 사건을 찾아보고 그들이 얼마나 변했는지 이야기했다. 키팅은 웰튼 아카데미에서 공부했지만 학생들을 위해 자신이 받았던 교육 방식을 깨뜨렸다. 똑똑하고 아이들을 사랑한다. 키팅을 만나고 싶지만 현실에서는 캐머룬을 만나기가 더 쉽다. 캐머룬은 친구들과 함께 시를 읊으며 변하는 것 같았지만 교장이 위협하자 친구들을 배신했다. 학생들도 캐머룬이 실제로 주위에 있는 사람 같다고 한다.

"너희가 캐머룬 입장이라면 퇴학당하겠니? 고자질하고 살아남겠니?" 하니 세 명이 퇴학을, 일곱 명이 고자질을 선택했다. 친구를 배신하기 싫지만 어쩔 수 없이 고자질할 것 같다고 말한다. 벌써 현실을 알아버렸다고 해야 할지, 솔직하다고 해야 할지 모르겠다.

교장은 학교에 대한 자부심이 지나쳐서 편협하게 생각한다. 학생을 가소롭게 보며, 협박해서라도 자기 뜻대로 한다. 끝까지 고집을 꺾지 않는다. 맥카리스터는 고지식하지만 조금씩 변해간다. 딱딱한 수업방식을 벗어나 키팅이 했던 것처럼 눈 덮인 교정을 걸으며 수업한다.

"교장과 맥카리스터는 비슷한 사람처럼 보였다. 그런데 교장과 달리 맥카리스터는 생각이 바뀌었다. 까닭이 뭘까?"

---

* 『프리덤 라이터스 다이어리』 에린 그루웰 지음, 김태훈 옮김, 알에이치코리아.

수업하면서 학생들을 직접 만났기 때문에 교장보다 학생들을 더 많이 생각했을 거라 말한다. 학교를 관리하는 눈으로 바라보면 학생들을 통제하려 들지만 학생 개개인에게 관심을 가지고 만나면 생각이 바뀐다. 닐의 아빠, 토드의 부모도 변하지 않았다. 이들처럼 단단한 껍질에 둘러싸여 변하지 않는 사람을 만나면 힘들다. 학생들은 많이 변했다. 닐은 아빠 말을 거역하고 연극 무대에 섰다. 토드는 부끄러움을 이겨냈다. 어른은 자녀가 죽고 학생들이 학교를 떠나도 생각을 바꾸지 않았다. 학생들은 누구를 만나느냐에 따라 많이 변했다. 현실도 비슷하다.

▶ 여러분이 닐이라면 아버지가 연극을 하지 말라고 할 때 어떻게 반응할까? 세 명이 연극을 계속한다고 대답하고 나머지는 포기하겠다고 한다.

▶ 부모나 교사가 닐의 아버지처럼 강요할 때 어떻게 하면 좋을까?

"아버지가 의사가 된 뒤에 마음대로 하라고 했잖아요. 그러니까 의사가 된 뒤에 연극 하면 되잖아요!" 하자 다른 학생이 "의사가 된 뒤에 연극 하고 싶은 생각이 나겠어? 그동안 생각이 바뀌어서 의사로 사는 것밖에 생각 못 하지 않을까?" 한다. 결혼도 아마 아버지가 정해준 여자와 해야 할지도 모른다는 말에 완벽한 복수극을 준비하면 어떨까 말한다.

학생들 의견처럼 닐이 의사가 된 뒤에 자기가 원하는 곳으로 갈 수만 있다면 얼마나 좋을까! 그러나 오래도록 아버지 뜻대로 살다가 갑자기 스스로 결정할 수 있을까? 또한 아버지가 닐을 쉽게 놓아줄까? 스스로 결정하며 살지 않으면 나이가 들어서도 제 길을 개척하기 힘들다. 신규 교사가 첫 부임지에 찾아갔다. 그런데 교사가 부임 인사하러 갈 때 엄마가 교장실까지 같이 따라갔다고 한다. 닐의 아빠도 끝까지 닐을 따라다니며 간섭했을 것이다.

그대는 어린양의 피로
몸을 깨끗이 씻었는가?

▶ 책에 나오는 시나 평소에 좋아하는 시를 소개해보자. 왜 그 시를 좋아
하는지 말해보자.

『죽은 시인의 사회』에 나오는 시가 작가의 상상인지 묻는다. 여기
에 있는 시는 모두 시인들 작품이다. 한 여학생이 왜 외국 시에는 이상
한 구절들이 툭 튀어나오는지, 어울리지 않게 건초더미 같은 말이 나
오는지 물었다. 동양 문화권에서는 시를 쓸 때 숫자를 맞춘다. 우리는
3·4·3·4, 중국은 오언 절구나 칠언 절구, 일본 하이쿠는 5·7·5로 열일
곱 자를 맞춰 쓴다. 영어권에서는 시행의 앞과 뒤에 같은 철자로 라임을
맞춘다. 같은 철자로 끝나는 말을 찾다가 건초더미를 썼을 것이다. 또한
건초더미 같은 낱말에 우리가 모르는 비유나 상징이 들어있을 것이다.

한 여학생이 좋아하는 시를 낭송했다. 혼자 책을 읽을 때는 시가 느껴
지지 않았다. 술에 취한 흑인들이 창고에서 술통을 두드리는 시를 들으
며 새로운 느낌이 다가왔다. 학생은 그냥 느낌이 좋아서 마음에 든다고
했지만 내게는 대학 진학에 붙잡혀 자기만의 꿈과 추억을 잃은 학생들
이 술통을 두드리는 흑인들 같은 신세가 아닐까 하는 생각이 들었다.

이번에는 남학생이 좋아하는 시를 낭송했다.

성자들이 우울하게 웃으며 말했다.
저기 그가 와서…….
그대는 어린양의 피로 몸을 깨끗이 씻었는가?
문둥이들이 꼬리에 꼬리를 물고 뒤따라가네.
진흙탕의 갈대와
뒷골목의 매춘부와
창백한 약물 중독자가 넘실대며 춤을 춘다.
정욕에 지친 사람들이여
영혼의 힘은 덧없이 약해진다.
그대는 어린양의 피로 몸을 깨끗이 씻었는가? (304~305쪽)

문둥이, 갈대, 매춘부, 약물 중독자, 정욕에 지친 사람들은 약자이다. 예수님은 어린양이라 불렸으며 병든 자, 가난한 자, 권력에 짓눌려 고통 당하는 자들을 사랑했다. 웰튼 아카데미 학생들은 문둥이, 매춘부, 약물 중독자, 정욕에 지친 사람들처럼 구원을 기다리는 존재이다. 억압과 강요, 경쟁에 지친 학생들이 어린양의 피로 몸을 깨끗이 씻어 새로운 세상을 마주하면 좋겠다는 뜻으로 들렸다.

키팅과 학생들이 시를 읊기 시작할 때 닐이 집에서 자살하려 한다. 키팅과 친구들이 시를 읊는 장면과 닐이 자살하는 장면이 번갈아 가며 나온다. 닐이 아버지에게 짓눌려 영혼의 힘이 덧없이 약해지는 동안 아버지뿐만 아니라 키팅과 친구들도 무슨 일이 일어나는지 몰랐다. 아버지는 깊은 잠에 빠졌고 키팅과 학생들은 분위기에 취해 시를 읊었다. 이때 닐은 좌절된 꿈을 뒤로하고 자살했다.

여학생들은 시도, 시를 나누는 것도 좋아했다. 남학생들은 시를 느끼지 못했지만 책 내용과 연결한 해석을 신기하게 생각했다.

▶ 가장 기억에 남는 선생님은 누구인가? 어떤 점이 마음에 들었는지 『죽은 시인의 사회』에 나오는 선생님과 견주어 말해보자.

키팅 같은 분은 없었지만 다들 운이 좋아서 좋은 선생님을 많이 만났다고 말한다. 좋은 선생님을 만나는 게 당연한 일이 되게 할 수는 없을까? 좋은 이웃, 좋은 지도자……. 욕심이 생긴다.

공부를 잘 가르치는 선생님과 마음을 알아주는 선생님 중에 누가 더 좋을지 키팅 선생님과 견주어보기로 했다. 마음을 알아주면서 공부 잘 가르친다고 하면 안 되느냐고 해서 그건 너무 좋으므로 둘 중에 하나만 골라보자고 했다. 여학생은 모두 마음을 알아주는 선생님이 좋다고 한다. 공부는 어떻게든 할 방법이 있다고 한다. 남학생은 한 명만 빼고 모두 공부 잘 가르치는 선생님을 골랐다. 여학생이 마음을 알아주는 선생님을, 남학생이 공부 잘 가르치는 선생님을 고를 거라고 예상했다. 그러나 쉬는 시간에 친구들이 놀 때도 혼자 공부하는 남학생이 마음을 알아주는 선생님을 원해서 놀랐다. 공부를 잘하기 때문에 혼자 공부해도 된다고 생각하는 걸까?

독서반 열 명 중에 여섯 명이 중학교 3학년이다. 고등학교를 준비하는 시기라 일부러 질문했다.

▶ 미래를 여러분이 결정할 수 있다면 고등학교, 대학교, 그 이후에 어디에서 무엇을 공부하고 싶은지 말해보자.

남학생 절반은 지역 고등학교에 간다고 하는데 평소에 장래희망을 '천억 벌기'라고 말하는 학생은 고등학교 가지 않고 장사를 해서 삼척을 다 사버리겠다고 한다. 공부 잘하는 학생들까지 모두 고등학교 안 가고 돈 벌겠다고 한다.

"하고 싶은 일이 없어? 돈만 잔뜩 벌면 되냐?"

"돈을 번 다음에 하고 싶은 일 하면 되죠!"

"그래, 돈 많이 벌어서 뭐 할 건데?"

"삼척을 다 사고 외국에 투자해서 외국 땅도 사고……"

"거봐, 계속 돈 버는 꿈만 꾸잖아. 하고 싶은 일이 없는 거야!"

"그런가?"

여학생 둘은 애니메이션고등학교와 예술고등학교 작곡과에 가고 싶다고 한다. 남학생과 여학생이 확연히 다르다. 마음을 알아주는 선생님, 공부를 잘 가르치는 선생님을 선택할 때도 달랐다. 미래를 꿈꾸는 모습도 다르다. 다음 질문에는 어떻게 반응할까?

▶ 여러분의 미래에 두 갈래 길이 있다. 안정과 환희 중에 어떤 길을 따라가고 싶은가?

우리나라 부모들은 웰튼 아카데미 교장과 학부모처럼 안정을 원한다. 학생들도 '조물주 위에 건물주'라며 안정이 좋다고 한다. 닐은 연극을 하며 환희를 찾았다. 그러나 닐의 아버지는 연극을 못 하게 했다. 닐이 자살한 뒤에도 키팅에게 책임을 뒤집어씌우려 했다. 우리나라 부모들도 자녀가 연극을 하거나 글을 쓴다고 하면 말릴 것이다. 아무리 자녀가 원한다 해도 환희는 잠깐이고, 현실은 그렇지 않다고 말한다. 키팅 선생은 다르게 생각한다.

"이 사람들 가운데 한평생 소년 시절의 꿈을 마음껏 펼쳐본 사람은 과연 몇 명이나 될까? 대부분 지난 세월을 아쉬워하며 세상을 떠나 무덤 속으로 사라져 갔을 것이다. 능력이, 시간이 없어서 그랬을까? 천만에! 그들은 성공이라는 전지전능한 신을 뒤좇는 데 급급해서, 소년 시절 품었던 꿈을 헛되이 써버리고 말았던 것이다. 결국 지금은 땅속에서 수선화와의 비료 신세로 떨어지고 만 것이지. 하지만 좀 더 가까이 다가가면, 이들이 여러분에게 속삭이는 소리가 들릴 것이다. 자 들어 봐! 어서 와서 들어 봐!"(61쪽)

키팅이 과연 무엇을 가르쳤는지 이야기하고 키팅에게 배울 생각이 있는지 물었다. 세 명 중 두 명꼴로 '대학에 가지 못하기 때문에 배우지 않겠다'고 했다. 나는 학생들이 키팅을 선택할 거라고 생각했다. 그러나 과연 키팅이 무엇을 가르쳤을까 이야기하면서 생각이 바뀌었다. 책을 읽고 감동해 눈물 흘리기도 했지만 냉정하게 다시 살펴보니 키팅은 잠깐의 추억만 남겨주고 쓸쓸하게 학교를 떠났다.

키팅이 학생들을 위로하고 저마다의 꿈을 향해 나아가도록 인도했지만 이걸로는 부족하다. 학생들 마음을 움직였지만 닐의 죽음을 막지 못했다. 공부를 왜 해야 하는지 알려주지 않았고, 무엇을 해야 하는지 찾아주지도 못했다.

미국 영화는 대책 없이 감정을 자극하는 경향이 강하다. 책상 위에 올라가 교장에게 반항하는 모습에 열광하지만 다음에 무얼 해야 할지 모른다. 나와 독서반 학생들 모두 감동했지만 사실 키팅에게는 대책이 없다. 새로운 길을 보여주지 않으면 반항심과 허영심을 자극하는 수준에서 끝난다.

김동현
중2남

(…) 키팅 선생의 교육이 성공한 듯 보여주지만 닐이 아버지의 독선을 못 이겨 자살하고 키팅 선생이 학교에서 쫓겨나는 것으로 끝을 맺는다. 비극적으로 보이는 일들의 원인은 마치 키팅 선생의 아이들을 향한 급격한 변화의 시도처럼 보이지만 아이들은 키팅 선생을 원망하지 않는다. 항상 부모님과 학교의 요구에 따라 행동하며 자기 삶의 주체가 아닌 도구로 사용되던 아이들은 키팅 선생을 만나 처음으로 진정한 자신의 주인이 되어본다. 그리고 그것이 얼마나 가치 있고 소중한지 스스로 깨닫는다.

'죽은 시인의 사회'는 가입한 사람이 모두 죽어야 한다는 뜻을 담고 있다. 사람은 언젠가 반드시 죽어야 하지만 자신이 살고 있는 짧은 시간을 자신이 원하는 대로 살아가지 못하는 것이 죽음보다 더 비극적이라는 것을 말해주는 듯하다. 자신들의 삶을 잠시 동안만이라도 움직여 본 아이들은 키팅 선생과 함께했던 짧은 시간을 주위의 요구에 따라 행동하던 빈껍데기 같은 긴 시간보다 소중히 여길 것이다.

『학교의 슬픔』
키팅에게 대안이 있을까?

『죽은 시인의 사회』에 이어 『학교의 슬픔』을 나누었다. 다니엘 페낙은 『죽은 시인의 사회』가 학생들의 감정을 자극해서 어리석은 낭만주의로 몰고 갔다고 비판했다. 현실을 모르는 학생들이 영화관으로 몰려가서 만족하며 나왔지만 『죽은 시인의 사회』는 내용이 허술하고 영화가 빈약하다고 썼다.

다니엘 페낙은 심각한 학습부진아, 학교에서 감당하기 어려운 말썽꾸러기였다. 페낙이 키팅과 정반대인 교사를 만난다면 어떻게 될까? 대학 입학시험을 목표로 공부시키는 교사를 만났다면? 페낙은 실제로 그런 선생님을 만났다. 그러나 페낙이 만난 선생님은 성적만 강조하는 교장과는 달랐다. 학습부진아가 공부의 즐거움에 빠져 수업에 몰두하게 만드는 분이었다. 『학문의 즐거움』에 빠진 히로나카 헤이스케 같다고나 할까! 선생님은 두뇌를 자극하는 문장을 외우고 받아쓰게 했다. 학생들이 동사와 형용사 변화에 빠져들게 해 페낙을 구해주었다.

페낙이 키팅을 만났다면 학습부진에서 벗어나 수업에 몰두하게 되었을까? 그랬을 수도 있다. 글을 쓰고 책을 냈을 수도 있다. 페낙이 쓰는 독특한 문장과 톡톡 튀는 표현을 잃지는 않았을 것이다. 그러나 문장을 제대로 쓰고 대학에 갈 생각은 하지 않았을 것이다. 그럼 낄낄대며 고민하게 만드는 페낙의 문장을 읽는 기쁨을 누리지 못했을 수도 있다.

만약 키팅이 수학교사라면 무얼 했을까? 수의 아름다움을 시로 썼을까? 사회 교사나 과학교사라면 어땠을까? 수학이나 과학교사로 설정하면 낭만적인 요소가 줄어든다. 영화로 키팅의 수업을 표현하기 어려웠을 것이다. 영화는 '선동, 자기만족, 고답주의에 빠지면서도 깨닫지 못하는 센티멘털리즘'을 자극해야 성공한다. 키팅이 학생들을 자극하면서 동시에 무언가 가르쳤다면 좋았겠지만 그러지 못했다.

20대에 나는 키팅처럼 가르치고 싶었다. 형식과 절차 무시하고 아이들과 나만의 동굴에서 시를 읊었다. 지금은 멍석 깔아줘도 못할 정도로 무모한 짓을 했다. 즐겁게 지냈지만 무얼 가르쳤는지 모르며 지낼 때가 많았다. 그러면서도 아이들과 추억을 많이 쌓으며 지냈기 때문에 괜찮다고 생각했다. 옳지 않은 현실에 반대하느라 아이들이 어떤 사람이 되어 무얼 하며 살아갈까? 생각하지 못했다. 잘 가르치지도 못했다.

그때 그렇게 지냈기 때문에 지금의 내가 있다는 걸 안다. 돌아보면 부끄러운 순간이 너무 많았다. 나는 어리석은 낭만주의에 빠져 아이들을 선동했다. 고답주의에 빠져 현실을 무시하고 살았다. 죽은 시인을 살려내는 일을 하고 있다는 자만심에 빠져서 제대로 가르치지 못했다. 대책 없이 비판만 하는 나를 만나 시간을 낭비한 아이도 많았을 것이다.

학생들과 추억을 쌓고, 마음을 나누며, 새로운 세상을 꿈꾸어야 하지만 무엇보다 잘 가르쳐야 한다. 한참 지난 뒤에야 내가 마음만 앞섰지 제대로 가르치지 못했다고 후회했다. 공부 잘하는 아이들을 자극했어야 했다. 공부에 어려움을 겪는 학생들이 공부하는 기쁨을 누리게 도와주어야 했다. 마음으로는 죽은 시인을 살려 구름 위에 올려놓았지만 실제로는 현실을 바꾸지 못했다. 잠깐 추억을 쌓고 다시 다람쥐 쳇바퀴 도는 생활로 돌아가게 만들었다.

대학이 목표가 아니다. 그러나 대학에 가지 않는 것도 목표가 아니다. 무엇보다 사람이 중요하다. 닐의 아버지는 아들을 자신의 야망을 이루기 위한 도구로 썼다. 다니엘 페낙의 스승도 대학 진학이라는 목표를 내세웠지만 페낙을 인간으로 대했다. 교장이 학생들을 소중하게 생각하면서 대학을 강조했다면 죽은 시인의 사회는 없었을 것이다. 페낙을 근거로 들어 웰튼 아카데미의 교장이나 닐의 아버지를 옹호하면 편협하다. 반대로 키팅을 근거로 들어 대학 진학을 무가치한 일로 치부하면 옹졸하다. 대학에 가야 한다거나 대학이 필요 없다는 게 핵심이 아니다. 어떤 사람이 되느냐가 가장 중요하다. 페낙과 키팅은 서로 반대편에 서 있지 않다. 둘 다 사람을 귀하게 여긴다. 페낙은 공부로, 키팅은 시로 학생들 마음을 사로잡아 현실을 다른 시각에서 바라보게 했다.

마지막으로 물었다.

"학교가 바뀌려면 누가(교사, 학생, 제도 중 어떤 것), 어떤 일을 해야 할까?"

학교를 바꾸려면 먼저 학교에서 불편함을 느껴야 한다. 불편하지 않다면 바꾼다는 생각도 못한다. 다니엘 페낙은 꽉 끼는 교복을 입고 식사하면서도 불편을 느끼지 못하는 학생들을 보며 생각마저 경직된 것 같다고 한다. 늘 시키는 대로 사는 삶을 편안하게 여기면 현실을 안타깝게 여기지 않는다. 바꿀 생각도 못 한다. 이 편안함을 깨뜨리는 것이 독서반의 목적 중 하나이다.

독서반 학생들은 우리 교육이 제 길에서 벗어나 교사, 학생, 제도가 한 꺼번에 바뀌지 않으면 어려운 지경이 되었다고 말한다. 그래서 더욱 독서토론이 귀하게 느껴졌다. 고민하며 토론하고, 끙끙대며 글을 쓰면서 삶의 편안함을 깨뜨리다 보면 한 귀퉁이라도 바뀌지 않을까 기대한다.

현재를 즐겨야 할까, 미래를 준비해야 할까?

"언젠가 기술자 한 명이 가르쳐 줬는데 말입니다.
확대경으로 음료수를 들여다보면
눈으로 볼 수 없는 벌레들이 우글거린다고 합디다.
보고는 못 마시지. 근데 또 안 마시면 목마르니.
보스, 확대경을 부숴 버려요. 그럼 벌레도 사라지고,
물도 마실 수 있다오.
정신도 번쩍 들 수 있고 말이오." (155쪽)

머리와 가슴 사이의 거리를 생각하게 하는 책

Vios Ke Politia tu Aleksi Zorba

그리스인 조르바

니코스 카잔차키스 지음, 베스트 트랜스 옮김,
더클래식, 2017

『죽은 시인의 사회』에서 키팅 선생은 미래를 준비하느라 현재를 잃은 학생들에게
"오늘을 즐겨라. 인생을 헛되이 낭비하지 말라."라고 말했다. 키팅은 전달과 암기 위
주의 수업 방식을 버리고 학생들이 직접 느끼는 수업을 했다. 공을 차며 수업하고,
동굴에서 같이 시를 읊었다. 학생들이 까르페 디엠을 직접 겪게 해주었다. 놀랍다.
그러나 그리스인 조르바에 비하면 키팅은 약과다. 키팅은 멋있게 보이기라도 했지
만 조르바는 도무지 이해할 수 없었다. 조르바는 까르페 디엠이 지나치다 못해 쾌
락주의자 같다. 열정이 솟구쳐서 내키는 대로 행동한다. 조르바는 가는 곳마다 여
자를 바꿔 만난다. 주인의 투자금을 여자에게 써버리고, 사업을 망치고도 미안해하
지 않는다.
조르바를 고용한 '나'는 이치에 맞게 생각하고 행동하는 합리주의자다. 조르바와
함께 지내면 사사건건 부딪칠 텐데 조르바를 인정하고 생각을 바꿔 간다. 그러나
나는 조르바를 보면서 불편했고 '나'가 조르바를 힘들어하지 않아서 이상했다. 나
보다 자유로운 가치관을 가진 학생들이 조르바를 어떻게 생각할지 궁금했다.

첫 시간에 조르바의 인생관(여성, 가족, 사업, 조국, 사람)을 평가하고 간단하게 글을 썼다. 둘째 시간에는 찬반토론을 하고 문장 일곱 개를 나누려고 계획했다. 그런데 토론이 예상치 못한 방향으로 흘러가서 찬반토론만 했다. 셋째 시간에는 지난 시간에 나누지 못했던 문장으로 토론했다. 넷째 시간에는 조르바의 인생관이 필요할 때가 언제인지, 우리가 자유롭게 살아가고 있는지, 규칙과 제도가 필요한지 토론했다. 글을 쓰기 위해 한 주를 더 냈다.

코드를 스캔하면 행복한아침독서 포스트로 이동합니다. 『그리스인 조르바』를 이해하는 데 도움될 콘텐츠를 엮었습니다.

조르바의
가치관을 알아보자

| **여자** | 조르바는 좋은 매너로 여자에게 최선을 다한다. 여자를 계속 바꾸지만 아무나 건드리는 카사노바는 아니다. 고정관념에 매이지 않고 자유분방하지만 여자에게 상처 주지는 않는다. 순간에 만족하면서도 집착하지는 않는다. 얽매이지 않으며 여자의 일에 책임을 진다. 물론 그 책임이 가정으로 이어지게 하지는 않는다.

여자들도 조르바에게 매달리지 않는다. 쉽게 만나고 헤어진다. 조르바와 함께 가정을 이루며 평생 한 사람만 사랑하겠다는 마음을 가진 사람이라면 조르바가 다가가지 않았을 것이다. 조르바와 여자들 모두 자유롭게 만나고 헤어진다. 학생들은 이런 자유분방함이 좋아 보인다고 한다.

| **가정** | 조르바의 사전에는 가정이란 말이 없다. 사랑하는 사람과 한평생 사는 건 조르바에게 감옥이다. 순간의 감정에 충실해서 여자를 사랑하지만 한평생 한 여자와 사는 건 생각지 않는다. 얼마 지나지 않아 다른 여자에게 마음을 주고 잠시 즐겁게 지내는 정도로 만족한다. 한 여자와 가정을 이루어 사는 것을 억압, 속박이라 생각한다.

| **사업(돈)** | 조르바는 앞뒤 생각하지 않고 결정하기 때문에 냉철해 보인다. 어려운 일을 만나도 좌절하지 않고 극복하려 한다. 추진력이 좋으며 일꾼을 잘 이끌어간다. 돈에 얽매이지 않지만 사업에 뛰어들 때는 물불 가리지 않고 덤빈다. 여자에게 최선을 다했듯이 사업에도 최선을 다한다. 여자에게 한 것처럼 사업에서도 앞뒤 가리지 않고 덤벼들었다가 실패한다. 방탕하다고 볼 수는 없지만 출장 갔다가 만난 여자에게 주인의 사업자금을 낭비할 정도로 무모하다. 학생들은 다른 사람에게 피해를 주지 않으면 이렇게 행동해도 괜찮다고 한다. 주인의 돈을 낭비했지만 주인이 괜찮다고 했으니 상관없다고 말한다.

| **조국** | 조국을 위하는 마음도 왔다 갔다 한다. 한때는 동포를 구하기 위해 발칸 반도에서 목숨을 바칠 듯이 뛰어들었지만 계속 나라를 위해 살지는 않는다. 조르바에게 나라는 인생을 바칠만한 대상이 아니었다. 여자나 사업을 대할 때처럼 한때 열정을 바치고 잊어버렸다.

| **사람** | 일꾼(광부)에 대해 부정적이다. 게으른 광부들에게 일을 시키려면 앞장서야 한다며 갱도에 들어가 독려한다. 반면 주인에 대해서는 깍듯하다. 그렇다고 주인의 눈치를 보지는 않는다. 할 말 다 하고, 때론 주인 돈을 함부로 쓴다. 다른 사람들이 뭐라 생각하건 신경 쓰지 않는다. 크레타 섬 사람들을 무시하고 여러 명에게 맞서 싸우기도 하지만 그들을 미워하지는 않는다.

조르바의 인생관은 까르페 디엠이다. 조르바는 현재 자기 마음을 중요하게 여긴다. 사람들이 뭐라 생각하건 신경 쓰지 않고 자유롭게 살아간다. 풀기 힘든 여러 문제에 얽매여 살아가는 현대인에게 굉장히 매력

적이다. 그는 진짜 자유로운 영혼이다.

한 학생이 조르바가 자유지상주의자 같다고 한다. 『10대를 위한 정의란 무엇인가』를 나누면서 공리주의와 자유지상주의에 대해 토론했다. 조르바는 다른 사람에게 피해를 주지 않는다면 자유롭게 행동할 수 있다는 자유지상주의자와는 다르다. 자유지상주의자에게는 자유가 중요하지만 조르바에겐 자유보다 자기 열정과 감정이 중요하다. 열정에 휘말리면 주인에게 피해를 주더라도 물불 가리지 않고 덤볐다.

조르바와 비슷한 사람을 찾아보았다. 김삿갓 역시 자유로운 영혼이었다. 그는 홍경래의 난에 연루되어 폐족(자손이 벼슬을 하지 못하는 벌)을 당한 할아버지를 비판한 글로 장원급제를 했다. 자신이 욕한 사람이 할아버지라는 걸 알고는 방랑하며 살았다. 세상 질서에 순응하지 않았다는 점에서는 자유로운 영혼이었지만 인생을 살아가는 동기가 달랐다.

언제 조르바처럼 행동하고 싶은지 물었다. 해야 할 일에 떠밀려 힘들어질 때 조르바처럼 밖으로 떠나버리고 싶다고 한다. 늘 똑같은 모습으로 학교와 학원을 오가며 답답한데 조르바는 공부에 매이지 않아서 부럽다고 한다.

"학생들이 모두 조르바처럼 행동한다면 반대로 책벌레가 멋지게 보이지 않을까?"

그럴 수도 있다고 대답한다. 나는 조르바의 행동을 이해하기 힘들었는데 학생들은 대부분 이해한다. 다만 조르바가 주인의 돈을 함부로 쓴 태도는 이해하지 못하겠다고 한다.

조르바의 인생관을 평가하는 글을 썼다. 학생들은 조르바를 좋다, 나쁘다, 좋지만 그렇게 살지는 않겠다고 평가했다. 나는 조르바를 나쁘게 생각했는데 학생들과 이야기하면서 조르바를 부러워하는 마음이 커졌다.

김민좌
중1 남

나는 조르바가 마음에 안 든다. 자신의 틀에 박혀 자신의 자유에 빠져 있다. 그에게는 법도 관념도 모두 자신의 생각보다 한 단계 아래인, 다른 사람들이 만든 것에 불과하다고 생각한다. 이는 인간의 도덕성을 무시하고 부정하는 것이다. 계속 이런다면 인간과 동물이 다를 바 무엇인가!

오다연
중3 여

나는 조르바의 인생관이 참 매력적이라 생각한다. 영향력이 어떻고, 사회가 어떻고 하는 문제들은 뒤로하고 일단 신선하기 때문이다. 물론 내가 바보가 되기 전까진 조르바처럼은 안 할 것이다. 제정신인 상태에서 그러면 책임을 완수 못 하고 다른 사람에게 피해를 주기 때문이다. 다만 조르바 같은 사람이 친구면 좋겠다. 가끔 피곤하긴 해도 신선하고 매력적인 개성을 관찰해 보고 싶기 때문이다.

조르바는 자유로운 사람일까,
이기적인 사람일까?

둘째 시간이다. 『그리스인 조르바』에 나온 문장으로 이야기를 나누려고 했다. 마음을 열기 위해 조르바가 사는 모습을 자유롭다고 봐야 할지, 이기적이라고 봐야 할지 물었다. 그런데 이 질문이 예상치 못한 방향으로 흘러갔다. 질문이 의지를 가진 듯 싹이 트고 자라더니 문화가 발전하느냐, 순환하느냐로 이어졌다. 준비한 질문을 하나도 나누지 못하고 학생들 이야기를 감탄하며 들었다.

조르바가 자유로운지 이기적인지 나누기 전에 자유롭다는 게 무엇을 뜻하는지 물었다. 학생들은 자유가 방종이 되지 않게 하려면 누군가에게 해를 끼치지 않는지 확인해야 한다고 대답했다. 조르바는 분명히 피해를 줄 만한 행동을 했다. 조르바는 한 여자만 사랑하지 않는다. 조르바가 시작한 사업은 실패하고 만다. 일꾼을 호되게 나무라고 마을 사람과 싸운다. 그러나 아무도 조르바를 미워하지 않는다. 조르바를 사랑한 여자들도 조르바를 미련 없이 떠나보낸다. '나'는 사업이 망했지만 조르바에게 책임을 돌리지 않는다. 일꾼들과 마을 사람들도 마찬가지다.

우리가 같은 처지에 있다면 분명히 조르바 때문에 피해를 보았다고 따질 텐데 당사자들은 그렇게 생각하지 않았다. 저자가 조르바를 좋아해서 보호하는 건지, 실제로 조르바 같은 사람을 만나면 가볍게 생각하는 건지 모르겠다. 당사자들이 피해를 봤다고 생각하지 않으니 피해 여부로 자유를 판단하기 어렵다. 그래서 반대로 생각했다. 과연 누구에게 해를 끼치지 않는다면 자유롭다 할 수 있을까? 이것도 아니다.

피해를 입은 대상이 다수인지, 소수의 당사자인지 가려내야 한다고 말하다가 공리주의, 자유지상주의 이야기가 나왔다. 생각이 사방으로 뻗어 나가기만 하고 정리가 되지 않아서 우선 간단하게 글을 썼다.

유승민
고1남
　　사람의 차이를 인정하느냐 아니냐를 생각해보자. 서로의 가치관을 인정하면서 (조르바처럼) 살아간다면 개인주의다. 존중하지도 않고 무시하는 것도 아니라면 무관심한 것이다. 이렇게 생각하면 조르바는 (개인주의도 아니고 무관심하지도 않으므로) 이기적이다.

승민이 말이 맞는 것 같다. 조르바는 지나치게 솔직하고, 지나치게 개인주의적이다. 다른 사람을 존중하지 않고 무시하지 않지만 무관심한 것도 아니다. 마치 지금 학생들 같다. 내키는 대로 살고 싶어 한다. 100년 전의 조르바가 요즘 학생들 같다면 조르바가 당시 사람들과 다른 걸까? 50년, 100년 뒤를 내다본 현대인 즉, 뛰어난 사람일까?

조르바가 살던 시대로부터 100년 정도 지난 지금, 조르바의 가치관을 가진 사람들이 많아졌다. 조르바가 시대를 뛰어넘은 뛰어난 사람이라고 본다면 지금은 조르바 같은 사람이 많아졌으니 문화가 발전했다. 조르바가 뛰어난 게 아니라 그저 다른 사람이었다면 문화는 순환한다. 당시에도 조르바 같은 사람이 있었고 지금도 독특한 사람이 나타나므로 문화는 순환한다. 그래서 문화가 발전하는 건지, 바뀌는 건지 토론했다.

|"바뀐다"| 예전부터 먹던 빵을 이용해서 햄버거나 샌드위치를 만든다. 빵을 사용하는 방식이 바뀌는 것이지 발전한다고 볼 수는 없다. 옛날 유행이 다시 돌아오는 것도 문화가 바뀌는 증거이다.

|"발전한다"| 〈응답하라 19○○〉이 인기를 끌었다. 사람들이 과거를 그리워한다는 증거이다. 그러나 그때로 돌아가고 싶어 하지는 않는다. 바뀐다는 것은 퇴보하는 것이다. 문화는 인간의 욕구에 의해 시작된다. 욕구는 기술과 문화를 발전시킨다. 따라서 문화는 발전한다.

|"바뀐다"| 음악이 과거에 비해 퇴보했다고 생각한다. 화성악이 발전했다고 음악 문화가 발전했다고 볼 수 있을까? 현대 음악과 고전 음악을 비교해 보면 발전한 게 아니라 바뀐 거다.

|나(권일한)| 과연 문화의 질을 비교할 수 있을까? 어떤 문화가 다른 문화보다 수준이 높다고 평가할 수 없다면 변화하는 거라고 봐야 한다. 평가할 수 있다면 발전하는지 판단해야 한다. 음악으로 비교하기 어렵다면 인간은 어떨까? 진화(발전)했을까? 인간이 진화했다는 사실을 평가할 수 있는 기준을 찾아보자. 지금은 살기 위해 육체를 사용할 수밖에 없었던 과거에 비해 퇴보했다.

|"바뀐다"| 진화와 적응은 다르다. 『원숭이 꽃신』*에서 원숭이는 신발을 신고 다니는 생활에 적응했다. 진화나 퇴보가 아니라 새로운 상황에 적

* 『원숭이 꽃신』 정휘창 지음, 창비. 오소리의 꾀로 꽃신을 신은 이후 꽃신에 익숙해져 계속 오소리에게서 꽃신을 사게 되는 원숭이가 나온다.

응했다. 과거에 비해 두뇌(지능)가 발전했다고 보기 어렵다. 7대 불가사의는 아직도 밝혀지지 않고 있다.

│ "발전한다" │ 스마트폰을 만들고 우주로 나간다. 발전이 아닐까?

│ "바뀐다" │ 달나라에 가는 건 진화일까? 지식의 축적이 이룬 업적을 진화라고 봐야 할까? 지금까지 쌓인 지식의 양이 많기 때문에 새로운 기술을 만들어냈을 뿐이다. 과거 사람들이 우리가 가진 지식을 가졌다면 더 놀라운 일도 했을 것이다.

학생들은 문화가 비슷한 과정을 되풀이한다고 결정했다. 이런 관점으로 보면 조르바는 이웃과 조금 다른 사람이었다. 마을 사람들 역시 조르바를 뛰어난 사람이 아니라 생각이 다른 사람으로 보았을 것이다. 가까이하기엔 부담스럽지만 뛰어나다고 볼 수는 없다.

조르바가 뛰어난 사람이 아니라면 그의 행동은 시대를 뛰어넘는 통찰에서 나온 게 아니라 그냥 이기적이다. 조르바는 개인 욕구에 집착한다. 여자문제만 봐도 알 수 있다. 사람들 생각을 무시하고 '내가 믿는 건 나밖에 없어' 식으로 생각한다. 조르바는 마음이 원하는 대로 살아도 된다고 생각한다.

그래도 반대하는 학생이 있다. 조르바는 도덕에 매이지 않아서 자유롭다고 한다. 사람을 얽매는 편견과 부조리를 뛰어넘은 사람이라고 한다. 그러자 다른 학생이 그렇다면 왜 고용주는 광부와 다르게 대하느냐 묻는다. 정말 자유롭다면 고용주에 대해서도 편하게 생각해야 하는데 죄책감을 가지므로 자유롭지 않다고 한다. 자유롭다고 주장한 학생은 조르바와 광부는 계약으로 맺어진 사이지만 고용주는 친구관계라고 한다.

끝까지 결론을 내리지 못했지만 뿌듯했다. 조르바가 시대를 앞서 깨달은 선각자인지, 변화하는 문화에서 튕겨 나온 독특한 사람인지가 중요한 게 아니다. 학생들이 조르바가 어떤 사람인지 토론하면서 문화발전론, 문화순환론을 나눈 자체가 중요하다. 둘째 시간이 끝나면서 우리 모두 토론이 어쩌다 여기까지 왔는지 놀라면서도 좋았다고 말했다.

조르바 덕분에
정말 멋진 시간을 만들었다

셋째 시간이다. 지난 시간에 나누려고 했던 문장을 나누고, 이 문장과 관련해 두 가지 주제로 토론했다.

인간의 영혼은 육체라는 진흙 속에 갇혀 있기에 무디고 둔한 것이다. 영혼의 지각 능력이란 조잡하고 불확실하기 때문에 그 어떤 것도 분명하고 확실하게 내다볼 수 없다. 미래를 미리 볼 수 있다면 우리 이별은 얼마나 다를 수 있었을까. (13쪽)

▶ 우리는 미래를 알아챌 만한 지각 능력을 갖고 있다는 의견에 찬성인가, 반대인가?

다섯 명이 찬성하고 두 명이 반대했다. 모두 미래를 알아낼 능력이 없다고 말할 줄 알았다. 미래에 어떤 일이 일어날지 누가, 어떻게 안단 말인가! 모르기 때문에 미래 아닌가! 로또 번호, 스포츠경기 우승팀, 누가 어느 대학에 입학할지, 자신이 언제 어떻게 죽을지 아무도 모른다.

학생 가 책상 위에 놓인 컵을 치면 떨어진다는 걸 알잖아요.

나(권일한) 아, 그런 거였어? 그건 경험에 의해 알게 된 것이지.

학생 나 맞아. 컵을 치면 떨어진다는 건 당연한 사실이지. 미래를 알아채는 건 아니지.

학생 가 원인에 따라 어떤 결과가 일어날지 아는 거잖아요. 그게 지각능력이죠.

학생 다 인간에겐 지각능력이 있어요. 『1984』를 쓴 조지 오웰이나 『멋진 신세계』를 쓴 윌리엄 골딩은 미래를 예측했잖아요.

학생 라 학교에서 미래를 상상해서 그리잖아요. 그것도 지각능력으로 미래를 예측하는 거죠.

학생 나 이건 모두 타인의 경험을 통해서 배운 거 아닐까요? 더구나 아무도 예상하지 못한 변수도 있잖아요. 변수가 생긴다는 건 지각하지 못한다는 뜻이죠.

학생 가, 다 그건 우리에게 익숙한 현상이 일어나지 않은 또 다른 경우일 뿐이에요. 지구에선 컵을 치면 책상 아래로 떨어지지만 우주에선 떨어지지 않죠. 똑같은 결과를 만들어내지 않는 다른 장소에서는 예측대로 되지 않잖아요. 확률이 높다고 모두 일어나지는 않아요. 지각능력이 없어서 생기는 게 아니에요.

내가 전혀 예상치 못한 이야기를 학생들이 했다. 학생들의 논리를 들으며 새로운 방식의 생각을 배웠다.

▶ 미래를 안다면 우리의 삶(예 : 이별)이 달라질까? 학생들 모두 미래를 모르는 게 낫다고 대답한다.

"미래를 안다 해도 사람이 살아가는 근본 과정에서 벗어나지 않는다."

"미래를 모르니까 현재를 어떻게 살아야 할까 고민하게 된다. 이게 중요하다."

"지금 내가 하는 일이 미래를 형성한다. 따라서 미래를 미리 알아서 아무것도 하지 않는다면 미래는 그렇게 이루어지지 않는다."

"현실에 충실한 것이 미래를 바탕으로 두고 사는 것보다 낫다."

"자신의 미래를 알면 패닉에 빠져 한강 다리에 사람이 넘쳐난다."

"시험 결과를 미리 안다면 아예 공부하지 않는다."

실제로 몇몇은 대한민국 독서토론·논술대회에 참가했는데 떨어졌다. 떨어질 줄 알았다면 열심히 준비하지 않았을 것이다. 시험 문제, 논술 논제를 미리 알면 미래를 좋게 바꿀 수 있다는 말은 하지 않았다. 학생들 생각이 기특하다. '그래, 현실에 충실하자' 하며 끝내도 되는데 생각이 얼마나 확고한지 알아보고 싶었다. 또한 내 의견에 반대하면서 지금 보여준 생각이 더 확고해지기를 바랐다. 그래서 공부하라고 잔소리하는 부모처럼 말했다.

"맞아. 미래는 모르는 거야. 그러니까 미래를 대비하기 위해서 공부해 야지!"

미래만 중요한 게 아니다. 지금도 중요하다고 대답한다. "이게 다 네 앞날을 위해서다." 하니 자기들도 쉬어야 한다고 대답한다. "지금 열심히 공부하면 미래에 푹 쉴 수 있다. 그러니 공부하자." 했다. 집에서 부모와 늘 부딪치는 내용이다. 부모가 공부하라고 잔소리할 때는 화를 냈지만 내가 토론 내용과 관련해서 말하니 "맞는 소리긴 한데……" 하며 입을 다문다. 내 말이 맞는데 왜 부모가 공부하라고 하면 화를 내느냐 하니 표현 방식의 차이 때문이라 한다. 이야기가 아니라 잔소리로 들리게 말하기 때문이라 한다. 권위의 문제이기도 하다.

▶ '왜'를 생각하는 사람과 생각하지 않는 사람은 어떤 점에서 다를까?

독서토론에서 우리는 까닭을 생각한다. 호기심이 생기면 까닭을 묻고 대답을 찾아간다. 왜라고 묻는 것은 인간의 독특한 특징이라는 점에 대해서는 모두 같은 의견이다. 물음을 멈추지 않는 것이 진정한 인간이다. 이유를 생각하며 살아야 한다고 입을 모은다. 물론 왜를 묻는 태도가 사람에 따라 다르다고 한다. 누군가는 왜를 많이 따지지 않는다. 누가 이상한 행동을 하면 이유 묻지 않고 감정으로 반응한다. 또 누군가는 왜 저럴까 생각한다. 조르바처럼 자유롭게 살고 싶다고 하면서도 '왜?'는 생각해야 한다고 대답한다.

다음 문장을 읽고 토론을 계속 이어갔다.

보다 고상한 정열에 휩쓸리는 것. 그것 역시 또 다른 노예 상태는 아닐까? 사상이나 민족이나 하느님을 위해 희생하는 것은? 우리가 따르는 것이 고상할수록 묶이는 노예의 사슬이 길다는 뜻은 아닐까? 그리고 우리는 좀 더 넓은 경기장에서 재미를 보다가 그 사슬을 벗어나지 못한 채 죽는 건 아닐까? 그럼 그게 우리가 말하는 자유? (36~37쪽)

▶ 인간을 특정한 방향으로 이끌어가는 고상한 생각이란 무엇일까?

▶ 누가 이런 생각을 가치 있게 여길까? 이기적으로 이용하진 않을까?

▶ 고상한 생각이 가져오는 결과는 무엇인가?

고상한 가치를 내세워 백성을 얽어맨 예를 찾아보았다. 이슬람 근본주의, 남존여비 사상, 아리안주의(히틀러), 조선시대, 의무를 내세워 자유를 억압하던 때를 말한다. 조선은 충과 효라는 유교 가치를 앞세워 백성을 얽어맸다. 일본은 군국주의를 앞세워 우리를 괴롭혔다. 중세 천주교는 교황의 말이 하나님을 대리한다는 가치로 백성을 지배했다. 독재자들도 고상해 보이는 가치를 내세워 자신들의 행위를 정당화했다.

효도는 좋은 가치이다. 백성을 억압하기 위해 효자비, 열녀비를 세운다면 어떨까? 민족을 사랑하는 마음은 좋은 가치이다. 민족 우월주의를 내세워 다른 민족을 짓밟고 공격하면 어떨까? 종교는 좋은 가치를 권장한다. 종교 교리를 내세워 전쟁을 정당화할 수 있을까? 고상한 가치가 절대 가치는 아니다. 사람들이 이를 나쁘게 이용하고 싶을 때 절대 가치로 만든다. 누가 이용할까?

한 학생이 물산장려운동을 진행할 때 애국심을 이용해서 돈을 번 사람들을 말한다. 일부 상인과 자본가가 물산장려운동을 악용해서 자기들 배를 불렸다고 한다. 애국심 마케팅을 비판하는 얘기에 이어 히틀러가 1차 대전으로 피폐해진 독일을 일으켜 세우기 위해 아리안 민족주의와 독일 국민의 위대함이라는 가치를 이용했다고 한다. 회사의 발전을 위해 희생을 강요하는 경우도 있다. 미래라는 가치를 두고 공부하라는 말도 같은 경우라고 한다.

▶ 도덕, 정의, 인간성이 절대 가치가 아니라면 각자 옳다고 생각하는 대로 살라고 말해야 할까? 정말 고상한 가치, 절대 진리는 없을까?

'없다'고 대답했다. 사람들이 고상하게 여긴 가치는 악용될 경우, 무너뜨려야 할 대상이 되었다. 폐해가 컸기 때문에 니체를 비롯한 철학자들은 절대 진리가 없다는 걸 절대 진리로 내세우며 진리로 여겨온 가치를 무너뜨렸다. 사람들이 악용한다는 이유로 참된 가치를 없애고 나니 마음을 둘 곳이 없다. 그래서 이 시대는 돈을 절대가치의 자리에 두었다. 돈에 매여 살면 안 된다고 하면서도 돈을 좇아 살아간다.

토론하면서 평소와 달리 편지를 쓰면 좋겠다고 생각했다. 자기만의 껍질에 갇혀 지내는 사람, 조르바의 자유를 누려야 할 사람에게 편지를 쓰면서 책 내용을 정리하길 원했다. 글의 내용을 제한하지 않으려고 자기만의 껍질에 매여 사는 사람, 자유를 누려야 할 사람을 구체적으로 말하지는 않았다. 가진이는 6학년 담임 선생님께 편지를 썼다. 가진이가 만난 교사 중에 가장 잘 가르친 분, 공부가 재미있다는 걸 알려준 분이었다. 가진이는 선생님이 준 선물을 누리기만 하지 않고 선생님의 단단한 껍데기를 봤나 보다.

이가진
중2여

Dear 선생님

선생님은 왠지 혼자 여행을 다닐 것 같아요. 혼자 여행을 다니는 건 제가 꿈꾸는 것 중 하나이기도 하지만 가끔은 기댈 사람이 필요하기도 해요. 항상 누군가의 도움 없이 혼자 너무 많은 것을 끌어안으려고 하지 않아도 돼요. 누구나 실수가 있기 마련이고 혼자서는 벅찬 일들이 많아요. 너무 자기 자신에게 가혹할 필요는 없어요. 물론 지나치게 관대할 필요도 없다는 걸 알고는 있어요.

하지만 혼자 힘들어하시는 선생님을 볼 때마다 위로가 되어주고 기댈 수 있는 곳이 되어주고 싶었지만 그럴 수 없었던 거 같아 속상해요. 선생님은 제가 기대어 쉴 수 있었던 나무였고, 내가 뭘 가장 좋아하는지, 뭘 하고 싶어 하는지 방향을 잡아준 길이었어요. 시간이 지나 내가 하는 모든 일이 두렵고 망설여져 놓아버리고 싶을 때 가장 보고 싶었던 사람이었고 유일하게 전적으로 나를 믿어준 선생님이었어요.

누군가에게 그늘이고 길이었다면 분명 선생님도 기댈 곳이 필요하고 쉴 곳이 필요해요. 책을 읽고 책에 대한 이야기를 하다 보니 책 속의 주인공이 꼭 선생님 같았어요. '나'에게 조르바는 친구이자 안식처였고 진짜 '나'를 보일 수 있었던 존재라고 생각해요. 선생님도 조르바와 같은 존재가 곁에 있으면 좋겠어요. 어떤 형태로 조르바가 존재하던 진짜 나를 마주할 수 있다면 어떤 것이라도 조르바가 될 수 있다고 생각해요. 자꾸만 두려움을 숨길 필요는 없어요. 너무 많은 고민과 두려움은 아무리 감추려고 해도 드러나기 마련이에요.

조르바는 다양한 인격을 가지고 있어요. 지나치게 활발하다가도 고민에 빠지고 울다가 호탕하게 웃어버리는 조르바가 선생님 보기에 귀찮은 존재가 될 수도 있어요. 하지만 조르바랑 선생님은 잘 맞을 거예요. '나'는 조르바를 꺼리다가도 존경했고 동정하다가도 함께 웃었어요. '나'가 조르바를 통해 진짜 '나'를 만난 거라고 생각해요. 어쩌면 '나'와 조르바는 똑같은 존재인 거예요. 상대방 단점이 보이고 싫어진다면 그건 나 자신의 단점이라고 말해요. '나'는 조르바를 통해 자신의 내면을 들여다볼 거예요. 자신 안에 숨어있던 복잡한 내면의 감정들이 자신의 감정을 그대로 드러내는 조르바를 만나면서 알게 된 거라고 생각해요.

선생님 안에 엉겨있는 감정, 선생님을 두렵게 만드는 존재 모두 조르바와 함께 하면서 찾을 수 있길 바라요. 더 이상 혼자서만 모든 걸 끌어안으려 하지 말아주세요. 선생님 곁에 기댈 곳은 많아요. 선생님은 감정을 두려워하셨어요. 헤어짐이 다가오면 그전에 이미 멀리 떨어져 있었어요. 사람을 그리워하고 보고 싶은 건 당연한 일이에요. 모든 일에 냉정하지 않아도 돼요. 한 번 쯤은 기대도 되고 울어도 돼요. 모든 걸 완벽하게 하지 않아도 돼요. 선생님이 더 이상 혼자 괴로워하지 않았으면 해요. 서로 기대는 것도 좋은 방법이겠죠. 부디 진짜 '선생님'을 마주할 수 있는 존재로 만날 수 있기 바라요.

2015. 12. 06.

From 이가진 ⋮

　마지막으로 각자 마음에 드는 문장을 말했다. 나는 "돌멩이가 경사에서 생명을 얻었다."라는 말이 참 좋았다. 누군가 잘 굴러간다면 경사를 만났기 때문이다. 마이클 조던이 100년 전에 태어났다면 목화를 땄을 텐데 시대를 잘 만나 농구에서 생명을 얻었다. 돌멩이라도 경사를 만나면 힘차게 굴러간다. 책은 경사를 만든다. 우리는 토론하면서 경사를 만들고 있다.

제3부

토론으로
현재와 미래를
이해하다

고전은 "누구나 제목을 알지만 아무도 읽지 않는 책"이라고 한다. 고전은 시대가 보지 못한 것을 밝히는 이야기, 인간의 본성을 파헤친 이야기, 고민해야 하는 이야기, 그래서 읽기 어려운 이야기이다.

쥘 베른은 과학이 발달하던 19세기에 살았기 때문에 과학이 유토피아를 만들 거라 생각했다. 『15소년 표류기』 『80일간의 세계 일주』 『해저 2만 리』에는 과학이 선사하는 장밋빛 미래에 대한 기대가 담겨있다. 『15소년 표류기』에서 난파당한 소년들은 서로 도와주며 위기를 이겨내고 모두 살아난다. 『80일간의 세계 일주』에서 포그는 당시에 불가능하게 보였던 세계 일주를 이루어낸다. 『해저 2만 리』에서 네모 선장은 공포의 대상, 괴물들이 우글거리는 바닷속을 헤쳐 나간다.

그러나 20세기가 되면서 과학 발달의 부작용이 나타나자 생각이 바뀌었다. 유럽을 잿더미로 만든 두 번의 세계 대전을 겪은 뒤에 작가들은 쥘 베른의 생각과는 정반대 내용의 책을 썼다. 『파리대왕』 『멋진 신세계』 『1984』는 미래가 쥘 베른의 생각처럼 되지는 않을 거라고 말한다. 스탈린이 공산주의를 앞세워 공포로 다스렸을 때는 『동물농장』이 나왔다. 시대의 한계를 드러내는 책은 지금도 계속 나오고 있다.

『지킬 박사와 하이드 씨의 기이한 사례』로 인간 본성에 대해 토론할 때 『파리대왕』을 몇 번 언급했다. 인간의 악마 같은 본성을 뚜렷하게 드러낸 작품이기 때문이다. 시간과 공간은 달라도 인간은 작가들의 주된 관심 대상이다. 작가가 만들어낸 이야기가 국가, 인종, 시대의 제한을 뛰어넘어 인간에 대한 통찰을 보여준다면 고전이 된다. 『파리대왕』이 그런 책이다.

『파리대왕』을 쓴 윌리엄 골딩은 어린 시절에 1,000만 명이 죽은 1차 대전을 겪었다. 6,000만 명이 죽은 2차 대전에는 해군으로 참전했다. 두 번이나 전쟁의 참상을 겪고도 핵무기 경쟁을 벌이는 인간은 골딩이 보기에는 분별력 없는 어린아이 같았다. 어린아이 같은 인간이 무인도에 떨어진다면 『15소년 표류기』처럼 서로 도와주며 위기를 극복할까? 『파리대왕』이 보여주는 현실은 전혀 그렇지 않았다.

『멋진 신세계』는 올더스 헉슬리가 1932년에 썼다. 1차 대전이 끝나면서 미국은 눈부시게 발전했다. 전쟁을 발전의 기회로 삼은 미국은 과학 발달의 부작용을 잊어버렸다. 눈부신 발전 이면에는 돈을 최고로 여기고, 인간을 돈 버는 기계로 전락시킨 아픈 현실이 있었다. 1930년대 경제 대공황은 미국이 숭배한 가치가 모래 위에 쌓은 성이라고 알려주는 자명종이었다. 헉슬리는 인류가 역사를 통해 배우지 못한다면 기막히게 멋진(?) 미래가 다가온다는 것을 『멋진 신세계』에서 보여준다.

『기억 전달자』는 2014년에 영화로 개봉된, 우리 이야기이다. 1980년대 레이건 대통령과 대처 총리가 오일 쇼크를 이겨내기 위해 신자유주의를 내세웠다. 세계가 하나의 시장이 되었고 모든 국가가 경쟁에 뛰어들었다. 세계화는 인터넷이라는 날개를 달고 우리의 생각을 마비시켰다. 그 결과 우리는 생각하고 느끼고 선택하는 인간만의 독특함을 잃어가고 있다. 저자는 인류가 간직해야 할 기억을 잊어버린 현실을 비판하며, 기억, 감정, 선택의 자유를 억압하는 세상에서 탈출하라 한다.

『파리대왕』과 『멋진 신세계』는 시대를 분석하는 토론을 했고, 『기억 전달자』는 우리의 현실에 적용하는 토론을 했다.

인간은
예언자의 말을
듣지 않는다

"어른들은 사리에 밝아." 돼지의 말이었다.
"어른들은 어둠을 무서워하지 않아.
모여서 차를 마시고 토론을 하지.
그러면 만사가 제대로 돌아가게 돼."(138쪽)

우리 사회를 적나라하게 보여주는 책

Lord of the Flies

파리대왕

윌리엄 골딩 지음, 유종호 옮김, 민음사, 1999

마침 중간고사 기간이라 한 주 쉴까 물었더니 괜찮다고 한다. 한두 시간 공부 더 해도 별 차이가 없지만 그래도 불안할 텐데 대견하다. 독서반 처음 시작할 때만 해도 책을 제대로 이해하지 못하고, 무얼 쓸지 몰라 줄거리를 기웃거렸는데 많이 달라졌다. 읽고 싶다고 졸랐던 『파리대왕』을 학생들이 어떻게 읽어낼지 궁금했다. 독서반 2년째 9월에 읽었다.

『파리대왕』은 상징하는 표현이 많아 읽기 어렵다. 상징을 이해해야 글의 진짜 의미를 알 수 있다. 첫 시간에는 상징성을 띤 문장 열 개를 제시해 상징의 의미를 알아보았다. 그리고 윌리엄 골딩이 이야기에 소년들만 등장시킨 까닭을 토론하고 줄거리를 100자 정도로 간추려 썼다. 둘째 시간에 인물의 성격을 파악하고 각각의 인물이 어떤 사람을 상징하는지 찾았다. 이어서 가장 마음에 드는 인물과 싫어하는 인물의 행동을 비교하고 그들에게 어울리는 직업을 살펴보았다. 셋째 시간에 소라, 짐승, 짐승에게 제물을 바치는 행동이 무엇을 뜻하는지 토론했다. 넷째 시간에 생각이 많은 인물과 그렇지 않은 인물이 맞이하는 결과를 비교하며 윌리엄 골딩이 책을 쓴 까닭을 찾아보았다. 그리고 잭, 랠프, 돼지, 사이먼이 다스리는 사회가 어떤 모습일지 토론하고 글을 썼다.

코드를 스캔하면 행복한아침독서 포스트로 이동해,
이번 장과 함께 보면 좋을 권일한 선생님의 글을 만날 수 있습니다.

각자 자신의 눈으로
파리대왕을 만나다

『파리대왕』에는 상징성을 띤 문장이 많다. 첫 시간에는 낱말 찾기 문제를 풀면서 내용을 알아보고 줄거리 써 보기를 했다. 먼저 괄호에 들어갈 단어를 맞혀보았다.

- "소라를 들고 있으니 (발언권)은 내가 가지고 있다는 말이야." (소라)는 권위를 나타낸다. (돼지)는 외모가 볼품없다. 좋은 의견을 내지만 실천하지 않는다. 그래서 권위가 없다.

- "우리가 (짐승)에 대해서 무섬을 탄다면 문제가 달라진단 말이야." 잭은 (짐승)에 대한 두려움을 이용해서 아이들을 지배한다.

- "(어른)은 사리에 밝아. (어른)은 어둠을 무서워하지 않아. 모여서 차를 마시고 토론을 하지. 그러면 만사가 제대로 돌아가게 돼." 아이들은 어둠을 무서워하며 본능에 따라 행동한다. 올바로 판단하는 (어른)이 없으면 점점 짐승과 다를 바 없는 모습이 되어간다.

얼굴의 원뜻은 얼(정신)이 나타나는 꼴(모양)을 말한다. 어른은 얼이 오를 대로 오른 사람, 즉 올바른 정신으로 판단하는 성숙한 사람을 뜻한다. 그럼 얼차려는 얼이 정신 차리는 거냐고 묻는다. 맞다. 학생들은 우리 주위에 성숙한 어른이 많지 않다고 한다. 경쟁에 찌든 학생들을 이끌어줄 어른이 적은 게 사실이다.

만약 어른이 무인도에 같이 갔다면 어땠을까? 상황이 달라졌을 거라고 한다. 어른이 곁에 있었다면 오두막을 짓고 구조를 기다렸을 것이다. 어른다운 어른이 나라를 다스렸다면 세계 대전을 교훈 삼아 평화로운 시대를 만들었을 것이다. 우리 시대에 어른이 많다면, 차를 마시며 토론할 만큼 성숙한 인간이 많다면 더 좋은 세상이 될 거라는 이야기를 나누었다.

『파리대왕』에는 어른뿐만 아니라 여자도 전혀 나오지 않는다. 소녀가 같이 표류했다면 상황이 좋아졌을까? 나빠졌을까? 3분의 1은 여자가 있었다면 감정싸움이 심해져서 더 크게 싸웠을 거라 한다. 나머지 3분의 2는 남자를 중재하며 사이가 좋아졌을 거라 한다. 윌리엄 골딩이 여자와 함께 표류한 후속작품을 썼다면 어땠을지 궁금하다.

등장인물 중 누가 마음에 드는지 물었다. 여학생들이 랠프를 좋아할 줄 알았는데 아니다. 구조에만 신경 쓰고 지나치게 합리적이어서 싫다고 한다. 잭은 야만인처럼 행동해서 싫고, 사이먼은 무서운 데만 다녀서 싫다고 한다. 돼지가 안전한 곳에 있어서 좋다며, 귀엽게 생겼을 거라는 말까지 덧붙인다. 돼지는 좋은 판단력을 가졌지만 손 하나 까딱하지 않는다. 여학생들은 이런 걸 따지지 않는다.

실제로 인기투표를 해보자고 했더니 여학생은 돼지를, 남학생은 랠프와 잭과 사이먼을 뽑았다. 의외로 남학생 여럿이 사이먼을 좋아한다. 사이먼은 사람들이 보지 못하는 걸 보고 깨닫는 선구자, 시대를 앞서가는 사람이다. 그래서 가장 먼저 죽는다. 그런데도 사이먼이 좋다고 한다. 사이먼을 신비주의 느낌으로 생각하는 것 같다.

줄거리를 썼다. 상징과 묘사가 많고 300쪽이 넘어 읽기 어려울 거라 생각했는데 독서반 아이들은 『파리대왕』을 잘 이해했다. 내용을 알아보기 전에라도 잘 썼을 것이다. 2년 동안 함께 하면서 딱딱한 책까지 읽는 능력을 갖추었다. 앞으로 책을 어떻게 읽을지 기대되었다.

조용연
중2남

파리대왕은 극단적인 상황에서 인간이 어떻게 행동하는지를 보여주는 책이다. 현실을 알고 바로 앞만 보는 잭, 리더 기질이 있는 랠프, 생각이 많은 사이먼, 생긴 건 웃기지만 좋은 얘기를 하는 돼지, 욕심에 눈이 먼 잭과 생각 없이 잭 편에만 서는 로저를 무인도에 넣고 인간의 본성을 보여주고 있다.

등장인물을
친구로 생각하며 읽다

윌리엄 골딩은 등장인물의 성격과 행동을 통해 인간 집단의 특성, 인간 본성을 표현했다. 등장인물의 성격과 행동이 무엇을 상징하는지 알면 작가의 의도를 이해한다. 랠프, 돼지, 사이먼, 잭, 로저의 행동을 알아보고 성격과 장단점을 찾아보았다.

| **랠프** | 랠프는 합리적인 지도자이다. 소라를 불어 회의를 하고 오두막 짓기, 구조 준비 등의 역할을 나누어 시킨다. 아이들에게 고기를 먹여주지는 못하지만 질서를 잡기 위해 규칙을 만들고 솔선수범한다. 눈앞의 문제보다 구조에 신경 쓰는 미래지향형 인물이다. 자부심이 강하며 존경받는 지도자를 닮았다고 한다. 아이들이 랠프를 따르면 『15소년 표류기』처럼 행복한 결말을 만들 것이다.

그러나 랠프는 소년들의 본성을 모른다. 또한 결단력이 부족하기 때문에 어렵고 긴박한 상황에서 리더십을 발휘하지 못한다. 백성들이 랠프를 따르면 잠시 동안은 힘들겠지만 앞날은 점점 좋아질 것이다. 그러나 국민은 랠프의 생각을 이해하고 따를 정도로 지혜롭지 못하다. 당장 고기 주는 잭을 쫓아간다. 존경은 멀고 본능이 가깝다.

| **돼지** | 돼지는 지혜롭고 정확하게 판단하지만 실행할 능력이 없다. 좋은 아이디어를 내지만 자기 의견을 실행할 때조차 꼼짝하지 않기 때문에 잔소리만 하는 애늙은이처럼 보인다. 책으로 읽을 때는 돼지의 말이 옳게 보이지만 현실에선 돼지를 만나면 대부분 무시할 것이다. 사람들은 아무리 좋은 말을 해도 행하지 않는 사람의 말은 듣지 않는다. 돼지의 말은 듣되, 행동은 본받지 않는 게 가장 좋지만 이렇게 하기 어렵다.

돼지는 자신의 말을 실행할 수 있는 지도자를 만나야 빛을 발한다. 그러나 랠프는 그런 지도자가 아니었다. 랠프는 지도력과 결단력이 부족했다. 우물쭈물하다 기회를 놓치고 후회했다. 비슷한 사람이 있느냐 물었더니 시키기만 하는 교사, 말만 번지르르한 중개업자, 축구 볼 때 감독이라도 된 것처럼 난리 치지만 실제로는 아무것도 못 하는 아빠들이 돼지와 닮았다고 한다.

랠프가 돼지의 능력을 갖추면 좋은 지도자가 될 것이다. 그러면 지혜로우면서 함께 일하고 이끌어간다. 이런 사람으로 링컨, 만델라, 마틴 루서 킹을 꼽는다. 간송 전형필 선생도 말한다. 그러나 현실에서는 드물다고 한다. 솔선수범하는 지도자를 만나기 정말 어렵다.

여학생들도 책에서는 좋지만 현실에서는 돼지를 만나기 싫다고 한다. 아웃사이더라고 말하더니 '걔가 우리를 왕따시키는' 아이라고 한다. 늘 자기 말이 옳다며, 친구들이 자기 말을 듣지 않으면 혼자서 친구 모두를 따돌리는 친구라고 말한다. 이런 친구가 한 명씩은 있는지 모두 고개를 끄덕인다.

| **사이먼** | 사이먼은 돼지와 달리 솔선수범한다. 성실하게 일하는 좋은 태도를 갖고 있지만 어느 순간 아무도 이해하지 못하는 행동을 한다. 아

이들이 보지 못하는 것을 본다. 그럴 때는 다른 사람을 전혀 신경 쓰지 않는다. 시대를 앞서가기 때문에 외로운 선각자이다. 철학자(소크라테스), 예술가, 미래학자(엘빈 토플러, 조지 오웰, 율곡 이이), 선지자, 환상에 빠져 사는 사람, 시인 이상(李箱)과 같은 사람이라 한다.

사이먼은 권력의 두려움을 뛰어넘는 선각자이다. 잭과 랠프가 두려워서 포기했는데도 홀로 어둠 속을 기어가서 짐승의 정체를 밝혀냈다. 그러나 사이먼은 의사소통을 못한다. 두려움의 실체를 밝혀내도 아이들이 사이먼의 말을 듣지 않는다. 두려움을 이용해서 국민을 지배하는 잭에게 사이먼은 반드시 없애야 할 방해꾼이다. 그래서 사이먼이 가장 먼저 죽는다. 시대를 앞서가는 사람이 독재자에 의해 희생당하는 경우와 같다.

| **잭** | 잭은 오두막 짓기, 구조 준비, 규칙에는 관심이 없다. 자기가 대장이 된다면 평생 섬에 갇혀 산다고 해도 상관하지 않을 것이다. 봉화 불을 지키는 아이들을 멧돼지 사냥에 데려가서 지나가는 배에 구조 신호를 보낼 기회를 놓치게 만들었다. 그런데도 고기 타령하며 무마했다. 아이들이 무얼 원하는지, 권위를 언제 어떻게 사용하는지 알고 있다. 위협과 타협을 적절하게 사용해서 이익을 챙기는 독재자이다. 교묘한 술수로 경쟁자를 무너뜨리는 나쁜 기업인, 정치인, 히틀러를 닮았다고 한다.

백성은 랠프도, 돼지도 아닌 잭을 따른다. 나중에 어떻게 되든지 생각지 않고 지금 고기 먹여주는 사람을 찾는다. 독일 국민이 히틀러를 따른 것처럼 자기들에게 이익이 된다면 앞뒤 가리지 않고 환영한다. 잭 같은 독재자 곁에는 항상 로저 같은 인물이 있었다.

| **로저** | 로저는 얌전한 아이였다. 그러나 잭의 오른팔이 되면서 극도로 잔인해졌다. 행동대장이 되어 사이먼을 죽이고 돼지도 죽였다. 잭보다

더 공포를 자극한다. 권력에 붙어 국민을 잔인하게 괴롭혔다. 폭주족, 권력에 빌붙은 생각 없는 사람과 비슷하다. 아무 생각 없이 나대면서 몰려 다니는 중2 학생들도 로저와 비슷하다고 한다.

잭과 로저에 대해 이야기를 나누며 초등학교 제자가 쓴 시가 생각났다. 다 덤비면 이길 수 있지만 아이들은 잭에게 덤비지 않는다. 왕가재에게 빌붙어 다니는 가재는 로저이다.

가재
(변준호, 초6)

가재를 키운다.
양어장 거랑*에서 잡았다.
집게 없는 놈이 많다.
가장 큰 놈이 왕이다.
지 맘에 안 들면 큰 가재 집게로 집는다.
다 덤비면 이길 수 있는데……

왕가재한테 빌붙어 다니는 놈이 있다.
집게도 다 있는 놈이다.
왕보다 빌붙어 다니는 놈이 더 나쁘다.

가재 왕이랑 빌붙어 다니는 놈,
내가 잡아먹어야겠다.

* 거랑 : '개울'의 강원도 사투리

둘이 집게를 다 자르기 때문이다.

살찐 왕 맛있겠다.

　국민은 미래를 위해 지금 땀 흘리자는 랠프 같은 지도자보다 당장 고기를 주는 사람을 원한다. 사회가 안정되었다면 랠프가 지도자가 되겠지만 불안 요소가 있는 사회라면 잭이 지도자가 될 가능성이 높다. 잭은 '짐승'을 이용해서 공포심을 조장하고 고기로 유혹해서 랠프를 고립시킨다. 어리석은 지도자가 적이나 질병의 위협을 내세우고 배부르게 해준다는 사탕발림으로 국민을 우롱한 적이 얼마나 많았는가!

　나는 『파리대왕』을 읽으면서 상징성에 빠져들어 인물의 성격을 분석하는 쪽으로 방향을 잡았다. 그런데 학생들은 상징성을 자신과 친구 이야기로 바꿔 이해했다. 그래서 등장인물이 우리와 함께 살아가는 사람들의 이야기가 되었다. 상징에 대한 해석에 학생들의 적용이 더해져 풍성해졌다. 학생들도 윌리엄 골딩이 천재라며 치켜세웠다.

등장인물을 통해
국가와 권력의 흐름을 읽다

셋째 시간이다. 어떤 사람이 지도자가 되어야 하는지, 국가권력과 국민의 관계가 어떠한지 토론했다.

▶ 소라가 무엇을 상징할까?

랠프가 소라를 불어서 회합을 소집하면 아이들이 권위에 순종했다. 돼지는 랠프에게 어른이 마이크를 잡고 사람들을 이끌어가듯이 소라를 잘 활용하라 했다. 그러나 랠프는 소라를 제대로 활용하지 못했다. 잭이 서서히 세력을 형성하며 소라를 무시하자 결국 소라가 깨졌다. 그래서 그나마 어느 정도 유지되던 사회질서가 무너져버렸다.

학생들은 소라가 법과 권위, 기회를 상징한다고 말한다. 지금은 돈, 명예, 권력, 나이가 소라의 대용품으로 쓰이고 있다. 연장자는 자기가 잘못해도 "너 몇 살이야?" 하며 나이를 내세운다. 지위가 높은 사람은 "○○ 주제에 어디서?" 하고, 아이들에게 "쪼그마한 게 어디서…… 가정교육이 어땠느니……" 하며 무시한다. 6반인 학생은 어떤 교사가 반 학생들에게 "너희가 왜 마지막 반인지 알겠다." 했던 일을 꺼냈다. 그 교사는 끝 반이 공부를 못한다는 이상한 논리로 소라를 휘둘렀다.

소라를 가진 사람이 발언권을 갖는 게 정당할까? 누구나 소라를 들면 말할 수 있으므로 모두에게 기회가 공평하게 주어진 것처럼 보인다. 그러나 꼬마들은 소라를 들고 말하기는커녕 소라를 드는 것조차 두려워한다. 소라는 말 잘하는 사람, 무리를 압도할 능력을 가진 사람, 이미 권력을 쥔 사람에게 유리하다. 랠프는 가장 먼저 소라를 들었고, 돼지는 말을 잘했기 때문에 소라를 끝까지 붙들었다. 언론을 장악하는 능력을 가진 셈이다.

과연 국민은 법 앞에 평등할까? 소라가 모든 사람에게 공평하다고 하지만 약자에게는 그림의 떡이다. 학생들도 현실을 안다. 소라는 마이크를 잡을 수 있는 사람에게 유리하다. 말을 못하는 사람, 대중을 이끌지 못하는 사람은 의견을 내세울 기회를 얻지 못한다. 법을 만드는 권력자와 부자들은 자기들에게 유리하게 법을 만들고 이익을 챙긴다. 정작 법의 보호를 받아야 할 가난하고 약한 사람은 소라 근처에도 가지 못한다. 소라를 든 사람이 약자를 위해 일해야 하지만 약자를 보호하는 강자는 드물다.

그럼 소라를 쥔 사람만 말하게 하는 돼지와 랠프는 나쁠까? 한 체제가 형성되는 초기에는 좋은 취지에서 소라를 드는 사람이 더 많이 말하는 과정이 필요하다. 그러나 잠시 뒤에는 소라를 쥐지 못하는 사람, 소라를 쥐여 줘도 말하지 못하는 사람을 도와주는 방향으로 변화가 일어나야 한다. 약자를 보호하는 사회로 바뀌어야 한다. 물론 잭이 두고 보지 않는다.

우리나라는 지금까지 소라를 쥔 사람 대부분이 이익을 챙겼다. 백성들 수준이 높아져서 소라의 불평등성에 불만을 표시하면 짐승을 내세웠다. 짐승은 북한일 때도 있었고, 경제문제일 때도 있었다. 실체를 확인할 생각도 하지 않고 무서운 짐승이 산에서 내려온다, 바다에서 올라온다 하며 백성을 휘어잡았다. 또한 짐승의 실체를 밝혀내는 대신 실체를 아는 사이먼을 죽이고 제물을 바쳐 두려움을 없애려 했다.

▶ 짐승은 무엇일까?

낮에 과일 따 먹고 물장난하며 놀던 꼬마들이 밤이 되면 두려움에 떨었다. 한 아이가 무서운 짐승을 보았다고 하자 공포가 점점 심해졌다. 짐승의 실체를 밝히려고 길을 나섰지만 잭과 랠프가 자존심 싸움을 벌이다가 해가 지고 말았다. 어둠 속에서 낙하산에 매달려 바람에 흔들리는 시체가 정말 거대한 짐승처럼 보였다. 낙하산이 비바람에 날려 아이들 머리 위를 지나 바다로 사라졌을 때 아이들이 사이먼을 죽였다.

누가 짐승을 이용할까? 짐승을 어떻게 없앨까? 잭은 짐승이 주는 공포를 이용해서 아이들 마음을 사로잡았다. 제물을 바치면 짐승이 건드리지 않을 거라며 멧돼지를 잡을 때마다 창에 돼지머리를 꽂아 짐승에게 바쳤다. 제물이 주는 위로를 누리려면 돼지를 잡아야 하고, 돼지를 잡으려면 잭이 있어야 한다. 우둔한 백성은 짐승에게 제물을 바쳐 위안받는 쪽을 선택한다. 돼지머리 바치고 평안해질 거라 믿는다. 어린아이처럼 분별하지 못하는 사람이 많다면 짐승을 통해 국민을 옴짝달싹 못 하게 만드는 방식은 더 공고해진다.

한때 유럽은 흑사병, 이슬람, 이방 민족의 침입으로 두려움이 팽배했다. 지도자들은 두려움을 이용해서 마녀사냥을 했다. 권위에 도전하는 사람들을 마녀로 몰아 죽였다. 동서 냉전 시대에 지도자들은 전쟁 공포심을 자극해서 권력을 유지했다. 나쁜 지도자들은 평소에는 소라를 불어 권력을 지키려 하고, 급할 때는 짐승을 내세워 국민들을 장악했다. 이런 모순을 극복하려면 '어른'이 나타나야 한다. 플라톤이 말한 철인이 나타나면 어린아이들이 다툼을 멈추고 본연의 모습으로 돌아간다.

『파리대왕』을 토론하며 감탄했다. 랠프를 죽이려고 쫓던 잭과 무리들이 자기들 앞에 '어른'이 나타나자 모든 적의를 내려놓고 엉엉 우는 장면에 충격받았다. 위협과 타협, 살기등등한 협박, 이기심과 자존심을 내세운 전쟁은 모두 진짜 어른이 나타나면 무너진다. 정말 이런 세상이 오면 얼마나 좋을까! 우리는 언제 어른을 만날 수 있을까?

학생들이 자기만의 눈으로 『파리대왕』을 읽는 걸 보고 놀랐다. 우리 교육이 학생들을 토론의 장으로 이끈다면 학생들이 어른이 되었을 때 『파리대왕』과는 먼 세상을 만들어갈 것이다. 그러나 아직 멀었다. 우리가 살아가는 세상이 여전히 무인도에 도착한 아이들 수준인 것 같아 답답했다.

작가의 의도를 파악하고
글을 쓰다

글 쓰는 시간이다. 2년 전에 다른 학생들과 『파리대왕』을 토론할 때보다 더 깊어졌다. 그때의 경험 덕분에 더 좋은 질문을 했고 깊이 생각하도록 이끌게 되었다. 학생들이 책을 깊이 이해하고 우리 시대를 생각하는 모습이 멋졌다. 어떤 글이 나올까 기대가 되었다. 글쓰기 전에 윌리엄 골딩은 무엇을 원했는지 찾기 위해 몇 가지를 질문했다.

▶ 무엇이 가장 추잡한 행동이라고 생각하는가? 이기심에서 나온 폭력, 아둔한 마음, 권력을 향한 집착, 교묘함……. 인간의 본성 자체가 추하다. 방송과 뉴스에 추잡한 행동이 가득하다.

▶ 골딩은 무엇이 추잡하다고 생각했을까? 수천 년 이어온 문화와 전통의 현장을 단번에 파괴한 전쟁을 겪고도 또 무기를 만드는 인간의 본성이 추잡하다고 보았다.

▶ 등장인물을 생각이 적은 사람부터 많은 사람 순서로 찾아보자. 꼬마들, 로저, 잭, 쌍둥이, 랠프, 돼지, 사이먼이다.

▶ 생각이 많고 적음에 따라 어떤 결과를 맞이하는가? 생각이 많은 사이먼과 돼지는 죽었다. 랠프는 죽을 위기에 처했다. 생각이 없어 보이는 아이들은 두려움에 떨지만 죽을 위험에서는 거리가 멀었다. 생각이 단순할수록 살아남았다.

인간의 추잡한 본성은 죽이고 고통을 주는 결과를 일으킨다. 생각 없이 잭을 따르는 로저는 친구를 죽인다. 뛰어난 능력을 갖고 있지만 자기만 생각한 잭은 짐승에 대한 두려움과 고기를 향한 갈망으로 아이들을 사로잡는다. 다른 아이들보다 뛰어난 사이먼은 죽는다. 돼지도 죽고 랠프는 어른을 만나기 직전까지 쫓기며 죽을 위기에 처했다.

멋진 미래를 만들려면 현실을 정확하게 파악해야 한다. 우리가 어떤 존재이며, 무엇을 추구해야 하는지 살펴야 한다. 고기를 던져주는 잭과 구조를 위해 함께 땀을 흘리자고 요청하는 랠프 중에 누구를 지도자로 뽑는지가 우리의 미래를 결정한다. 짐승에게 제물을 바치면서 현실을 회피하면 안 된다. 사이먼의 말에 귀를 기울이고 어려움에 맞서면 세상은 점점 멋지게 변할 것이다. 골딩이 왜 『파리대왕』을 썼는지, 유토피아를 만들 거라던 인간의 본성이 왜 『파리대왕』에 재물을 바치는 짓을 하는지 생각하며 글을 썼다.

유승민
중3남

역사를 보면 항상 민주주의와 독재 전제 정치의 연속이었다. 의회 후의 크롬웰, 공화정 후의 시저, 프랑스 혁명 후의 샤를 10세. 어떤 상황이나 체제에서도 사람들은 오지 않는 이상을 꿈꾸며 지냈다. 그들은 뒤에서 불안을 터뜨리며 정작 앞에 나오지 못한 '어리석은 군중들'이다.

『파리대왕』에서도 마찬가지이다. 랠프는 모두의 의견을 존중하는 통솔자였다. 봉화를 중시하고 무엇을 해도 탈출을 염두에 두는 미래지향적 지도자이다. 반면 잭은 카리스마 있는 독재자이다. 생존을 중시하고 현재를 풍족하게 사는 걸 지향한다. 하지만 그들을 따르는 대부분의 아이들은 표면적인 사실만 보아 지도자를 추종한다.

아이들은 랠프를 위선자로 몰고 소라를 특권층의 소유물이라고 단정 지었다. 그 분위기를 틈타 잭이 새로운 체제를 만들자 잭의 의도도 모른 채 물타기 식으로 잭에게 넘어갔다. 하지만 잭 파에서도 특권을 잡은 건 몇몇 아이밖에 없다. 나머지는 또다시 뒤에서 불만을 품기 시작한다. 그러면서도 특권을 잡기 위해 악착같이 공을 세우려는 걸 보면 현대의 민중들 같다. 자신들이 나서지 못하며 정부를 비판하고 새로운 지도자가 나타나길 기다리는 어리석은 군중들 말이다.

우리가 원하는 이상은 오지 않는다. 하지만 우리가 스스로 어리석은 군중들에서 벗어나 세상을 깨우치고 다시 보면 현 세상의 모순을 조금씩 고쳐갈 수 있다. 좋은 정치가는 좋다고 하고 이기적인 정치가는 배척하며 모두 같이 현명한 사회를 이룰 때 세상은 이상에 더 가까워질 것이다.

고통을 인식하는 능력이 너의 가치를 결정한다

"행복이란 가혹한 주인이고, 특히 다른 사람들의 행복에 대해서는 더 고지식하지. 만일 아무런 회의도 품지 않고 그냥 받아들이도록 길이 들지 못했을 때는 과학이란 진실보다 훨씬 더 가혹한 주인이야." (344쪽)

생각 없이 따라갈 때의 위험성을 알려주는 책

Brave New World

멋진 신세계

올더스 헉슬리 지음, 안정효 옮김, 소담출판사, 2015

토머스 모어는 500년 전에 『유토피아』를 썼다. 유토피아는 토머스 모어가 살던 귀족 중심 사회 영국에서는 말도 안 되는 이야기였다. 신분의 구별 없이 모든 국민이 평등하게 사는 사회를 15~16세기에 상상이나 할 수 있었을까? 전 세계를 식민지로 만들려 하던 때에 사유재산이 없는 시대 이야기라니 말이 안 된다. 각자 맡은 일에 최선을 다하며 이웃의 물건을 탐내지 않는 사람들을 어디에서 찾는단 말인가! 모든 국민이 규칙과 질서를 지키며 평안하게 살아간다니 어림도 없다. 토머스 모어가 그린 세상은 책에나 나오는 이야기, 이루어질 수 없는 소망일 뿐이다.

『유토피아』를 쓰고 500년이 지났지만 우리는 여전히 불평등한 세상에서 살아간다. 탐욕은 더 커졌고 사람들은 정의에 굶주려 있다. 전쟁과 테러가 곳곳에서 벌어지고 편협한 자들이 지도자가 된다. 앞으로 500년 뒤에는 유토피아가 이루어질까? 올더스 헉슬리의 『멋진 신세계』는 연도를 포드 기원으로 계산한다. 포드 기원은 컨베이어 벨트를 이용한 대량생산 시스템을 만든 헨리 포드가 태어난 1863년일 것이다. 『멋진 신세계』에 따르면 포드 기원 141년에 일어난 9년 전쟁 때문에 세상이 바뀌고 새로운 시스템이 도입되었다. 책은 포드 기원 632년, 즉 안정의 시대인 2495년이 배경이다. 지금보다 거의 500년 뒤에 일어날 일을 80년 전에 예상해서 쓴 글이다. 『파리대왕』에 이어 『멋진 신세계』를 토론했다.

첫 시간에는 학생들이 질문하고 내가 대답하면서 책을 이해했다. 전체 내용을 얼마나 아는지 확인하려고 줄거리를 줄여 썼다. 둘째 시간에는 『멋진 신세계』에서 출생과 성장 과정, 직장, 남녀관계, 죽음이 어떻게 이루어지는지 토론했다. 셋째 시간에는 소주제(계급, 세뇌, 소마, 의심, 대가) 다섯 개를 토론하며 분석했다. 소주제들을 종합해서 『멋진 신세계』를 쓴 까닭을 함께 찾았다. 넷째 시간에 글을 썼다.

* 『멋진 신세계』를 토론하고 두 달 뒤에 경상북도 부구중학교 독서반 학생들과 토론을 해달라는 요청을 받았다. 처음 만나는 학생들과 토론하는 게 부담스럽지만 『멋진 신세계』라면 낯설어하지 않고 책에 몰입할 거라 생각했다. 토요일 오전 세 시간 동안 토론하면서 우리 독서반 학생들과 다른 관심사로 발전해갔다. 책이 살아서 학생들 마음을 휘젓는 모습을 보았다. 참가한 학생, 지도교사뿐만 아니라 내게도 뜻깊은 시간이었다. 이때 토론한 내용을 함께 소개한다.

『멋진 신세계』를
이해해 보자

어려울 거라 생각했지만 세 명만 끝까지 읽었다. 다섯 명은 절반 정도 읽다가 이해가 안 돼서 포기했고 네 명은 앞부분에서 포기했다. 책을 읽어오지 않으면 꾸중하지만 이번에는 아니다. 능력이 부족해서 못할 때의 꾸중은 달리는 말에 채찍질을 하는 게 아니라 '발을 걸어 넘어뜨리는' 짓이다. 이해하도록 도와주어야 한다.

『멋진 신세계』를 이해하려면 포드가 만든 컨베이어벨트 시스템, 기계화와 획일화가 가져온 문제, 사회 구성원을 계급화하는 문제, 아메리카 원주민들이 보호구역에 쫓겨 간 과정, 세뇌하는 방법을 알아야 한다. 그러나 학생들이 포드 시스템을 모르기 때문에 기계화, 획일화되는 사회의 문제를 토론할 수 없었다. 배경과 의미를 모르는 학생들에게 『멋진 신세계』는 연결지점이 너무 적다. 그래서 첫 시간에는 책을 이해하는 데 도움을 주는 배경을 나누었다.

영화 〈모던 타임즈〉는 컨베이어 벨트에서 단순작업을 되풀이하다 기계부품처럼 반응하는 인간의 모습을 비판한다. 『멋진 신세계』는 이런 비판을 세뇌로 해결한다. 신세계 사람들은 단순 작업을 하면서도 행복을 느끼도록 세뇌되어 기계화, 획일화, 빈부 격차에 의한 박탈감과 소외를 느끼지 못한다. 『멋진 신세계』는 정말 멋진 세상이 아니라 인간을 기계화시키는 모습을 풍자한 제목이다.

평소에 학생들이 책을 제대로 이해하지 못할 때마다 말한다. "너희가 질문하면 내가 대답한다. 너희가 질문하지 않으면 내가 질문한다. 어떻게 할래?" 했더니 학생들이 계속 질문한다. 포드가 무엇인지 묻는다. 헨리 포드가 컨베이어 벨트 시스템을 개발해서 자동차 산업에 혁신을 일으킨 사람이라고 알려줬다.

멋진 신세계를 다스리는 통제관이 '역사는 허튼수작'이라고 말하는 부분을 모르겠다고 한다.

"역사는 허튼수작이다." 통제관이 손을 저었는데, 그것은 마치 눈에 보이지 않는 깃털 총채로 약간의 먼지를 털어버리는 듯한 동작이었다. 그가 쓸어버린 먼지는 하라파였고, 칼데아의 우르였다. 그는 또한 거미줄도 조금쯤 쓸어냈으니 그가 털어낸 거미줄은 테베와 바빌론이요, 크노소스와 미케네였다. (73쪽)

하랍파는 인더스문명, 카르데아의 우르는 메소포타미아 문명의 중심 도시이다. 이어지는 내용 모두 역사의 중요한 발자취를 남긴 장소이다. 통제관은 먼지를 털어내듯이 인류 문명과 역사를 지워버려 잊게 만들었다. 멋진 신세계는 과거를 지워버리고 만든 이상한 세계이다.

한 학생이 묻는다. "소마가 마약이에요?"

소마는 신세계 사람들이 즐기는 환각제이다. 『멋진 신세계』를 토론하는 동안 학생들이 힘든 경험, 어려운 상황을 말할 때마다 소마 먹으면 해결된다고, 멋진 신세계로 가서 살자고 너스레를 떨었다. 그랬더니 책을 더 친근하게 느끼는 것 같다.

특히 3장을 어려워한다. 3장은 레니나가 대화하는 장면, 통제관이 말하는 장면이 번갈아가며 나온다. 통제관이 과거에 일어났던 일을 말하고, 레니나와 친구 페니는 지금 일어나는 일을 말한다. 두 대화가 A-B-A-B-A-B로 번갈아가며 이어진다고 하니 놀란다. 이걸 모른다는 게 더 놀랍다. 나는 재미있게 읽었는데 학생들은 왜 이렇게 썼느냐고 묻는다.

통제관이 말하는 과거에 일어났던 일이 레니나가 사는 현재 세상을 만들었다. 레니나와 페니의 대화에 나오는 인공부화·조건반사 양육소는 통제관이 말한 이야기의 결과로 나타난 현상이다. 또한 레니나와 친구는 앞으로 태어날 아기들에 대한 이야기를 하고 있다. 즉 미래에 일어날 일을 레니나와 페니의 대화를 통해 보여주고 있다. 3장은 두 가지 대화를 통해 멋진 신세계의 과거, 현재, 미래를 보여준다.

"야만인이 지금의 우리 같은 사람인가요?"라고 묻는다. 멋진 신세계에는 야만인보호구역이 있다. 멋진 신세계 시스템을 거부하는 사람들이 갇혀 사는 곳이다. 인디언 보호구역을 모델로 삼았다. 아메리카 원주민은 학살당하고 쫓겨나 보호구역에서 살게 되었다. 『내 영혼이 따뜻했던 날들』에 체로키 부족이 인디언 보호구역으로 가면서 죽어간 이야기가 나온다. 사흘에 한 번만 매장을 허락했기 때문에 그들은 부모, 자식의 시체를 안고 걸었다.

보호구역을 어둡게 표현했지만 지금의 우리와 사는 모습이 비슷하다.

기계화된 시스템을 거부하고 스스로 선택, 갈등하며 살아간다. 멋진 신세계에서 볼 수 없는 모습이다. 기계화 시스템에서 태어난 사람들 눈에 보호구역 사람들이나 우리는 동물과 다름없는 야만인이다. 백인이 아메리카 원주민을 야만인으로 생각한 것처럼 우리가 멋진 신세계에서 어떻게 보일지 이야기했다.

질문과 대답을 마친 뒤에 줄거리를 썼다. 그리고 다음 시간까지 꼭 읽으라고 말하고 끝냈다.

오민섭(중1) 과학기술이 엄청나게 발전한 미래 세계 사람들은 힘들이지 않고 편리한 삶을 즐기며 공존하고 있다. 하지만 모두 똑같은 삶을 살고 있다.

오다연(중2) 현재진행 중인 미래세계를 예견한다.

무엇이
"멋진 신세계"를 만드는가

둘째 시간에 모두 책을 다시 읽고 와서는 재미있다고 이야기했다. 새로운 느낌으로 다시 시작했다. 그래도 중1은 어려워했다. 둘째 시간에 『멋진 신세계』속 국민의 출생과정, 성장과정, 직장생활, 남녀관계, 노화와 죽음, 계급제도를 조사했다. 그리고 셋째 시간에 계급, 세뇌, 소마, 의심, 대가를 주제로 토론했다.

계급 제도, 네 자리에서 만족하라

▶ 멋진 신세계에 몇 가지 계급이 있으며, 각 계급은 어떤 특징을 갖고 있나?

· 헉슬리는 멋진 신세계의 특징으로 왜 계급을 만들었을까?

· 현대사회를 다스리는 통제관이라면 어떤 기준으로 계급을 나눌까?

· 우리가 정한 기준에 의하면 여러분 자신은 어떤 계급에 속할까?

· 우리나라는 계급사회일까? 만약 계급사회라면 기준이 무엇일까?

멋진 신세계에는 알파(최고계급), 베타, 감마, 델타, 엡실론(최하계급)이 있다. 계급은 태어나기 전에 결정된다. 부부가 결혼해서 아이를 낳아 기르는 방식은 보호구역에서나 일어나는 일이다. 멋진 신세계 사람들은 수정된 난자에 일정한 자극이나 용액을 주사해서 원하는 계급을 만들어낸다. 필요한 만큼의 아이를 복제해서 만들고 지식을 주입해서 최단시간에 길러낸다. 로봇인 것 같지만 로봇과는 다르다. 느끼고 생각하고 행동한다. 드물지만 멋진 신세계에 의문을 품는 사람도 생긴다.

신분제도는 개인의 능력을 짓눌러 발전을 막아왔다. 수많은 제2, 제3의 장영실이 안타깝게 사라졌다. 그러나 멋진 신세계에는 이런 일이 일어나지 않는다. 베타계급은 베타수준의 능력을 갖고 태어나기 때문에 결코 알파에 오르지 못한다. 엡실론은 외모와 능력 모두 허드렛일을 할 수준으로 태어난다. '수면시요법'으로 세뇌해 다른 계급과 비교하지 않으며 자리를 넘보지도 않게 만든다. 허드렛일 하는 사람은 허드렛일 하면서 행복해하고, 연구원은 연구하면서 행복해한다. 모두 자기 위치에 만족하며 더 나아지려는 의지 없이 최선을 다할 뿐이다.

헉슬리는 같은 계급이라도 남성과 여성을 다르게 묘사한다. 알파 계급 남성은 연구소에서 일하며 두뇌를 사용한다. 여성 주인공인 레니나는 알파 계급이지만 난자에 주사를 놓는 단순한 일을 한다. 버나드, 헬름홀츠, 통제관은 고민하고 토론하는 반면에 여성들은 장신구나 남자를 유혹하는 따위의 일만 생각한다. 헉슬리가 100년을 내다보고 글을 쓰는 뛰어난 능력을 갖고 있지만 남녀에 대한 생각은 당시를 벗어나지 못했다.

지금은 돈, 대학(성적), 인맥이 계급을 만들어낸다고 한다. 돈 많고, 좋은 대학 나오고, 인맥이 넓으면 부러워한다. 학생들도 계급 상승이 가져다주는 매력을 알고 있다. 상대적인 우월감을 누리고, 부러움의 대상이 된다. 그러나 계급 상승에 대한 욕구가 가져오는 폐해도 만만찮다. 자기들이 통제관이 되면 마음이 통하는지를 기준으로 계급을 나누겠다고 한다.

중학생에겐 돈이나 성적, 계급 상승보다 마음이 통하는 사람을 만나는 게 더 중요하다. 공부하라고 그렇게 외쳐대도 친구 따라 강남 가는 까닭은 마음이 통하기 때문이다. 어른들은 자녀들에게 공부를 강요함으로 계급이 나누어진 사회를 물려주려 한다. 어른들이 멋진 신세계를 만들어가는 건 아닌지 두렵기만 하다.

신분제도가 사회를 이끌어가던 시대가 있었다. 단점이 많았지만 태어날 때부터 지위와 역할이 정해져 있어서 미래를 고민하지 않아도 되므로 좋다는 학생도 있다. 초등 독서반 아이들은 대학입시로 고민하지 않아도 되고, 정해준 대로 일하며 살면 좋겠다고 말했다. 멋진 신세계처럼 미래를 미리 정해주는 구조에 대해 어떻게 생각하는지 물었다.

신분제도는 자신의 능력을 발휘하지 못해 좌절하는 사람을 만든다. 능력 없는 사람이 중요한 위치와 역할을 차지해서 악영향을 끼친다. 그러나 미래를 정해주면 좋은 점도 많다. 신분제도로 돌아가자는 뜻은 아니지만 태어날 때부터 신분과 직업이 정해져도 좋겠다고 말한다. 끝없이 공부해야 하는 현실보다는 정해진 직업을 물려받아 살아도 괜찮겠다고 한다.

물론 학생들은 육체노동이 얼마나 힘든지 모른다. 지치도록 일해도 책상에 앉아 일하는 사람보다 보상이 적었을 때의 박탈감도 모른다. 그래도 공부에 지쳐 미래를 정해주는 게 좋다는 말을 듣고 안쓰러웠다.

세뇌, 그렇다면 그런 줄 알아라

영화 〈모던 타임즈〉의 일부를 보고 기계화, 획일화된 사회에서 개인이 생산도구처럼 변한 모습에 대해 이야기했다. 찰리 채플린은 효율성과 경비절감을 위해 도입한 컨베이어벨트 시스템이 노동자를 기계처럼 바꾼 현실을 비판한다. 종일 나사를 돌리거나 구멍에 볼트를 돌리는 일을 한다면 그 사람은 돈 버는 기계로 취급받기 쉽다.

멋진 신세계 사람들은 나사 돌리고 볼트 끼우는 일을 하면서도 행복하다고 생각하도록 세뇌되었다. 태어나고 얼마 뒤에 제힘으로 일어서는 동물과 달리 사람은 오래도록 돌봄을 받아야 홀로 선다. 멋진 신세계는 이를 비효율이라 규정하고 성장 과정을 컨베이어 시스템으로 조절한다. 모든 아이는 양육시스템을 통해 포드가 절대자이고, 계급은 운명이며, 자기 계급에서 최선을 다하는 게 가장 행복하다고 세뇌당한다. 나사 돌리는 일을 할 엡실론 계급은 밤낮으로 "나사를 돌리는 일을 하면 행복하다. 나는 나사를 돌리는 사람이다."를 듣는다. 그래서 나사를 돌릴 때 진짜로 행복감을 느낀다.

멋진 신세계에서는 필요한 능력마저 주입되므로 모두 알맞은 능력을 발휘하며 상대적 박탈감도 없다. 정해진 능력으로 정해진 일을 하면서 모두 행복하게 산다. 다른 방식과 체제는 전혀 생각하지 못한다.

"야, 이거 진짜 멋진 신세계다. 이런 세상에서 살고 싶지 않냐?"

농담 삼아 말했는데 정말 그럴 수도 있겠다는 표정을 짓는다. 그래도 로봇처럼 사는 모습이 껄끄러워 선뜻 결정을 내리지 못한다.

세뇌가 우리 사회에서 효과가 있을까? 세뇌라는 말이 거북한지 별로 없을 거라는 아이가 더 많다. 한 학생이 '칭찬은 고래도 춤추게 한다'는 말을 예로 들어 효과가 있다고 한다. 다른 학생도 칭찬 들으면 기분이 좋아져서 부모가 원하는 대로 하게 된다고 대답한다. 부모가 보수나 진보 성향을 갖고 있다면 아이가 부모 성향을 따라가는지 물었다. 의견이 분분하다.

절약하자는 말을 계속 듣고 자라면 절약하는지 물었더니 그럴 거라 한다. 한 학생이 "동생이 장난감 사면서 계속 낭비하는데 엄마 말을 듣지 않아요. 어제도 물건 왕창 버렸어요." 하며 반대한다. 출발점이 다른 두 사람을 비교하면 세뇌의 효과를 비교하기 어렵다. 절약하지 않는 아이를 아무리 세뇌해도 절약하는 습관을 타고난 아이를 따라가기 어렵다. 유전의 영향과 환경의 영향을 생각할 수도 있지만 지금은 이걸 나눌 시간이 아니다. "동생이 '절약하라'는 말을 듣고 자랄 때와 듣지 않고 자랄 때 차이가 날까?" 하니 그건 난다고 한다. 출발점이 다르지만 세뇌가 개인의 행동에 영향을 준다고 인정한다.

사회 질서에 의문을 품지 않고 성실하게 일하는 국민만 모인다면 사회가 정말 안정될 것이다. 지도자의 명령에 아무도 반대하지 않고 맡은 일에 최선을 다하며 행복해한다면 이보다 좋은 사회가 있을까! 플라톤이 원한 철인정치를 실제로 이루려면 세뇌 외에는 방법이 없을 것 같다. 사회 구성원의 의견을 듣고 합의를 이끌어가는 사회에서는 불가능하다. 우리는 플라톤이 말한 철인과 거리가 먼 사람들이다.

소마, 이걸로 만족해라

주어진 계급에서 정해진 일을 하도록 세뇌되었지만 멋진 신세계 주민도 사람이다. 기쁨과 슬픔, 분노와 우울함을 느낀다. 힘들고 어려울 때, 원하는 걸 얻지 못할 때 '소마'를 먹는다.

▶ 멋진 신세계에 사는 사람들은 언제, 어떻게 소마를 이용할까?

기본으로 하루 반 알, 기분이 나쁠수록 더 먹는다. 소마는 고대 인도에서 예배 의식 때 사용한 확인되지 않은 식물이다. 베다인이 신에게 바친 식물의 즙이라고도 한다. 즙을 양털 직물로 거른 다음 물과 우유를 섞어 마시면 환각을 유발하며 원기를 돋우는 효과가 있다고 알려졌다.

▶ 소마를 만든 까닭은 무엇일까?

행복하게 하려고, 고통을 느끼지 않게 하려고, 생각을 막기 위해서라고 한다. 국민들이 생각하지 않게 하려면 눈앞에 고기를 던져주어야 한다. 그래야 사회에 의심을 품거나 불만을 갖지 않는다. 제5공화국은 정치에 대한 관심을 다른 곳으로 돌리기 위해 3S(Sex, Sports, Screen) 정책을 폈다고 한다. 이런 것들이 '소마'이다. 국민이 이 사실을 안다면 통치자의 자리가 위태롭다.

▶ 지금 우리가 소마를 사용한다면 어떤 좋은 점과 나쁜 점이 있을까?

개인은 행복함을 느끼며 사회에 불만을 품지 않는다. 사회가 안정되고 모두 만족한다. 그러나 옳고 그름을 제대로 판단하지 못한다. 지도자가 계속 나쁜 짓을 해도 분별하지 못한다.

▶ 현대사회에서 소마 역할을 하는 것이 있을까?

중독성이 있는 술, 마약, 게임, 담배를 말한다. '스트레스 풀려면 먹어야 한다'는 말과 스포츠도 소마 대용품이라고 한다. 멋진 신세계의 소마처럼 강력하진 않지만 우리도 소마를 사용하고 있다. 학생들은 소마가 지금도 나쁘게 사용된다는 사실을 알고 있다. 그래서 소마를 사용하지 않겠다고 말한다. 그래도 잔소리 들을 때나 시험 스트레스를 받을 때는 소마를 써보고 싶다고 한다.

▶ 소마를 만들어내는 사람이 있을까?

사업가들이 돈 벌려고 광고나 게임을 소마로 사용한다고 말한다. 정치가들도 국민을 속이기 위해 자극적인 소식을 소마로 사용한다. 우리 사회는 멋진 신세계가 될 요소를 많이 갖고 있다.

사회 체제를 의심하면 죽는다

멋진 신세계처럼 기계화, 획일화된 사회에서는 사람들이 의심하지 않도록 통제해야 한다. 촉감영화, 방향오르간, 장애물 골프를 즐기면서 다른 일에는 신경 쓰지 않게 한다. 골똘히 생각하고, 남들과 다르게 행동하는 것은 금기사항이다. 남들과 다르게 생각하면 위험인물로 간주한다. 소마를 의지하고 않고 책을 읽으면 섬으로 추방된다.

버나드는 장애물 골프를 좋아하지 않아서 이상한 사람으로 취급당했다. 버나드는 남들 다 하는 일을 하지 않는 독특한 사람이다. 요즘 통하는 말로 바꿔보라고 했더니 여학생은 "카톡을 안 한다던데", 남학생은 "야동을 안 본다는데"를 말한다. 대신 책 읽으며 생각에 잠겨있다면 사회 체제에 위험한 인물이 될 가능성이 높다.

헬름홀츠와 버나드는 남들과 다르게 행동했기 때문에 위험인물로 간

주되었다. "정해진 길을 따라가라. 전문적 지식으로 만족해라. 세상이 왜 이런지 궁금해하지 말고. 시키는 대로 하는 게 행복의 지름길이다." 지금도 들리는 말이다. 한 학생은 창의성을 키우라고 말하지만 실제로는 국·영·수 공부만 시키는 게 모순이라고 말한다. 남과 다른 길 가라고 말하지만 똑같은 길에서 남보다 앞서가게 한다고 화를 냈다.

멋진 신세계를 의심하는 사람, 멋진 신세계의 질서에 도전하는 사람을 4위까지 정하고 어떻게 되는지 물었다. 1위는 존이다. 존은 야만인 보호구역에서 살았다. 신세계 밖에서 살던 존의 눈에는 멋진 신세계가 전혀 멋지지 않았다. 존은 기계화, 획일화된 세상을 견디다 못해 자살한다.

2위는 헬름홀츠다. 멋진 신세계를 의심하고 자기만의 생각에 빠졌다가 섬으로 추방당한다. 3위 버나드는 알파계급이지만 혼자 지내며 생각에 몰두했다. 처음에는 헬름홀츠와 비슷했지만 보호구역에서 존을 데리고 온 뒤에는 변했다. 존을 만나려는 사람이 많아지자 주목받으면서 거만해졌다. 초대와 만찬, 여자에 빠져 생각이 바뀌었다. 존이 떠나자 버나드는 섬으로 쫓겨 간다. 4위는 논문 쓴 사람이다. 사회 체제를 의심하는 위험한 논문을 썼다는 이유로 섬(감옥)에 추방당했다.

"자신이 해야 할 일을 사랑한다는 것." 국장이 단호하게 힘주어 말했다. "그것이야말로 행복과 미덕의 비결이다. 불가피한 사회적인 숙명을 사람들이 좋아하도록 만드는 훈련, 모든 습성훈련이 목표하는 바가 바로 그것이다."(48쪽)

누가 생각 없이 주어진 일을 성실하게 하는 국민을 원할까? 로봇처럼 시키는 대로 일하며 사회에 불만을 갖지 않는 사람들이 모인 멋진 신세계를 누가 원할까? 통제관으로 대표되는 기득권층이다. 통제관이 권력을 유지하려면 국민이 사회 체제를 의심하지 말아야 한다. 국민들이 사소한 일에 빠져 사회 전반에 관심을 기울이지 말아야 한다. 그래서 멋진 신세계 국민들은 한 가지 일만 한다. 나사를 조일 줄은 알지만 차를 만들지는 못할 뿐만 아니라 어떻게 생겼는지도 모르는 셈이다.

그것은 누구나 알고 있듯이 독특한 개성이란 미덕과 행복에 이바지하지만 보편성이란 지적인 필요악이기 때문이다. 사회의 주축을 이루는 계층은 사상가들이 아니라 실톱으로 뇌문(雷紋) 세공을 하는 기술자와 우표 수집가 따위의 사람들이다.(31쪽)

통제관은 국민들이 실톱으로 무늬를 세공하고 우표를 수집하는 일만 하길 원한다. 그러면 넓게 보지 못해서 반항하지 않고 시키는 대로 일하기 때문이다. 심지어 알파 계급이라고 할지라도 자기가 맡은 일 외에는 전혀 모른다. 보편성을 갖춘 사상가들은 세상을 넓게 본다. 통제관, 헬름홀츠, 버나드는 폭 넓은 지식을 가졌기 때문에 사회 체제를 의심한다. 생산라인에서 일한 대가에 만족하며 살지 않고 사회 구조를 생각하는 전반적인 지식은 기득권층에겐 위험한 생각이다. 2차 대전 때 유대인 학살 계획을 주도한 아돌프 아이히만은 히틀러의 명령을 의심하지 않고 시키는 대로 했다. 이런 사람이 많으면 권력자가 편하게 다스린다. 그래서 통제관은 기득권을 지키기 위해 국민들이 사회 체제를 의심하지 못하게 한다.

"하지만 그것*은 안정을 위해서 우리들이 치러야 할 대가입니다. 당신은 행복 아니면 과거에 사람들이 고급 예술이라고 일컫던 것 가운데 양자택일을 해야 합니다. 우리들은 고급 예술을 희생시켰어요. 대신 우리들에게는 촉감 영화와 냄새 풍금이 있습니다."(334쪽)

독서는 편협한 생각을 깨뜨린다. 책을 읽으면 인생의 의미를 따지고 사회가 나아가야 할 방향을 생각한다. 어려움을 겪더라도 사회 체제를 바꾸려고 한다. 그들은 기득권층의 부패와 부조리를 날카롭게 바라보고 비판한다. 그래서 통제관은 국민들이 새 휴대폰, 음식, 스포츠, 여행에 몰두하게 만든다.

멋진 신세계에서는 일곱 시간 노동한다. 한때 네 시간 노동제를 시행했지만 일이 끝난 뒤에 놀 시간이 너무 많아 국민들이 노는 걸 지겨워하자 인간이 일을 하면서 살아야 한다고 인정했다. 부자 되어, 계속 먹고 놀기만 한다고 행복하지 않다. 멋진 신세계에서는 이걸 의심하면 죽는다.

대가를 치르지 않아도 된다면?

존과 멋진 신세계 주민을 비교했다. 존은 책을 읽고 부모를 소중하게 여기며 늙음에 대해 고민한다. 인생에 굴곡이 있다고 생각하며 인내의 미덕을 알기 때문에 소마를 먹지 않는다. 종교를 이해하고 믿기도 한다. 멋진 신세계 문화를 부정하고 혐오한다. 반면 멋진 신세계 주민은 책을 읽지 않고 고민도 하지 않는다. 늙음을 혐오하기 때문에 약을 먹고 젊음을 유지하다 어느 순간 갑자기 삶이 끝난다. 소마를 즐기고 고독을 멀리

* 문학 작품을 읽지 못하게 하는 것

하며 포드가 세운 체제만을 믿는다.

가장 큰 차이는 원하는 것을 누리는 태도에 있다. 존은 무언가를 누리려면 대가를 치러야 한다고 생각한다. 멋진 신세계 주민은 즐거움 자체가 목적이다. 레니나는 그저 하룻밤 상대로 존을 원했지만 존은 레니나를 위해 한 일이 없다는 이유로 거절한다. 레니나가 유혹하자 매춘부라며 쫓아낸다. 존은 사자의 가죽을 사랑의 증거로 선물하고 자격을 갖춘 뒤에 사랑을 말해야 한다고 믿는다. 자기훈련, 자기단련을 중요하게 여기며 마음이 흔들릴 때는 자신을 채찍질한다.

멋진 신세계 사람들에겐 마음을 다해 아끼고 사랑하는 대상이 없다. 원하는 상대를 물건 고르듯 바꾸고, 원하는 걸 얻지 못할 때는 소마를 먹는다. 자기조절 능력이 없기 때문에 소마를 의지한다. 순간에 만족하면 그만이므로 당연히 희생도, 노력의 대가도 없다. 까르페 디엠을 순간의 쾌락으로만 받아들인다. 현재를 즐겨라! Enjoy your life!

글쓰기를 위한
열 가지 주제

플라톤이 원한 전제정치가 왜곡되면 멋진 신세계가 된다. 권력을 장악한 사람들은 늘 자기들만의 멋진 신세계를 유지하기 위해 앞서 이야기한 다섯 가지 전략을 구사했다. 계급 나누기, 세뇌하기, 소마 먹게 하기, 의심 못 하게 하기, 쾌락만 추구하게 하기.

글쓰기 주제로 열 가지를 제시했다.

1. 멋진 신세계처럼 누군가 내 미래를 정해주는 게 좋을까? 내가 꿈을 찾아가는 게 좋을까? 서로의 장단점을 들어 논술해보자.
2. 존과 멋진 신세계 국민의 가치관을 비교하고 원하는 일이 손쉽게 이루어지는 게 좋은지, 노력해서 이루는 게 좋은지 논술해보자.
3. 우리가 모르는 사이에 우리를 세뇌하는 것들이 있다. 우리는 지금 세뇌되어 사는가? 아니면 자기 의지로 자유롭게 결정하며 사는가?
4. 우리나라가 계급사회라고 생각한다면 기준이 무엇인지, 자유민주주의 국가에서 산다고 하면서도 계급사회에 반발하지 않는 이유는 무

엇인지 논하고 해결방법을 제시해보자.

5. 지금 소마 역할을 하는 것들을 찾아 어떻게 소마 역할을 하는지 말하고, 소마옹호론과 소마반대론 중에 하나를 골라 주장해보자.

6. 전문적 지식과 전반적 지식을 갖고 살 때의 장단점을 논하고 어떤 지식을 갖고 싶은지 소개해보자.

7. 혼자만의 시간이 필요할까?

8. 헉슬리가 생각한 멋진 신세계는 실제로 이루어질까? 그때는 사람들이 어떻게 살아갈지 논리적 근거를 들어 상상해보자.

9. 까르페 디엠, 메멘토 모리, 오늘을 즐겨라. 찬성하는가? 반대하는가?

10. 『죽도록 즐기기』*에서 닐 포스트먼이 제시한 내용에 대한 자신의 생각을 적어보자.

* 『죽도록 즐기기』 닐 포스트먼 지음, 홍윤선 옮김, 굿인포메이션.

특별
수업

부구중학교
학생들과 토론하다

부구중학교 1~3학년 학생 열두 명과 독서토론을 했다. 처음 만나는 학생들과 세 시간 동안 토론하는 게 부담스럽지만 『멋진 신세계』가 멋진 시간을 만들어 주리라 믿었다. 좋은 책이 처음 만나는 어색함을 넘어서게 해줄 거라고 생각했다. 기대한 대로 우리는 세 시간이 언제 갔는지 모르도록 이야기를 나누었다. 좋은 책이 주는 매력에 흠뻑 빠졌다.

현대 소설은 고전에 비해 작가의 의도가 지나치게 드러나거나 당대에 제한된 이야기를 하는 경향이 많다. 고전은 시간이 흘러도 사회와 인간에 대해 계속 생각하게 만들고 시대를 뛰어넘어 말한다. 당시 이야기를 담고 있지만 다음 세대에게도, 당시 사람들에게도 '우리 이야기'를 보게 해준다는 걸 다시 한 번 느꼈다.

같은 발문지로 토론했지만 나누는 이야기가 많이 달랐다.

독특한 개성이란 미덕과 행복에 이바지하지만 보편성이란 지적인 필요악이기 때문이다. 사회의 주축을 이루는 계층은 사상가들이 아니라 실톱으로 뇌문(雷紋) 세공을 하는 기술자와 우표 수집가 따위의 사람들이다. (31쪽)

이 문장으로 20분 넘게 이야기를 나누었다. 우리 독서반에서는 5분만에 끝난 문장이다. 이 문장을 진로와 관련지어 이야기를 시작하면서 풍성해졌다.

전반적 지식을 갖고 전체를 보며 생각하는 사람이 누구인지, 전문 지식으로 단순한 일에 매달려 살아가는 사람이 누구인지, 서로에게 어떤 장단점이 있는지 토론했다. 각각의 인물이 우리 시대에 어떤 사람이며, 철학자와 우표 수집가가 무얼 원하는지, 우리는 어느 쪽을 선택해서 미래를 준비할지, 이런 식의 생각이 어떤 사회 구조를 만드는지 계속 토론했다. 한 학생의 생각에 다른 학생의 생각이 더해지면서 "이 문장으로 하루 내내 이야기할 수도 있겠지?" 하니 그렇다고 한다.

쟁점 중심의 토론(디베이트)을 했다면 우리 독서반과 부구중학교 학생들이 비슷한 내용을 말했을 것이다. 쟁점 토론은 다루는 주제가 명확해서 자료를 준비하고 논리적으로 근거를 제시하고 설득하면 상대를 이길 수 있다. 짧은 시간에 승패가 결정 나므로 희열이 있다. 그러나 토론을 통해 새롭게 배우는 내용은 제한되어 있다. 오히려 '저걸 준비하지 못해서, 이렇게 말하지 않아서 졌다'고 생각하기 쉽다.

나는 이야기 독서토론을 했다. 이야기 토론은 특별하게 다루는 쟁점이 없어서 자칫 '수다'가 되기 쉽다. 토론을 하고 나서 이야기는 많이 했지만 배운 것 없이 시간만 보냈다는 생각이 들 수도 있다. 그러므로 진행자가 토론 내용을 조절해서 이끌어야 한다. 우리 독서반 학생들과 토론할 때는 내 생각을 자연스럽게 말하며 토론을 진행했다. 그러나 부구중학교 학생들은 처음 만나기 때문에 내 생각을 감추었다. 학생들 의견을 다른 말로 정리하거나 더 생각할 지점으로 연결해서 질문했다.

두 번째로 계급 제도를 토론했다. 계급이동 가능성, 계급에 대한 불만 표출 가능성을 오래 나누었다. 멋진 신세계, 조선시대, 중세 유럽 모두 신분제도를 갖추었지만 자신의 능력을 얼마나 발휘할 수 있느냐에 따라 조금씩 다르다고 한다. 우리가 현대 사회를 다스리는 통제관이라면 무엇을 기준으로 계급을 정할지 물었다. 지도력, 전문성, 창의성, 인간관계 등을 말하는데 한 학생이 성적이 계급을 결정한다고 한다. 우리 독서반에서는 당연하게 생각하고 지나간 내용이다.

성적이 사람의 능력을 제대로 평가하는 도구인지, 우리나라 성적 평가의 특징이 무엇인지 장단점을 들어 이야기를 나누었다. 성적이 계급을 결정한다고 말하는 학생이 공부 못하는 학생의 능력을 무시하고 깔본다는 생각이 들었다. 생각을 고쳐주고 싶다는 마음이 솟구치지만 진행자의 자리를 지켰다. 토론 끝나고 학생이 쓴 후기를 읽고 깜짝 놀랐다.

이승원
중3남

오늘 토론하면서 내가 우리나라 사회에 세뇌되어 있다는 생각이 물씬 들었다. 처음 내가 받았던 질문인 "현대 사회를 계급으로 나누어야 한다면 무엇으로 계급을 나눌까?" 질문에 당연할지도 모르는 '성적'이라는 대답을 했다. 근거로 '시험이 그 사람의 능력을 평가하는 가장 객관적인 기준이다'라고 하였는데 혹시 내 대답이나 근거마저 내가 어릴 때 교육받으면서 세뇌된 것이 아닐까 하는 의문이 들었다.

그리고 "우리나라는 계급사회일까?"라는 질문에서는 '성공한 자와 성공하지 못한 자가 누리는 혜택이 다르다'고 대답했는데 이것마저도 성공해야 우리나라에서 어깨 펴고 살 수 있다는 말을 수없이 들었기 때문에 이렇게 대답한 것 같아 나는 세뇌된 인간이라는 것을 깨달았다. 어쩌면 이것이 우리나라

교육의 모순일지도 모르겠다는 생각도 들게 하는 수업이었다. 상당히 재미있었다.

 이야기 독서토론은 내가 미처 생각하지 못한 이야기를 듣는 데 가치가 있다. 토론을 시작할 때 "우리는 상대를 꺾는 토론이 아니라 상대의 의견을 듣는 토론을 하고 있다. 내 의견으로 글을 쓰는 게 아니라 다른 사람 생각을 듣고 글을 써야 한다."라고 말해주었다.

 이승원 학생이 토론에서는 계속 '성적'이 기준이라고 말했지만 토론 끝나고 글을 쓸 때는 생각을 바꾸었다. 이승원 학생을 평소에 알았다면 다른 태도로 대했을 테고 다른 결과가 나왔을지도 모른다. 진행자, 토론자, 분위기에 따라 예상하지 못한 이야기를 나눌 수 있다는 점이 이야기 독서토론의 매력이다.

▶ 우리나라가 계급사회일까를 물었다. 피라미드 모양으로 이루어진 사회구조를 들며 계급사회라고 하자 다른 학생이 "사회를 피라미드로 보지 말고 퍼즐로 보면 어떨까요? 퍼즐 크기는 다르지만 모두 함께 큰 그림을 완성하는 사회가 아닐까요?" 한다. 이 말을 듣고 깜짝 놀랐다. 사회를 퍼즐로 보다니! 서로 다른 퍼즐로 하나의 작품을 완성한다면 멋지겠다. 계속해서 사회 구성원의 계급론과 역할론에 대해 이야기를 나누었다.

▶ 멋진 신세계에서 사회 구성원 한 명이 죽으면 어떻게 될까? 우리 사회는 다를까? 우리 독서반에서는 묻지 않은 내용이다. 퍼즐을 듣고 토론 분위기에 맞춰 만들어낸 질문이다. 멋진 신세계에서는 자리가 비면 똑같은 다른 사람이 빈자리를 채우므로 피라미드 구조이지만 우리 사회는 같은 모양이라 해도 다른 사람이 퍼즐의 빈 곳을 채운다고 말한다. 줄곧

계급사회에 대해 이야기를 했기 때문에 '사회를 이루는 구성원을 피라미드의 벽돌로 보느냐, 퍼즐로 보느냐에 따라 달라진다. 이건 인간관의 문제이다.'라는 뜻으로 마무리했지만 계급사회 하나만으로도 역시 하루 내내 이야기를 나눌 수 있다.

▶ 계급에 대해 마지막 질문을 했다. "멋진 신세계에서는 태어날 때부터 미래에 자신이 해야 할 일을 정해준다. 미래의 직업을 누군가가 미리 정해주는 게 나을까? 자신이 결정하는 게 나을까?" 독서반에서는 7대 3으로 누군가 정해주면 좋겠다는 의견이 많았다. 신문과 방송에서도 "커서 뭐가 될 거야? 꿈이 뭐야?"라는 말이 학생들에게 스트레스를 많이 준다고 했다. 부구중학교 학생들도 당연히 같은 의견일 거라 생각했는데 2대 8로 스스로 결정하는 게 낫다고 대답했다. 스스로 결정하겠다는 의견이 워낙 확고하고 논리에 맞게 대답해서 내가 하는 독서반 학생들과 토론하면 좋겠다고 말했더니 부구중학교 학생들도 좋다고 한다.

토론을 끝내고 소감을 나누었다. 계급을 주제로 토론한 것도 좋았지만 몇 학생은 '복제'를 이야기하고 싶었다고 한다. 학생들이 주제를 정하고 질문을 만들어 토론하면 좋겠다는 생각이 들었다.

최다애
중3 여

멋진 신세계를 처음 접하고 책을 펼쳤을 때 과학 내용이 나와 쉽사리 흥미가 가지 않았고 다 읽고 나서도 별 감흥 없이 그저 그런 책이었다. 하지만 독서토론을 하면서 별 흥미 없었던 책에 흥미가 생기게 되었다. 책에서는 태어날 때부터 정해진 계급의 삶을 세뇌 당하고 소마라는 환각제를 복용해 반강제적으로 행복한 삶을 산다.

서로 토론하듯 얘기를 주고받으면서 우리나라는 계급사회일까? 라는 주제가 감명 깊게 남았다. 우리나라는 보이지 않는 계급이 있는 것 같다. 실제 일상에서도 서울의 이름난 대학에 다니는 사람에 비해 지방의 이름 없는 대학에 다니는 사람은 알게 모르게 무시받고 능력을 인정받지 못한다는 게 어쩌면 계급 사회의 모습 중 하나일지도 모른다는 생각을 했다.

또 '우리 사회는 철학자를 원할까, 우표 수집가를 원할까?'라는 주제도 기억에 남는데 왜 공부해야 하는지도 모른 채 집, 학교, 과외와 학원의 쳇바퀴를 도는 듯한 생활을 하는 우리나라의 학생들이 떠올랐다. 독서토론을 하면서 이런 많은 생각을 했지만 말로 표현해내지 못했다는 게 제일 아쉽다. 그리고 단순히 질문과 대답만 하는 것이 아니라 책에 대해 이야기 나누고 서로 토론하는 수업은 예전의 작가와의 만남과 사뭇 달라 좋았다. ⋮

인간의 사람됨을 귀하게 여기는 사회가 진짜 멋진 신세계이다. 이런 세계를 만들려면 이승원 학생처럼 자기 생각이 어디에 근거하는지 짚어 봐야 한다. 생각의 뿌리를 찾는 과정이 귀하다. 얄팍한 생각으로 유토피아를 꿈꾸는 것은 『멋진 신세계』를 만들 뿐이다. '다름'을 '틀림'으로 생각하면 해피엔딩의 『산호섬』*이 아니라 『파리대왕』이 된다.

『파리대왕』을 만들지 않기 위해, 헉슬리의 『멋진 신세계』를 무너뜨리기 위해 무얼 해야 할까? 우리 힘으로 유토피아를 이룰 거라 생각하지 않는다. 상상도 못 한 순간에 갑자기, 외부의 혁명적인 간섭으로 격변이 일어나는 게 더 쉽다고 생각한다. 그때까지 학생들이 스스로 생각하도록 도와주려 한다. 학생들이 정답 찾는 기계에서 벗어나 생각하는 인간으로 자란다면 조금이라도 유토피아에 가까워지지 않을까?

---

* 로버트 밸런타인의 『산호섬』은 세 소년이 항해 중 폭풍우를 만나 무인도 산호섬에 표류 후 고향으로 돌아가기까지의 과정을 다룬다.

아픈 기억은
나눌수록
작아진다

"기억 전달자로 선택된 조너스는 아무도 갖지 못한 기억을 간직하고 살아야 했어. 자신 외에는 존재조차 모르는 기억이기 때문에 가족과도 기억을 나누지 못했지. 자신을 이해하는 사람이 단 한 명도 없는 인생, 그것이 조너스가 가야 할 길이었어." (독서토론 수업 중 아이들과 나눈 말)

기억의 소중함을 일깨워주는 책

The Giver

기억 전달자

로이스 로리 지음, 장은수 옮김, 비룡소, 2007

경쟁이 치열해지면서 청년 실업이 증가하고 미래에 대한 불안이 짓누른다. 급격하게 변하는 세상에서 뒤처지지 않을까 두렵다. 아무리 열심히 준비해도 언제 사회의 구성원으로 당당하게 발걸음을 내디딜지 모른다. 이런 상황이 계속되면 자신감이 떨어지고 우물쭈물하게 된다. 시대의 무게에 짓눌린 세대에서 선택장애가 많아지는 게 당연하다. 그렇다면 사회가 대신 선택해주면 어떨까?

『기억 전달자』의 주인공 조너스는 선택할 필요가 없는 세상, 두려움을 없애버린 세상에서 살았다. 사회가 주입한 생각이 전부인 줄 알고 가정과 학교, 사회의 구성원으로 만족하며 살아왔다. 그러다가 열두 살이 되었을 때 기억 전달자로 선택된다. 지금까지 철저하게 통제된 상태로 살던 조너스가 모든 일을 각자 자유롭게 선택하던 시대의 이야기를 알아가면서 혼란에 빠진다.

'그때는 세상이 회색빛이 아니었다. 다양한 색깔이 온갖 감정을 일으켰다. 사랑하고 용서하고, 노래를 부르고 기뻐했다. 잘못된 선택이 일으킨 끔찍한 결과도 봐야 했다. 동물이 밀렵으로 죽어가는 모습, 전쟁에서 사람들이 고통당하는 모습에 몸서리를 쳤다.' 이런 고민과 아픔을 알고 있는 딱 한 사람, 기억 전달자가 혼자 갖고 있던 기억을 조너스에게 넘겨주고 있다. 2016년에 새롭게 독서반을 시작하고 여섯 달 뒤에 읽었다.

첫 시간엔 책을 읽은 느낌을 나눈 후 조너스가 살아가는 사회의 특징을 살펴보았다. 둘째 시간에는 학생들이 살고 싶은 사회에 대해 나누려고 열두 가지 질문을 던졌다. 셋째 시간에 기억 전달자에 대해 토론하고 저자가 왜 이 책을 썼을지 이야기했다. 마지막으로 글을 썼다.

어떤 사회인지
알아보았다

대한민국 독서토론·논술대회에 참가하려고 석 달 동안 논술을 연습한 뒤에 읽었다. 딱딱한 논술에서 벗어나 좋은가 보다. 모두 책이 재미있다고 한다. 그러나 책 내용에 동의하지는 않는다. 학생들은 책에 나오는 사회를 좋지 않게 본다. 과거의 기억을 한 사람만 갖고 있는 게 신기하지만 이상하다고 한다. 한 학생은 임무 해제를 좋게 생각하며 읽다가 실제로 임무 해제하는 장면을 보고 깜짝 놀랐다고 했다.

다른 학생은 기억 전달자에게 기억을 받은 조너스가 가족에게 자신을 사랑하느냐고 물었던 장면이 가장 기억에 남는다고 했다. 모든 사람이 똑같이 느끼고 선택하는 사회를 만들려면 감정을 객관화해야 한다. '사랑'은 이성을 거스르고 설명할 수 없는 상황을 만들기 때문에 단어 자체를 사용하지 않게 되었다. 가족이 서로 사랑하던 시절을 알게 된 조너스가 부모에게 자신을 사랑하느냐고 묻는 게 당연하다. 물론 그들만의 세상에 갇혀 살아온 조너스의 부모는 '사랑'이라는 단어를 쓴 조너스에게 단어를 잘못 사용했다며 바로잡아준다.

책을 읽은 느낌을 나눈 뒤에 조너스가 살아가는 사회의 특징을 출생, 교육방법, 진로 선택, 가정생활, 사회생활, 자연현상, 기타를 기준으로 알아보았다. 학생들이 각자 내용을 찾은 뒤에 함께 나누었다. 디스토피아는 아니지만 유토피아라고 보기에는 뭔가 꺼림칙하다.

| **출생** | 몸이 튼튼한 사람이 산모가 되어서 3년 동안 세 명을 낳고 이후에는 육체노동을 한다. 사랑도, 육체관계도 없다. 태어난 아기는 보육사가 맡아 기른다. 태어날 때 체중이 미달하거나 보육사를 힘들게 하는 아이는 임무해제 된다. 해마다 50명만 키우므로 쌍둥이가 태어나면 가벼운 아이를 임무해제 한다.

| **가정** | 아버지, 어머니, 남자아이 한 명, 여자아이 한 명이 가족을 이룬다. 위원회가 배우자와 아이를 정해주기 때문에 가정은 사회 구성의 기본단위일 뿐 혈연관계는 아니다. 아기일 때는 보육사가 기르고 세 살이 되면 가정에 입양한다. 인격을 가진 로봇이 아이를 양육하는 시스템이라고 봐도 된다. 가정은 사회를 유지하기 위한 의무를 이행하는 장소이다. 가족들은 날마다 어떻게 지냈는지 이야기하고 꿈까지도 나눈다. 비폭력대화기법을 사용하지만 부모가 자녀를 감시, 감독하는 것 같다.

| **교육** | 입양된 뒤부터 열두 살까지 교육한다. 학교에서 엄격하게 규칙을 적용하고 객관적인 언어만 사용하도록 훈련한다. 시와 음악처럼 감정을 자극하는 것은 배우지 않는다. 놀이조차 정해진 규칙대로 해야 한다. 제어할 수 없는 상황을 만나지 못하게 하며 규칙을 어기면 손바닥을 때린다.

| **진로 선택** | 열두 살이 되면 그동안 관찰한 관심사, 능력, 적성을 고려해

서 위원회 원로들이 진로를 정해준다. 공동체의 기록에 의해 적성에 맞는 일을 받기 때문에 대부분 만족한다. 위원회의 결정에 이의를 제기해도 되지만 그러면 임무해제 될 위험성도 있다.

| **사회** | 기억 전달자를 제외한 모든 사람이 만족하며 살아간다. 사회 전체가 안정을 위해 변화를 거절하고 선택조차 포기했다. 서로 감시하면서도 자신들이 감시하거나 감시당한다고 생각하지 않도록 세뇌되었다. 완벽하게 통제된 곳이다. 노인, 책, 장애인, 쌍둥이, 동물 등이 없다.

| **자연 현상** | 이 사회는 '늘 똑같음 상태(sameness)'를 추구한다. 한 치의 변화도 생기지 않게 하려고 자연현상까지 통제했다. 계절, 색깔, 언덕, 소리(새소리, 물소리)가 전혀 없다. 평평한 곳에서 늘 똑같은 날씨로 어떤 소리와 색깔도 없이 규칙에 따라 살아간다. 변화가 가져오는 위험을 피하기 위해 햇빛까지 없애버렸다.

임무해제가 살인일까, 아닐까?

첫 시간에 학생들이 가장 관심을 둔 임무해제에 대해 토론했다.

▶ 어떤 경우에 구성원이 임무해제 되는가?

이 사회는 한 해 출생아 수를 50명에 맞춘다. 몸무게가 적게 나가거나 보육사를 힘들게 하는 아기는 임무해제 된다. 쌍둥이가 태어나면 사회에 혼란을 주지 않기 위해 가벼운 아이를 임무해제 한다. 또한 일정한 나이가 된 노인들은 모두 임무해제 된다. 규칙을 세 번 어겨도 임무해제 된다. 10년 전에 기억 전달자로 선발된 아이가 스스로 임무해제를 선택한 적이 있다. 그 뒤로 기억 전달자는 임무해제를 신청하지 못하게 되었다.

▶ 사람들이 아는 임무해제와 실제 임무해제는 어떻게 다른가?

　임무해제를 당한 사람은 죽는다. 노인을 위해서는 임무해제 잔치를 해주지만 아기는 보육사가 주사로 죽인다. 산모였던 노인과 교사였던 노인의 임무해제 모습이 달라서 의아했다. 교사는 존경받으며 임무해제 되었고 산모는 그렇지 않았다. 사람들은 임무해제가 끝난 뒤에 노인들이 좋은 곳으로 간다고 생각하지만 속임수이다.

▶ 조너스의 아버지가 아기를 임무해제할 때 어떤 마음이었을까?

　자신이 돌보던 아기였지만 살인이라고 생각하지 않고 자연스럽게 주사를 놓았을 것이다.

▶ 사람들은 왜 끔찍한 임무해제를 자연스럽게 받아들일까?

　사람들이 세뇌되었기 때문에 아무도 의심하지 않는다. 변화가 일어나지 않도록 날씨까지 통제했으니 의심할 가능성이 전혀 없다.

▶ 아버지가 쌍둥이 중 하나를 임무해제한 건 살인일까 아닐까?

　세 명은 살인이라 했고 네 명은 아니라고 했다. 살인이라고 주장한 학생들은 사람을 죽였으니 살인이라고 한다. 반대 측은 살인할 동기가 없이, 사람을 죽인다는 것이 무엇인지 모른 상태에서 좋은 곳으로 보내기 위해 임무해제를 했을 뿐이라고 주장한다. 사람을 죽인 건 맞지만 시스템을 만든 위원회가 책임을 져야 한다고 주장한다.

　살인이라고 주장하는 편에서 '사회 구성원의 숫자를 유지하려고 죽였으므로 살인'이라고 반박한다. 사람의 생명을 숫자로 조절한다면 살인이라 봐야 하겠다. 생각이 세뇌된 상태에서는 사람을 죽여도 살인이 아니라고 한다면 다에시(IS의 원래 이름)가 하는 짓도 살인이 아닌 셈이 된다. 그들도 세뇌당해서, 신의 명령에 복종하는 행위로 폭탄테러를 저지른다.

반대 측에서 숫자를 조절하는 것은 위원회가 심어준 생각이라고 대답한다. 또한 다에시는 경우가 다르다고 한다. 테러희생자가 원하지 않았는데 죽였기 때문에 살인이 맞다고 한다. 이에 반해 임무해제는 아무도 살인이라 생각하지 않았으므로 살인으로 보면 안 된다고 주장한다.

▶ 새롭게 물었다. "전쟁터에서 적군을 죽이는 건 살인일까, 아닐까?" 찬성 측은 사람을 죽였으므로 살인이라 하고, 반대 측은 특수한 상황이므로 살인이 아니라고 한다.

"총살형을 집행할 때 사람을 죽였다는 부담을 줄이기 위해 한 명만 진짜 총알을 쓰고 다른 사람은 모두 가짜 총알로 쏜다. 그리고 누가 진짜 총알을 가졌는지 알려주지 않는다. 이런 경우라면 살인일까 아닐까?"

살인이다, 아니다에 대한 확신이 약해졌다. 아버지는 같은 일을 되풀이하면서 무덤덤해진 게 아니라 처음부터 자연스럽게 받아들이도록 교육받았다. 조너스의 친구인 피오나도 열두 살에 임무해제를 배우고 있다. 그러므로 이 사회에서는 임무해제가 살인이 아니라고 결론 내렸다. 그럼 우리가 살아가는 사회에서는 어떨까? 만약 임무해제 되는 사람이 좋은 곳으로 간다고 생각하고 이 행위를 했다면 어떨까?

▶ 아버지가 지금 우리 시대에 같은 행동을 했다면 처벌받아야 한다. 찬성인가, 반대인가?

생각지 않았던 안락사 문제가 튀어나왔다. 안락사가 살인인지에 대해 의견이 다르다. 식물인간을 죽이는 건 괜찮은지 묻는다. 우리나라에서는 뇌사 환자의 장기기증을 허용하지만 식물인간은 죽이지 못한다.

안락사를 허용하는 국가도 있다. 스위스에 있는 디그니타스 병원에서는 약 20년 동안 2천여 명이 안락사를 선택했다.* 낙태가 살인인지에 대해서도 묻는다. 임무해제에서 시작한 토론이 너무 넓어졌다.

"팔이 없는 사람에게 로봇 팔을 만들어주었다고 하자. 이 사람을 죽이면 살인일까?"

살인이라 한다. 로봇 다리를 가진 사람을 죽이면 어떨까 물으니 그 역시 살인이라 한다. 인공심장을 가진 사람을 죽이는 것 역시 살인이라 한다. 머리가 기계처럼 변한 기억 전달자 세계에서 사는 사람과 비슷한 예를 만들어 물었다.

"그럼 인공두뇌를 가진 사람은 어떨까? 가능한지 아닌지는 따지지 말고 머리 전체가 기계이고 몸만 사람이라면 살인이라 봐야 할까?"

살인이 아니라고 한다. 아버지가 임무해제를 한 것은 '정당한' 살인이라고 결론을 내렸다. 법으로 책임을 묻지는 못하지만 사람을 죽였으므로 살인이라고 결정했다. 뇌사에 빠진 사람은 생각하지도 느끼지도 못하므로 살인이 아니며, 식물인간은 표현하지 못할 뿐 생각하고 느끼므로 살인이다. 같은 관점에서 두뇌가 로봇이면 사람이 아니므로 살인이 아니지만 두뇌 이외의 신체가 로봇이면 살인이라고 결정했다. 낙태에 대해서는 나누지 않았다.**

---

* 디그니타스 병원은 1998년 5월 17일 스위스 취리히에 설립되었으며 외국인을 받아주는 유일한 병원이다. 조조 모예스가 쓴 『미 비포 유』에서 주인공이 이 병원에서 죽음을 선택한다.

** 몸이 겪는 일이 두뇌에 저장되며, 두뇌는 몸을 통해 반응하므로 두뇌가 사람됨을 드러내는 유일한 부분이라고 말할 수는 없다. 신체의 특정 부분이 사람됨을 대표할 수 있는가 하는 문제는 계속 토론해야 하는 주제다.

학생들과 임무해제로 이렇게 토론할 줄은 몰랐다. 우리는 임무해제가 살인이냐, 아니냐는 질문으로 인간의 존엄성이 무엇에 기반을 두는지 탐구했다. 처음에는 살인이다, 아니다에 대한 생각이 확고했던 학생들이 질문을 거듭할수록 잘 모르겠다는 견해로 바뀌었다. 기억 전달자에게 모든 짐을 지우고 늘 똑같은 상태로 살아가는 사회를 만들기로 결정한 위원회가 우리 학생들처럼 고민했다면 다른 사회를 만들어갔을 것이다.

『앵무새 죽이기』에서 에티커스 변호사는 유죄 평결을 내리려는 한 사람과 마음에 약간 동요를 느끼는 또 다른 사람 사이에는 아주 미미한 차이가 있다고 했다. 나는 학생들이 생각해보지도 않고 무조건 어떤 길을 따라가지 않기를 바랐다. 그러면 차별, 편견, 전쟁, 이기적인 선택 앞에서 약간의 동요를 느낄 테고, 단정 짓지 않고 고민을 하면 할수록 세상이 더 나아지리라 생각한다.

이런 세상에서 살면
어떨지 토론했다

　둘째 시간이다. 학생들이 어떤 세상에서 살고 싶은지 알아보기 위해
여러 질문을 했다.

▶ 사회가 통제하는 감정을 모두 찾아보자. 왜 감정을 통제할까?

　이 사회는 감정을 통제하기 위해 색깔을 없애버렸다. 사랑은 당연히 없
고 성(性) 차이도 없다. 불안, 죄책감, 절망도 없다. 유일하게 절망하는 사
람은 조너스와 기억 전달자뿐이다. 직업을 발표하는 행사에서 조너스 번
호를 부르지 않고 뛰어넘었을 때 사람들이 느낀 감정도 예상치 못한 일
에 대한 놀라움이지 두려움은 아니라고 한다. 사과도 죄책감이 아니라
기계적인 반응에 불과하다. 여기서는 안정을 위해 감정을 없애거나 약화
시켰다. 불안하게 미래를 준비하는 것보다 이곳이 낫겠다는 학생도 있다.

▶ 기억전달자는 조너스에게 '세계 전체'와 '기억전달자 자신이 있기 전
세대'를 말해주었다. 그러나 조너스는 이해하지 못했다. 현재 외에는 기
억하지 않게 만든 사람들에게 과거라니! 이 사회는 왜 현재만을 중요하

게 생각하도록 만들었을까?

『멋진 신세계』에서도 과거를 기억하지 않는다. 이 사회처럼 멋진 신세계에도 책이 없다. 역사를 알면 과거를 판단한다. 판단이 다르면 안정이 깨진다. 과거를 기억하지 못하면 일본과 싸울 일도 없고 북한에 대한 생각 차이 때문에 우리끼리 분열하지도 않는다. 옛날이 더 좋았다 아니다 하면서 싸울 필요도 없다. 현재만 생각하면 어떤 대학에 가고, 무얼 하며 살지 고민하지 않아도 된다. 그래서 늘 같은 상태를 유지하기 위해 기억을 지워버렸다.

▶ '늘 같음 상태'란 무엇인가? 왜 '늘 같음 상태'를 유지하려고 할까?

변화는 예상치 못한 결과를 일으킨다. 결과를 통제하려면 힘들여 노력해야 한다. 이런 노력은 안정을 깨뜨리며 비효율적이다. 사람들은 규칙적인 생활을 할 때 안정감을 느낀다. 자폐아도 늘 따르던 규칙 안에서는 편안해한다. 변화를 없애면 모든 문제가 해결된다. 그래서 이 사회는 자폐아를 비롯한 장애인까지 죽이고 안정을 추구했다.

▶ 기억전달자의 마을 사람들은 색깔을 보지 못한다. 조너스가 색깔을 조금씩 보기 시작하면서 색깔 없이 사는 건 잘못된 일이라고 한다. 옷 색깔을 고르고 싶은 마음은 선택의 욕구이다. 선택은 정말 중요할까?

대학교에서 과를 잘못 선택하거나 결혼 상대를 잘못 선택하면 어떤 일이 일어나는지를 통해 선택의 중요성을 알아보았다. 학생들은 선택이 중요하기 때문에 더욱 선택하기 어렵다고 한다. 이런 어려움을 피하기 위해 이 사회는 감정, 생각의 수준(과거, 미래), 변화가 주는 두려움, 선택이 가져올 위험성까지 조절했다.

▶ 색깔을 선택하면 좋겠다는 조너스의 말에 기억전달자는 잘못 선택했

을 때의 위험성을 지적한다. 조너스는 사람들이 배우자를 스스로 선택하면, 혹시 잘못 선택한다면 어떻게 되는지 묻다가 사람들이 직위를 스스로 선택하면 어떻게 되는지 고민한다. 직위는 마을을 안정되게 유지하는 핵심조건이다. 조너스의 소망대로 사람들이 스스로 선택하면 어떻게 될까?

일제강점기에서 벗어나 광복을 맞이하자 국민들은 갑자기 찾아온 자유를 방종으로 받아들였다. 다른 사람에게 피해를 주고도 자유라고 외쳤다. 스스로 선택하지 않던 사람들에게 갑자기 자유가 주어지면 혼란에 빠진다. 그러나 시간이 지날수록 혼란을 이겨내고 발전할 것이다. 우리나라를 비롯한 여러 나라가 혼란에서 안정으로 나아가고 있다. 이 과정에서 많은 사람이 고통당하겠지만 그만한 가치가 있다.

▶ 조너스가 사는 사회의 장점과 단점을 찾아보자.

장점 고민하지 않아도 된다. 자기 적성에 맞는 일을 위원회가 찾아줘서 좋다. 이웃끼리 친하고 서로 불편을 끼치지 않는다. 죽음에 대한 공포가 없다. 아픔과 고통이 없다. 돌발 상황이 없어서 두려움이 없다. 사회가 안정되어 있다. 규칙만 잘 지키면 미래가 평안하다. 사회악이 없다. 빈부격차도 없다. 학생들은 동물이 없으니 모기도 없다며 좋아했다. 요리를 하지 않아도 되므로 주부들이 좋아하겠다.

단점 감정표현이 없다. 사랑과 두근거림, 기쁨과 슬픔이 없으므로 재미가 없다. 자연을 즐기지 못한다. 선택의 자유가 없다. 개성과 인격이 없다. 예술이 없다. 동물이 없다.

▶ 이런 사회를 만들기 위해 무엇을 포기했을까?

감정, 사고능력, 변화, 선택의 자유, 갈등상황, 생명을 존중하는 태도.

▶ 무엇을 위해 이것들을 포기했을까? 포기할 가치가 있었을까?

그들은 두려움과 실패 없이 평안하게 안정을 누리길 원했다. 처음 읽었을 때는 이런 선택이 이상하다고 생각했지만 토론하면서 이런 사회도 괜찮겠다고 생각했다. 앞날에 대한 두려움과 불안정에 흔들리는 학생들의 고민을 해결해주기 때문이다. 선택과 고민을 피하기 때문에 그들이 포기한 대가를 치를 가치가 있었느냐에 대해서는 찬성과 반대로 의견이 나뉘었다.

▶ 우리 사회도 무언가를 위해 포기하라는 게 있을까?

미래를 위해 현재 누려야 할 여가, 친구, 놀이 등을 포기한다고 대답했다. 그러나 학생들이 잘 토론하지 못했다. 3포 세대, 5포 세대 같은 말을 나누면 좋겠지만 억지로 밀어붙이면 안 되겠기에 그만두었다. (그런데 셋째 시간에 다시 토론할 기회가 생겼다.)

▶ 선택에 대해 고민하면서 조너스는 마을 사람들, 특히 친구들이 늘 똑같은 일상에 만족하며 산다는 사실에 분노를 느꼈다. 자신은 알고 있다고 해도 누구 하나 변화시키지 못해서 더 화가 났다. 너희라면 화가 났을까? 어떤 감정이 들었을까?

아이들 자신들은 어떤지 물었다. 학생들이 다니는 세 학교 중에서 두 곳은 활력이 넘친다고 대답했다. 시골 학생들이라 친구들과 이야기하고, 뛰어다니며 즐겁게 지낸다고 했다. 한 학교 학생들만 스마트폰 들여다보느라 활력이 없다고 했다. 그나마 다행이다. 도시 학생들은 어떤 대답을 할지 궁금하다.

▶ 어떤 세상에서 살고 싶은지 물었다. 3분의 1은 이런 사회에서 살고 싶다고 했고 3분의 2는 싫다고 했다.

한 사람에게 고통을
다 맡기는 게 옳을까?

셋째 시간이다. '기억 전달자'에 대해 토론했다.

기억 전달자는 왜 필요한가, 무슨 일을 하는가?

기억 전달자 외의 사람들은 기억을 포기했기 때문에 당장은 만족스럽지만 낯선 상황에는 전혀 대응하지 못한다. 한 번도 스스로 선택한 적이 없기 때문에 비행기가 경로를 이탈해서 마을 상공을 지날 때 격추해야 하는지 고민할 정도이다. 기억 전달자가 사소한 일로 인해 전쟁이 났던 일을 기억해서 그냥 두라고 하지 않았다면 혼란을 초래했을 것이다.

학생들에게 선택을 잘하는지 물었다. 여덟 명 중에 다섯 명이 자신을 선택장애라고 생각했다. 이쪽을 선택하면 저쪽이 나아 보이고, 저쪽을 선택하면 이쪽이 나아 보여서 선택한 뒤에도 힘들다고 한다. 청소년이 욕심을 부리는 게 나쁘다고 말할 수는 없다. 더 잘하고 싶고, 잘되는 길로 가고 싶어 하는 게 정상이다. 그러나 나는 학생들이 결과를 책임지지 않으려는 두려움 때문에 선택을 못 한다고 생각한다.

"너희들보다 내가 선택을 잘하겠지? 그럼 내가 너희들 대신 선택해줄 게. 내가 알려주는 대로 해볼래?"

반대하는 사람이 없기에 이렇게 말했다.

"공부해라. 대학에 들어가기 위해서가 아니라 너희 자신을 위해 공부 해라. 어때? 내가 이렇게 시킨다고 실행할 수 있을까?"

책을 읽으며 자신이 하고 싶은 공부를 하겠다는 학생이 둘 있다. 다른 학생들은 무얼 좋아하는지 모르며, 미래가 불안하기 때문에 어쩔 수 없 이 공부한다고 한다.

이 사람들이 자동시스템을 만든 까닭이 뭘까? 왜 스스로 결정하고 행 하지 않을까? 선택을 잘못해서 생기는 문제를 처리하기 싫기도 하지만 가장 좋은 선택을 알려줘도 행하지 못한다. 즐겁게 행하려면 자동화해 야 한다. 그래서 기억 전달자를 제외하고 모두 중요한 선택을 못 하게 만들어버렸다. 안정을 위해 인간다움을 포기했다.

▶ 기억 보유자에게 필요한 다섯 가지 능력은 무엇인가?

지능, 정직함, 용기, 지혜, 사물 너머를 볼 수 있는 능력이다. 평소에 지 능, 용기, 정직이 중요하다는 말은 듣지만 사물 너머를 보는 능력은 낯 설다. 이미 알려진 것을 많이 아는 지능의 중요성은 자주 듣지만 지혜에 대해서는 거의 듣지 못한다. 낯선 상황에 대처하는 능력인 지혜는 기억 보유자에게 꼭 필요하다. 배운다고 생기는 게 아니다.

▶ 기억 보유자의 규칙은 기억 보유자가 어떤 사람이라는 것을 보여주 는가?

기억 보유자는 거짓말을 해도 되고 예의를 지키지 않아도 된다. 사람들이 이해하지 못하는 고통을 안고, 그들이 해결하지 못하는 문제를 해결해야 하기 때문에 일상의 규칙을 뛰어넘는다. 그는 똑같은 상황을 다르게 본다. 사람들이 이해하지 못하는 고민을 안고 살아간다. 기억 보유자는 사람들이 모르는 문제로 혼자 씨름한다. 그래서 외롭게 살아간다.

▶ 기억 전달자가 가장 힘들어한 일은 무엇일까?

기억 전달자는 외롭다. 가족과도 고민을 나누지 못한다. 모든 사람이 고통을 약으로 없애지만 조너스는 홀로 견뎌야 한다. 아무도 모르는 고통을 혼자만 느낀다면 얼마나 힘들까! 우리가 사는 사회에서 고통스러운 짐을 혼자 지는 사람이 누구인지 물었다. 아버지라고 한다. 대한민국 아버지들의 외로움이 자녀들에게도 느껴지나 보다. 왕따를 당하는 아이도 같은 처지라 힘들겠다.

▶ 기억을 전달받으면서 조너스는 한 사람이 기억을 다 갖는 것보다 모두가 조금씩 기억을 나누어 가지면 어떨까 생각한다. "한두 사람이 모든 짐을 지기보다 여러 사람이 나누면 낫다는 논리에 동의하는가?"

학생들은 한 사람에게 고통을 맡기는 건 옳지 않다고 한다. 물론 마을을 책임지는 역할을 맡았기 때문에 맡겨진 책임은 다해야 하지만 한 사람에게 모든 기억을 맡기는 시스템은 잘못이라고 말한다.

▶ 한 사람에게 모든 기억을 다 맡기는 것이 위험하지 않은가?

당연히 위험하다. 한 사람이 지기엔 너무 큰 짐이라 위험하다. 또한 한 사람이 마음을 바꾸면 마을 전체를 무너뜨린다. 조너스가 마을의 시스템을 무너뜨리는 결정을 해도 아무도 모른다. 만약 가브리엘이 없었다면 조너스 혼자 지던 짐을 어떻게 해결했을지 궁금하다.

▶ 우리 시대 사람들을 당황하게 만들 규칙을 정하면 어떨까? 공부하지 않아도 된다거나 시험을 치지 말라는 규칙이 있다면 어떨까?

대부분 내키는 대로 행동하기 때문에 사회에 혼란이 올 거라 대답한다. 이 세계만큼은 아니지만 우리가 살아가는 세상에도 사회가 만든 규칙이 있다. 우리는 모두 사회가 정한 규칙에 따라 살아간다. 우리를 행복하게 해주는 규칙도 있지만 기억 전달자가 살아가는 세상처럼 감히 깨뜨리려 하지 않는 규칙, 그래서 반드시 깨뜨려야 할 규칙도 있다.

우리나라에서는 모든 학생이 똑같은 공부를 해야 한다. 공부는 희망을 만들어 준다. 그러나 경쟁에서 이기는 것이 공부의 목적이 되기 때문에 학생들이 희망을 만들어가지 못하고 있다. 책을 읽고 토론하는 학생들도 공부 얘기가 나오자 표정이 어두워진다. 스스로 선택하지 못하고 사회가 만들어놓은 질서에 발목이 잡혀 억지로 따라가는 학생들이 참 안됐다.

로이스 로리는 우리 사회에 무엇을 말하려고 했을까?

이 사회에서 누리는 행복이 만들어진 행복이라는 점은 인정한다. 그러나 우리가 살아가는 사회가 워낙 불안과 두려움을 주기 때문에 이런 사회가 부럽다고 한다. 우리는 자유롭게 선택할 수 있는 사회에 살지만 실제로는 사회의 통념을 뛰어넘기 어렵다. 학생들은 어쩔 수 없는 현실에서 작은 희망을 바라보며 공부한다. 학생들이 지금은 이런 사회를 원하지 않지만 지나친 경쟁, 불안한 미래, 빈부 격차와 같은 사회 문제가 계속된다면 이런 사회를 만들자는 요구에 마음이 기울 것 같다.

글을 쓰기 위해 책 내용을 한 문장으로 썼다.

권민하(중3)　과거를 알면 더 나은 선택을 한다는 것을 알려주는 책이다.

변중현(중3)　같음을 추구하는 사회와 다름을 추구하는 조너스의 이야기이
다.

유어진(중2)　늘 같은 모습으로 살아가는 세상에서 벗어나라는 이야기다.

권서진(중2)　흔들리는 나무가 불안해서 기계로 된 나무를 만든 세계의 이
야기이다.

논제에 대한
글을 쓰다

넷째 시간에 학생들과 함께 독서감상문 쓰기에 좋은 주제를 찾았다. '선택, 고통(나눌까, 혼자 질까?), 우리와 이 사회를 비교하고 시사점 찾기, 우리 사회의 기억 전달자(또는 통제자)'로 정했다. 논술 주제는 내가 제시했다. 첫째, 임무해제는 살인이다. (찬반) 둘째, 우리 사회가 이 사회보다 낫다. (찬반) 셋째, 조너슨이 고통을 혼자 간직하는 게 낫다. (찬반) 넷째, 이 사회가 우리에게 주는 시사점을 쓰자.

이승민
중2남

나는 '선택'이 어렵고, 두렵다. 선택해야 할 것이 너무 많고 선택의 결과에 따라 불이익과 손해를 당할 수 있기 때문에 더 힘든 것 같다. 초등학교, 중학교, 고등학교 학년을 불문하고 복잡한 입시제도 속에서 자신에게 조금이라도 더 유리한 선택을 하려고 고군분투하며 스트레스 받고 고민하는 모습이 정말 착잡하게 느껴진다.

가끔 나는 혼자만의 상상을 한다. 대부분 내가 꿈꾸고 살아보고 싶은 세상을 상상하는데 놀랍게도 조너스가 사는 사회와 거의 일치했다. 선택해야 하고 고민할 게 많은 사회에서 사는 나에게는 조너스의 선택 없는 사회가 좋고 편안해 보였다.

내가 사는 사회는 자신의 진로뿐만 아니라 수많은 선택을 해야 한다. 하지만 조너스의 사회는 다르다. 진로도 열두 살이 되면 위원회가 적성에 맞게 합리적으로 선택해준다. 이 점이 정말 마음에 들었다. 한참 진로 고민이 깊을 시기인 중2인 내가 비참하게 느껴질 정도로 말이다. 수많은 직업이 있지만 결국 자신의 적성은 포기하고 자신의 대학에 맞춰서, 스펙에 맞추면서 직업을 가져야 한다는 게 곧 다가올 나의 미래 같아 한편으로는 두려웠다. 자신의 적성을 포기하면서까지 직업을 선택하고, 늘 바쁘고 빠르게 돌아가는 이 사회에서 치이며 살아가야 하는 현실이 너무 냉혹한 것 같다.

또 하나 내가 조너스의 사회에서 부러웠던 점은 모두가 같은 학교에서 동등한 교육을 받는다는 것이다. 그 말인즉 모두가 똑같은 출발선에서 똑같은 엔진을 달고 달리는데 오직 자신의 실력만으로 엔진을 효율성 있게 사용해 경쟁한다는 것이다. 우리 사회는 부모의 소득과 가정형편에 따라 출발선이 다르며 엔진도 제각각이다. 형편이 좋지 않은 아이들은 똑같이 학교 수업을 받지만 그저 '사교육'이란 기름을 넣을 수 없어 실력이 있어도 발휘하기 힘들게 되면서 좁은 선택의 폭에서 아등바등 살아가게 된다. 반면, 형편이 좋은 아이들은 앞선 출발선에서 고급엔진을 달고 '사교육'이란 좋은 기름을 듬뿍 넣으며 잘 닦아놓은 길로 달려가며 자신에게 주어진 넓은 선택의 폭에서 선택하게 된다. 난 이런 현실이 정말 불평등하다고 생각한다. 더 이상 개천에서 용이 날 수 없게 만든 이 현실도 너무 싫다.

그러나 우리는 이 현실에서 살아가야 한다. 또 우리 사회는 이미 경쟁과 복잡한 입시제도, 지나친 사교육으로 물들어 있다. 이렇게 진하게 물들어 있는 사회를 단번에 바꿀 수는 없다. '티끌 모아 태산'이라는 말이 있듯이 한 회색 신사가 모모처럼 바뀐다면 눈에는 보이지 않지만 우리 사회가 1도씩 바뀔 수 있다. 이러한 작은 변화들이 모여 큰 변화와 혁신을 만들어내는 원동력이 된다. 혹시 바쁘고 시간이 없다고 생각되면 더 시간을 아껴야 한다는 고정관념에서 벗어나 모모처럼 여유를 가져보는 것이 어떨까? 이러한 작은 변화의 씨앗들이 모여 무미건조한 우리 사회에 한 줄기 단비가 될 수 있다.

제4부

쟁점을 내세워
어려운 책을
이해하다

파우스트는 무대에 올리기 위한 극본으로 쓰였다. 12,111행이나 되는 데다 시극(시로 쓰인 극본)이어서 읽기 힘들다. 널리 알려졌듯이, 파우스트가 유혹에 넘어가 영혼을 파는 내용은 일부분이다. 영혼을 판 뒤에 계속 얼토당토않은 인물이 나와서 이해 못할 이야기를 늘어놓고 사라진다. 더구나 메피스토펠레스(이하 메피스토)는 파우스트를 위해 노예처럼 일하고도 파우스트의 영혼을 차지하지 못한다. 읽기 힘들고, 읽어도 무엇을 말하는지 알기 어려운 책이다.

파우스트는 뛰어난 학자이다. 평생 진리를 탐구하며 철학, 의학, 신학까지 열성을 다하여 속속들이 연구했다. 당대 주요 학문을 다 공부했지만 '아무것도 알 수 없다는 것을 알았을 뿐'이라고 고백한다. 지혜의 왕 솔로몬이 "헛되고 헛되며 헛되고 헛되니 모든 것이 헛되다."(『전도서』 1장 2절)라고 말한 것처럼 기쁨을 잃고 한탄한다. 결국 파우스트는 독배를 마시고 자살하려 한다.

나는 파우스트에게 공감한다. 책을 아무리 읽어도 우주의 기원, 신의 존재, 다른 생명체의 존재, 죽음 이후의 삶에 대한 질문이 끊이지 않는다. 그러나 청소년들은 파우스트의 고민을 이해하지 못한다. 책에 푹 빠져 진리를 추구하다 벽에 부딪힌 대학자의 고민을 앞만 바라보고 나아가는 학생들이 이해할 리 없다. 파우스트가 욕망에 빠져 악마의 유혹에 넘어가는 이야기라면 읽기 쉬울 것이다.

『파우스트』는 괴테의 최고 작품으로 찬사를 받으며 여러 영화와 뮤지컬로 제작되었다. 그러나 원작을 이해하기 어렵기 때문에 출판사에서 내용을 쉽고 간단하게 줄여 책을 낸다. '고전명작, 논술대비, 창의성' 등의 광고용 문구를 넣어 판매하기도 한다. 그러나 아무리 좋은 이름을 갖다 붙여도 줄거리를 요약한 책은 맛을 잃은 음식과 같다. 요약한 줄거리로는 『파우스트』를 고전이 되게 한 가치를 담아내지 못한다.

괴테는 그리스·로마 신화, 18~19세기 유럽 문학의 흐름, 성경 이야기를 아는 독자를 대상으로 내용을 상징화해서 『파우스트』에 담았다. 그래서 낱말과 사건을 해설한 부록을 계속 살펴보면서 읽어야 이해할 수 있다. 그렇다고 문학책을 문제집 풀듯 읽으면 재미가 없고 지겹다. 독서반 학생들이 고전을 읽고 싶다고 해서 골랐지만 이해하지 못할 거라 생각했다. 600쪽이 넘으니 정말 지루하겠다.

학생들이 『파우스트』를 이야기하기에는 삶의 경험이 적고 시대와 환경이 너무 다르다. 책이 들려주는 이야기를 따라가다 보면 아무것도 이해하지 못하고 방황할 것 같다. 그래서 책을 이해하기 위해 논제를 정하고 교차쟁점 토론을 했다. 논제에 따라 책 내용을 분석하고 찬반토론을 준비하면서 자연스럽게 책 내용을 이해하리라 생각했다.

찬성 측은 남학생 세 명, 여학생 세 명이다. 중1이 한 명, 중2가 한 명, 중3이 네 명이며, 두 명은 말이 없고 네 명은 토론에 적극적으로 참여한다. 여섯 명이 각자 발제문을 쓴 뒤에 함께 정리하고 발제자를 세 명 정했다. 반대 측은 말하기 좋아하는 남학생들로 고1이 한 명, 중3이 두 명, 중2가 한 명이다. 처음부터 함께 의견을 나누며 논리를 만들어갔다. 독서반 3년째 3월에 토론했다.

고전은 내 이야기로
느껴질 때까지
읽어야 한다

"인간은 노력하는 동안엔 방황하는 법이니까." (317행)

찬반토론으로 즐겁게 읽은 책

F a u s t

파우스트

요한 볼프강 폰 괴테 지음, 장희창 옮김, 을유문화사, 2015

학생들이 읽기 어려워할 거라 예상했다. 일곱 명이 읽지 못했고, 끝까지 읽은 세 명도 중간 이후부터는 그냥 글자만 읽었다고 한다. 억지로라도 끝까지 읽은 세 명이 대단하다.

보통 한 책을 4주 토론하지만 이번에는 한 주를 더 늘려 5주 차에 찬반토론 과정을 되짚어보는 시간을 가졌다. 이때 발제문, 반론, 재반론에 피드백을 해주었다. 독서감상문과 독서논술은 글의 성격이 다르므로 피드백도 다르게 해주어야 한다. 독서감상문은 열린 질문을 한다. 생각이 사방으로 펼쳐가도록 격려한다. 독서논술은 상대방을 설득해야 하므로 다양한 생각을 듣기보다는 목표를 정확하게 찌르는 훈련을 시킨다는 느낌으로 피드백을 한다. 생각과 글에 어색함이 있다면 날카롭게 찔러서 고쳐야 한다.

첫째 시간에 파우스트가 한 일을 함께 찾아가며 줄거리를 요약해주고 다시 읽어오라 했다. 둘째 시간에 파우스트와 메피스토를 비교했다. 셋째 시간에는 팀을 나누어 발제문을 썼다. 서먹서먹한 분위기도 잠시, 점점 토론이 활발해진다. 줄거리를 이해하고 등장인물의 성격을 파악할 때는 학생들이 계속 질문했다. 학생들이 대답을 주고받으며 의논할 때 나는 침묵했다. 스스로 고민하고 토론하게 하려면 교사가 입을 다물 때를 알아야 한다. 교사가 말하려는 유혹을 이겨내면 학생들이 예상치 못한 배움의 공간에 들어간다. 넷째 시간에는 최종준비를 하고 토론대회를 했다. 교차쟁점으로 토론하려면 충분히 준비해야 한다. 주장을 검토하고 상대방이 펼칠 논리를 예상해서 반론도 준비해야 한다. 며칠씩 준비해도 부족한데 어려운 『파우스트』를 90분밖에 나누지 않았으니 논리에 허점이 많다. 그래서 학생들이 시간을 더 달라고 아우성을 쳤다. 한 시간을 더 주었다.

코드를 스캔하면 『서양의 고전을 읽는다』(휴머니스트)의 저자 김주연 교수가 '세상 속 갈등과 구원'이라는 측면에서 작품 『파우스트』를 해설한 글을 만날 수 있습니다.

교차쟁점 찬반토론
유혹이 성장에 도움이 될까?

3주 동안 준비한 것들을 바탕으로 넷째 시간에 교차쟁점 찬반토론을 진행했다. 토론 순서는 다음과 같다. 발제, 반론, 재반론 모두 2분씩이다.

논제 : 메피스토의 유혹은 파우스트의 성장에 도움이 된다.

1. 반대 발제자 1 주장 - 찬성 측 반론 - 반대 발제자 1 재반론

2. 찬성 발제자 1 주장 - 반대 측 반론 - 찬성 발제자 1 재반론

3. 반대 발제자 2 주장 - 찬성 측 반론 - 반대 발제자 2 재반론

4. 찬성 발제자 2 주장 - 반대 측 반론 - 찬성 발제자 2 재반론

5. 2분간 작전회의 (마지막 발표를 위한 의견 정리 시간)

6. 찬성 최종변론 – 반대 최종변론 (반론과 재반론 없음)

반대 측 제1 발제

발제자 1
중3 남

모든 학문이 무력하다고 느끼고, 천지의 비밀을 풀지 못한 파우스트는 독배를 마시고 자살하려 하지만 부활제를 축하하는 합창 소리에 어릴 때를 회상하며 독배를 놓는다. 그 후에 파우스트는 메피스토와 계약을 맺는다. 메피스토가 원하는 것을 이루어주는 조건으로 파우스트가 죽은 뒤에 영혼을 메피스토에게 넘기겠다고 했다.

『파우스트』에서 메피스토가 하는 거의 모든 일은 파우스트에게 조건이 따랐다. 파우스트는 메피스토에게 영혼을 바친다는 조건으로 메피스토를 노예로 만들었다. 파우스트는 뒷일보다는 지금 삶의 재미를 보기 위해 유혹에 빠져든 것이다. 예를 들어 메피스토가 노부부를 죽였을 때 파우스트는 죄책감을 많이 느끼기도 했다. 현실도 마찬가지다. 유혹에만 의지하면 결국 많은 조건이 따르게 된다. 작게는 조금 다치는 것에서 크게는 죽음으로까지 이어질 수 있다. 자신의 본분에서 벗어나 막 놀게 되면 혼나거나 다른 사람들이 이상하게 보는 등 결말이 따르는 것처럼 말이다.

유혹은 이성을 방해한다. 파우스트는 메피스토가 뒤를 봐주고 있다는 이유로 평소라면 하지 않았을 짓을 한다. 그레첸의 엄마에게 수면제를 먹이라고 하거나 그레첸의 오빠를 죽이는 등 이성을 잃어버리는 짓을 하게 된다. 현실에서도 역시 유혹에 빠져 나쁜 길에 발을 디디면 날라리가 되는 것처럼 파우스트도 그렇게 된 것이다. 따라서 유혹은 성장에 도움이 되지 않는다.

1문단은 줄거리를 적었다. 논증할 때 책 내용을 요약하면 이해하기 쉽고 생각을 명확하게 전할 수 있다. 그러나 1문단은 논증과 동떨어진 요약이다. 유혹이 성장에 도움을 준다는 방향으로 내용을 요약하지 않고 그냥 요약만 했다. 독서감상문 역시 줄거리를 써도 되지만 아무 이유 없이 그냥 줄거리를 쓸 필요는 없다. 발제자에게 왜 요약을 썼는지 물었더니 할 말이 없어서 시간 늘이기 용도로 줄거리를 썼다고 대답했다.

2문단에서는 "메피스토가 하는 거의 모든 일은 파우스트에게 조건이 따랐다."라는 말이 무슨 뜻인지 명확하지 않다. 같은 팀의 다른 학생이 '메피스토가 어떤 일을 이루기 위해 나설 때마다 파우스트가 손해를 보았다.'는 뜻이라고 한다. 파우스트가 대가를 치러야 했다는 말이냐고 하니 그렇다고 한다. 그래서 '파우스트는 메피스토가 어떤 일을 대신 이루어줄 때마다 자신도 대가를 치러야 했다. 그렇다면 유혹이 성장에 도움이 되지 않는다.'와 같이 써야 한다고 알려주었다.

파우스트가 자신도 모르는 사이에 대가를 치러야 했다는 논리를 내세웠으면 예를 들어 증명해야 한다. 죄책감을 예로 들었지만 죄책감이 왜 파우스트가 치르는 대가인지 설명하지 않아서 뜬금없는 이야기로 들린다. 죄책감은 불안한 마음, 뉘우치는 마음이 드러난 것이므로 유혹에 대한 대가로 볼 수 있다. 그렇다면 상대방이 공감하도록 더 설득해야 한다.

3문단에 쓴 "유혹이 이성을 방해한다."라는 말에 동의하지만, 표현이 애매하다. 주장이 정확하게 전해지도록 자세하게 밝혀 써야 한다. 유혹에 빠지면 '합리적으로 선택하지 못하고 절제력을 잃는다. 지나치게 용기를 내서 방종하기도 한다. 능력에 맞지 않는 일에 손을 대게 만들고 허황한 일에 매달려 중요한 일을 놓치게 만든다.'처럼 써야 한다.

그레첸의 예가 적절하지만 파우스트가 제대로 선택하지 못한 다른 일을 더 소개하면 설득력이 높아진다. 날라리의 어떤 점이 나쁜지 밝혀야 하며, '날라리' 대신 토론에 알맞은 다른 표현을 쓰면 좋겠다.

토론하기 전에는 양측 모두 발제, 상대방 주장 파악, 예상 질문과 대답까지 자기편이 이길 정도로 준비했다고 생각한다. 그래서 의기양양하게 대결에 임하지만 실제로 토론하면 달라진다. 자기가 쓴 글을 읽으면서 얼마나 말이 안 되는지 깨닫고는 당황한다. 생각을 제대로 전달하지 못해 허둥대고, 자기가 무슨 말을 하는지 모르면서 말하고 있다는 걸 알고는 '아, 이게 아닌데~!' 한다. 글을 쓸 때는 자기 논리로만 생각하기 때문에 모순과 오류가 보이지 않는다. 그러나 상대편 앞에서 말하는 순간 모순과 오류가 보이기 시작한다. 반대 제1 발제를 맡은 학생 역시 준비할 때는 단숨에 이길 거라 했지만 점점 자신을 잃어갔다.

▶ 찬성 측 반론

| 반론 1 | 유혹에 빠져서 다치고 죽는다거나, 날라리가 되기도 한다는 의견은 극단적인 시각이라고 생각한다.

| 반론 2 | 파우스트는 악의가 없었다. 메피스토가 일으킨 잘못을 파우스트에게 돌릴 수 없다고 생각한다.

| 반론 3 | 만약 파우스트가 유혹에 넘어갔다면 죄책감을 느끼지 못했을 것이다. 그리고 노부부를 죽인 건 메피스토가 한 일이다.

첫 번째 반론은 유혹에 빠져서 다치거나 죽는 등의 대가를 치른다는 말이 극단적이라는 지적이다. 반대 측 발제자가 자세하게 설명하지 않았기 때문에 극단적이라는 지적이 맞다. 유혹에 빠져서 나쁘게 되기도 하지만 죽거나 다치는 정도는 아니기 때문이다. "왜 이런 반론을 했지?

발제자는 유혹이 성장에 도움을 주는지 따져보고 있잖아." 하고 물었다. 찬성 측이 여기서 반론을 멈추면 유혹이 성장에 도움을 주지 않는다는 말에 어느 정도 동의하는 것으로 여겨질 수 있다. '극단적 시각만 아니라면 반대 측 주장에 어느 정도 동의할 수 있다'로 들릴 수 있으니 유혹이 성장에 도움이 된다는 주장을 해야 한다고 말했다.

토론은 말꼬리 잡기가 아니다. 상대의 잘못을 찾아내어 반박해야겠다는 생각을 앞세워 말꼬리 잡듯이 따지면 토론이 아니라 싸움이 된다. 반박하더라도 자신의 의견으로 방향을 바꾸어야 한다.

두 번째 반론을 내세운 학생에게 "파우스트에게 악의가 없었다는 말은 의도가 선하면 결과에 책임지지 않아도 된다는 말이야?" 하니 맞다고 한다.

"파우스트는 메피스토가 어떻게 행동할지 몰랐을까?"

몰랐을 거라고 한다. 그렇다면 파우스트는 악의 없이 행동했다. 이처럼 '의도가 선하면 결과를 책임지지 않아도 되는 예'가 있는지 물었다. 훔친 물건을 모르고 샀다면 내 것으로 인정받을 수 있는지 이야기했다. 그리고 다시 물었다. "파우스트는 자신의 계약 상대가 누구인지 알았을까?" 악마인 줄 알았을 거라 한다. 그럼 악마가 어떤 짓을 할지 예상해야 했다. 파우스트는 순진함을 잃지 않기 때문에 구원받는다. 그러나 악마가 나쁜 짓을 하리라고 예상하지 못할 정도는 아니었다. 파우스트는 욕심에 눈이 멀어 메피스토가 나쁜 짓을 하도록 방관한 셈이다. 반론2 역시 논리적이지 않다.

세 번째 반론을 보자. 파우스트가 죄책감을 느꼈으니 유혹에 넘어가지 않은 거라는 주장이다. 토론의 핵심은 '유혹에 넘어가느냐'가 아니라

'유혹이 성장에 도움을 주느냐' 즉, 유혹에 넘어간 뒤에 일어난 일을 다루고 있다. 파우스트가 유혹에 넘어갔는지 아닌지를 따지지 말고 죄책감이 성장에 도움을 주느냐를 말해야 한다. 노부부를 죽인 게 메피스토 탓이라는 반론에 대해서는 반론 2에서 말했다.

▶ 반대 발제자 재반론

재반론 1 파우스트가 메피스토의 유혹에 넘어간 것 자체가 유혹에 발을 들여놓은 것이다. 이건 파우스트의 책임이다. 날라리라는 말은 중독의 예로 표현하다 보니 그렇게 되었다.

이렇게 대답했지만 자신의 발제에 대해 자신감이 사라져서 찬성 측 반론에 제대로 답하지 못했다. 반대 측 발제자 역시 파우스트가 유혹에 넘어갔느냐 아니냐를 따지고 있다. 메피스토와 계약했으니 이미 유혹에 넘어간 거라고 말한다. 유혹이 성장에 어떤 영향을 주는지 따지지 않고 주제에서 벗어나 같은 지점을 맴돌고 있다. 논제 중심으로 바라보지 않고 말꼬리 잡기를 하고 있다.

찬성 측 제1 발제

발제자 1
중3 여

메피스토의 유혹은 파우스트의 성장에 도움이 되었다는 의견에 찬성한다. 메피스토의 유혹 때문에 보다 넓은 시각을 가졌기 때문이다. 넓은 시각을 가진다는 것은 새로운 경험을 함으로써 파우스트를 성장시키고 세상으로 나아갈 수 있게 해주는 것이다. 만약 메피스토의 유혹이 없었다면 파우스트는 자신의 연구실에 틀어박혀 하릴없이 불만을 가지고 살았을 것이다. 그러나 메피스토의 등장으로 바깥으로 나오면서 파우스트는 마녀를 만나고 전쟁에 참여하는 등 실로 어마어마한 경험들을 할 수 있었다.

파우스트가 죽기 전까지 계속 새로운 경험을 할 수 있었던 이유는 호기심에서 나왔다. 새로운 경험을 구분하는 잣대는 절제력과 새로움을 추구하는 호기심이다. 한곳에 오래 빠져있지 않고 더 많은 지식을 가지기 위해 움직이는 파우스트는 유혹에 빠진 것이 아니다. 자신을 절제하며 유혹을 호기심으로 받아들인 것이지 악의는 없었다. 유혹을 호기심으로 일회성만 가지고 행동한 일들은 파우스트한테 새로운 경험을 하게 해주었고 이 새로운 경험들은 파우스트의 성장에 도움이 됐다. ⋮

1문단은 유혹 때문에 넓은 시각을 갖게 되었다고 주장을 먼저 제시했다. 핵심을 먼저 말하고 설명하는 두괄식 구성이다. 논술은 이렇게 생각을 명확하게 드러내고 시작해야 한다. 다만 시각이 넓어졌다는 증거를 더 들어주어야겠다.

2문단에서는 파우스트가 유혹에 빠진 게 아니라 호기심에 의해 자극받았다고 한다. 호기심 때문에 성장했다고 썼다면 괜찮겠지만 호기심 자체를 다루고 있다. 호기심은 메피스토가 사용한 유혹의 도구였다. 파우스트가 유혹에 빠진 게 아니라는 말은 앞의 반론 3에서 다룬 내용이다. 똑같은 오류에 빠져 있다. 새로운 경험을 하면서 배웠으므로 성장에 도움이 되었다고 써야 한다.

찬성 발제자는 발제문의 시작과 끝을 '성장'으로 적었다. 유혹에 빠지지 않고 성장하려면 '절제'하는 마음이 있어야 한다. 2문단에서 호기심과 더불어 절제력을 생각했지만 자세하게 논증하지 않았다. 파우스트가 영혼을 팔기로 약속하고도 구원받은 것은 메피스토의 능력을 함부로 사용하지 않는 마음이 있었기 때문이다. 호기심 대신 절제를 설명했다면 논리가 탄탄해졌을 것이다.

▶ 반대 측 반론

반론 1 평소 파우스트라면 오빠를 죽게 하지 않았을 것이다. 오빠가 죽게 만들었으니 시각이 좁아진 것 아닌가?

반론 2 파우스트는 호기심을 일회성으로 사용하고 끝냈지만 현실에선 유혹이 일회성으로 끝나지 않는다.

첫 번째 반론자는 찬성 측에서 파우스트가 유혹 덕분에 시각이 넓어졌다고 하자 '오빠가 죽은 증거'를 들어 시각이 좁아졌다고 주장한다. 유혹을 당하기 전에는 사리 분별을 잘했던 파우스트가 여자에 눈이 멀어 오빠를 죽게 만들면서도 몰랐다는 사실을 들었다. 좋은 반론이다.

두 번째 반론은 찬반토론을 하기 전에 자유롭게 의견을 나눌 때 찬성 측이 내세웠던 주장이다. 이때 반대 측은 유혹을 호기심이라고 하면 반박하기 어렵다며 자신들이 불리하다고 했었다. 그런데 실제로 토론할 때는 현실에서 유혹이 한 번으로 끝나지 않는다고 대답했다. 파우스트가 유혹에 넘어간 뒤에 욕심을 부리고 파멸했다면 유혹이 성장에 도움이 되지 않았다는 의견이 유리하다. 그러나 파우스트가 파멸하지 않고 구원받았으므로 성장했다는 의견이 유리하다. 반대 측이 이걸 지적했다. 좋은 지적이다.

▶ 찬성 측 재반론

| 재반론 1 | 파우스트는 학문 위주의 시각을 갖고 있었다. 실용적인 시각이 없었다. 메피스토의 유혹은 파우스트가 실용적인 시각을 갖도록 성장하게 만들었다. 유혹 덕에 파우스트가 보다 넓은 시각을 갖게 되었다.

| 재반론 2 | 파우스트가 한 사랑은 호기심에서 나왔다. 계속 사랑에 빠지거나 여자를 바꾸었다면 중독이라 하겠지만 한 번 사랑에 빠졌으므로 유혹이 아니라 호기심이다. 메피스토는 무엇이든 들어준다고 유혹했지만 파우스트는 유혹을 호기심으로 받아들였다. 메피스토의 유혹은 파우스트를 연구실 밖으로 끌어내어 사랑과 전쟁에 참가하게 해주었다. 그리고 그레첸의 오빠가 죽은 것은 파우스트가 메피스토에게 영혼을 판 뒤에 일어난 초기사건이다. 파우스트의 처음 시각이 많이 반영된 것이다.

메피스토를 만나는 과정에서 파우스트가 한 고민은 보통 사람이 생각하지 못할 내용이다. 유혹에 넘어가지 않은 것도 파우스트였기 때문이다. 찬성 측은 반대 측이 이걸 물어보리라고 예상하고 대답을 준비했다. 그래서 학문에 매인 파우스트가 세상을 알아가게 되었다고 대답했다. 파우스트가 메피스토의 유혹 때문에 다양한 경험으로 성장했다는 말을 하고 있다. 또한 그레첸의 오빠가 죽은 일이 유혹에 넘어간 직후에 일어난 일이라 유혹의 영향 때문이라고만은 볼 수 없다고 대답했다. 좋은 답변이다.

한 차례 주장과 반박, 재반론을 끝냈다. 상대방의 말을 예상했을 때는 대답을 잘했지만 그렇지 않은 부분에서는 논점을 잃고 말꼬리를 잡았다. 자신의 주장이 미흡해서 아쉬워했고, 갑작스러운 상대방의 질문에 답변을 제대로 하지 못했다. 반대 측 주장이 핵심을 말하지 못했고, 반대 측 반론에 대해 찬성 측이 답변을 잘해서 제1 토론자들의 대결은 찬성 측이 이겼다고 판정했다.

반대 측 제2 발제

발제자 2
중3 남

파우스트는 예전부터 철학, 법학, 의학 그리고 신학까지 연구했다. 게다가 석사, 박사까지 하면서 생각과 공부를 꾸준히 했다. 파우스트는 메피스토텔레스를 만나고 메피스토를 악마로 인식할 것인가 마법사로 판단할 것인가에 대해 고민했다. 이로 보아 파우스트는 자신이 스스로 판단하고 문제를 해결할 수 있다는 것을 알 수 있다. 그러나 나중에 전쟁을 할 때 파우스트는 모든 것을 메피스토에게 떠넘긴다. 왕이 헬레네를 데리고 오라고 할 때도 파우스트는 말도 안 되는 내용을 듣고도 메피스토에게 시킨다. 메피스토가 자신의 구역이 아니라고 해도 무작정 데려오라고 한다. 이 두 가지를 봤을 때 파우스트는 시간이 가면 갈수록 점점 메피스토에게 의존하고 자신이 판단하는 문제 해결 능력이 저하되었음을 알 수 있다. 따라서 파우스트는 성장하지 않았다.

파우스트는 처음에 스스로 판단하고 문제를 해결하는 능력을 갖추고 있었다. 메피스토를 만난 뒤에 제대로 판단하지 못하고 문제를 해결하지도 못하게 되었으니 성장하지 않았다고 주장했다. 내용이 짧아서 아쉽지만 주장과 설명, 사례가 잘 이어지는 내용이다.

▶ 찬성 측 반론

| 반론 1 | 메피스토가 파우스트의 소원을 들어주는 건 계약조건이었다. 파우스트가 매달리는 게 아니라 메피스토가 파우스트의 영혼을 얻기 위해 매달리는 것이다. 파우스트는 계약조건대로 요구한 것 아닌가?

| 반론 2 | 전쟁에서 이기고, 헬레네를 데려오는 건 파우스트가 할 필요가 없는 일이다. 메피스토가 해야 하는 일로 문제해결력이 떨어졌다고 하면 모순이다.

첫 번째 반론은 파우스트가 메피스토에게 매달리느냐, 그 반대냐를 따지고 있다. 누가 누구에게 매달리느냐는 것보다 '매달리는 행위'가 성장에 도움을 주었는지 생각해야 했다. 또한 '매달리는 행위'가 성장을 뜻하는지 논증해야 했다. 매달리면서 시각이 넓어졌는지 좁아졌는지, 스스로 해결하려는 마음이 커졌는지 작아졌는지 설명해야 했다. 매달린다는 말에 빠져 논점을 잃었다.

두 번째 반론자는 '메피스토가 파우스트의 요청을 들어주는 게 계약조건이었다. 따라서 헬레네를 데려오는 문제로 파우스트의 문제해결력이 떨어졌다고 보면 안 된다'는 의견이다. 맞는 말이다.

▶ 반대 측 재반론

| 재반론 | 파우스트가 생각과 공부를 많이 했다는 것은 지식만 잘 안다는 뜻

이 아니다. 파우스트는 실용적인 학문도 통달했다. 문제해결력이 뛰어난 사람인데 메피스토에게 다 맡겨버린다. 성장은커녕 자신이 가진 능력마저 사라진 모습이다.

이 의견을 뒷받침하는 증거를 들지 않았기 때문에 할 말이 없어서 같은 말을 되풀이하는 셈이 되었다. 말로 토론하건, 글로 논술하건 생각을 뒷받침하는 내용을 충분히 밝혀야 한다.

찬성 측 제2 발제

발제자 2
중1 남

결과적으로 볼 때 메피스토의 유혹은 파우스트의 성장에 도움이 된다. 우리가 유혹을 나쁘다고 하는 이유는 결과 때문이다. 인터넷 게임을 할 때는 굉장히 기분이 좋다. 하지만 결과적으로 우리 몸과 마음을 해롭게 하기 때문에 좋지 않다고 판단한다. 만약 결과적으로 유혹을 이겨낸다면 인간은 더 발전할 수 있다.

이것은 우리의 태도와 밀접하게 관련되어 있다. 그리스 로마 신화, 불교의 석가모니 등 고대 이야기에는 유혹이 빠짐없이 나온다. 그리고 유혹을 이겨낸 사람들은 결과적으로 깨달음을 얻거나 신의 구조를 받는다. 파우스트도 마찬가지다. 그는 많은 유혹을 받았지만 결과적으로 구원받았다. 만약 유혹으로 인해 다른 사람에게 피해를 줬다거나 죽인다면 용서하기 힘든 죄이고 이때의 유혹은 나쁜 결과를 낳는다. 하지만 우리가 주로 만나는 유혹은 생각보다 사소한 것이나 자신의 몸을 망치는 정도이다. 만약 그 유혹을 이겨낸 사람들에게 유혹에 넘어갔던 사람이라고 욕하는 것이야말로 과거에 대한 미련을 버리지 못하는 사람이다.

중학교 1학년인데 논리가 탄탄하다. 유혹 자체만 바라보는 초점을 뛰어넘어 유혹을 이겨낸다면 인간이 더 발전할 수 있다는 태도를 말하고 있다. 이렇게 풀어가다니 대견하다.

유혹에 빠지더라도 좋은 결과를 끌어내면 유혹을 나쁘게만 보지는 않는다. 무조건 결과를 따지면 안 되지만 유혹이 성장에 도움을 주느냐는 논제에서는 결과를 따져봐야 한다. 이를 뒷받침하는 증거로 먼저 유혹을 이겨내고 위대한 인물이 된 경우를 들었다. 또한 평소 우리가 만나는 유혹은 사소한 것들이라는 증거를 들었다. 거창한 예와 사소한 예를 적절하게 사용했다. 좋은 주장이다.

▶ 반대 측 반론

| 반론 1 | 인터넷 게임을 예로 들었는데 이건 현대 사회에 생긴 유혹이다. 고대 사회에는 유혹이 적었다. 어떻게 생각합니까?

| 반론 2 | 석가모니처럼 유혹을 이겨낸 사람은 드물다. 더구나 보통 사람은 죄책감을 느끼는 등의 후유증이 있다.

첫 번째 반론은 핵심을 잘못 짚었다. 찬성 측이 '술이나 마약'으로 예를 들려다가 우리들이 겪는 이야기로 써야겠다는 생각에 인터넷 중독을 예로 들었다고 했다. 핵심은 '술이냐 인터넷 중독이냐'가 아니다. 고대 사회에 유혹이 적었다는 게 핵심이 아니다. 반대 측은 인터넷 게임이 성장에 도움을 주지 않는다고 말하지 않고 계속 '유혹' 문제로 넘어간다. 현대 사회와 고대 사회에 어떤 유혹을 받았느냐가 아니라 어떤 유혹을 받았건 '성장'에 도움이 되는지 생각해야 했다.

찬성 측에게 반론 1에 어떻게 답할 거냐고 다시 물었더니 '고대 사회에도 게임 못지않은 유혹이 존재했다'고 대답할 거라 한다. 여기서 더 나아가야 했다. '고대 사회에도 유혹이 존재했다. 시대마다 유혹의 도구는 다르지만 유혹이 성장에 도움을 준다는 사실에는 변화가 없다'와 같이 답해야 했는데 계속 '유혹'에 머물고 있다.

▶찬성 측 재반론

재반론 1 유혹에 발을 들여놓았다고 다 나쁜 것은 아니다. 유혹은 끊으면 된다.

더 이상 반박하지 못했다. 중1이 이 정도면 잘했다고 칭찬했다.

제2 토론자들의 대결은 이렇게 마무리했다. 반대 측 발제자의 주장과 근거가 좋다. 그런데 이에 대해 찬성 측도 계약 조건을 따르라고 요구한 내용만으로 파우스트의 문제해결력이 떨어졌다고 볼 수 없다고 반론했다. 좋은 지적이다. 찬성 측과 반대 측의 논리가 비슷해서 어느 쪽이 이겼다고 판단하기 어렵다. 찬성 측이 반대 측 반론에 제대로 대답하지 못해서 반대 측이 이겼다고 판정했다.

최종변론 피드백
글을 고치면서 더 많이 배운다

찬성 측 최종변론

김동현
중3 남

[①]파우스트의 성장은 인간이 알아낼 수 있는 세상의 지식을 넘어 천국의 문턱을 넘을 수 있는 힘을 말한다. [②]자신이 알아낸 인간 세상 속의 지식을 그저 자신의 욕구와 만족으로밖에 여기지 못했던 파우스트는 메피스토의 유혹을 통해서 자신이 지금껏 살아왔던 모든 노력과 알아내고자 했던 것들이 인간이라는 작은 존재의 육체를 채우는 것이 아닌 영혼을 채우는 데 사용되는 것으로 결국 자기 모든 것을 온전한 자기 소유물로 만들어 주의 곁으로 돌아갈 수 있는 자격을 얻은 것이다.

[③]메피스토의 유혹이 없었다면 파우스트의 것들은 오로지 육체에서만 맴돌 수밖에 없었을 것이다. [④]메피스토의 유혹을 통해 자신이 지금껏 했던 모든 일들, 심지어 타락마저도 메피스토의 한낱 요술 앞에서는 큰 힘이 되며 메피스토에게 복종하는 것은 계약 하나로 이루어질 수 없다는 것을 알게 된 것이다. [⑤]자기 삶의 목적조차 잃어버린 듯했던 파우스트는 메피스토의 유혹을

통해 자신의 일생을 자신이 걸어가는 것 자체가 목적을 넘어선 가치 있는 것이라는 것을 느끼기 시작한 것이다. ┊

①번 문장에서는 천국의 문턱을 넘을 수 있는 힘이 무엇인지 더 설명해야겠다. ②번 문장을 읽으며 글을 쓴 학생이 문장력을 갖추고 있다고 확신했다. 한 문장이 200자 원고지 한 장을 넘는데도 주어와 서술어가 딱 맞는다. 비문이 아니다. 그러나 논술에서 문장을 길게 쓰면 내용을 이해하기 어려워 설득력이 떨어진다. 짧은 문장으로 바꿔 써야 한다. ③번 문장에서는 파우스트의 것들이 무엇인지 설명해야겠다. ④와 ⑤ 문장에는 '것이다'가 지나치게 많다. 표현을 바꾸어야 한다. 이걸 고치라고 말했지만 내용에 대해서는 전혀 할 말이 없다.

찬성 측 최종변론을 들으면서 소름이 돋았다. 나는 동현이가 다음에 나올 가진이의 글처럼 지금까지 나눈 이야기를 잘 정리해서 말하리라 생각했다. 그러나 이 글은 내 예상을 완전히 뛰어넘었다. 동현이와 가진이는 같은 편이다. 가진이가 쓴 최종변론을 동현이에게 참고하라고 주었지만 동현이는 자기가 쓴 글을 읽었다. 가진이는 남학생이 자기 의견을 하나도 반영하지 않았지만 감탄하며 대단하다고 반응했다.

논술을 쓸 때 대부분 본론 내용을 요약해서 결론을 쓴다. 이미 한 이야기를 되풀이하면 식상해지기 때문에 그러지 말라고 해도 달리 할 말을 찾지 못한다. 찬성 측 최종변론은 모험이다. 이 모험이 탁월한 내용을 낳았다. 정말 마음에 들었다.

다음 글은 동현이가 수정 의견을 듣고 고쳐 쓴 글이다.

김동현
중3 남

파우스트의 성장은 인간이 알아낼 수 있는 세상의 지식을 넘어 천국의 문턱을 넘을 수 있는 힘을 말한다. 자신이 알아낸 세상에 제한된 성장만이 아닌, 천사들에게 구원받기 위한 자격을 얻는 노력 말이다. 자신이 알아낸 인간 세상 속의 지식이 그저 자신의 욕구와 만족을 위한 것일 뿐이라고 파우스트는 생각했다. 그러나 메피스토의 유혹을 통해서 자신이 지금껏 살아왔던 모든 노력과 알아내고자 했던 인간의 노력이 작은 육체를 채우는 것이 아닌 영혼을 채우기 위한 가치 있는 일이라는 사실을 알게 되었고, 결국 자신의 모든 것을 온전한 자신의 소유물로 만들어 주의 곁으로 돌아갈 수 있는 자격을 얻게 되었다.

메피스토의 유혹이 없었다면 파우스트의 것들은 오로지 육체에서만 맴돌 수밖에 없었을 것이다. 메피스토의 유혹이 있었기에 자신이 지금껏 했던 모든 일들, 심지어 타락마저도 메피스토의 한낱 요술 앞에서는 큰 힘이 되며 메피스토에게 복종하는 일은 단지 계약 하나로 이루어질 수 없다는 것을 알게 된 것이다. 자신의 삶의 목적조차 잃어버린 듯했던 파우스트는 메피스토의 유혹을 통해 자신의 일생을 자신이 걸어가려는 노력 자체가 목적을 넘어선 가치 있는 일이라는 사실을 느끼기 시작했다. 그러므로 메피스토의 유혹은 파우스트의 성장에 도움이 된다.

찬성 측 최종변론으로 사용하지는 않았지만 가진이의 글도 참고용으로 소개한다.

이가진
중3 여

메피스토의 유혹은 파우스트의 성장에 도움이 된다. 파우스트는 평생 문학과 이론에 대해 연구하고 많은 깨달음을 얻었다. 그로 인해 파우스트는 이론이나 문학에 대해서는 잘 알고 있지만 정작 실생활이나 인간이 살아가는 것에 대해 아는 것이 없었다. 그래서 파우스트는 메피스토의 유혹을 새로운 경험으로 받아들였다. 지금까지 살면서 이론이나 문학을 배우는 것밖에 하지 않은 자신이 직접 실생활에 뛰어들어, 사람과 새로운 경험을 겪어보고 새로운 사실을 알아가며 자신의 호기심을 풀어나갔다.

파우스트가 메피스토의 유혹에 넘어갔더라면 그레첸을 잃고 다시 여자를 찾았을 것이다. 하지만 파우스트는 그러지 않았다. 이는 파우스트가 메피스토의 유혹에 넘어가지 않았다는 것이다. 오로지 자신이 젊은 시절 해보지 못한 것, 이론에만 쌓여 할 수 없었던 것 중에 경험해보고 싶었던 사실들을 메피스토를 이용해 겪은 것뿐이다. 스마트폰이나 게임은 한 번에 끝나지 않고 계속하게 된다. 위와 같은 예는 유혹에 넘어간 것이고 중독이 되었다고 할 수 있다.

파우스트가 메피스토의 유혹을 이겨낸 건 자기절제 때문이라고 할 수 있다. 사랑은 파우스트가 젊은 시절 해보지 못한 일이다. 사람에 대한 호기심을 메피스토에 의해 새롭게 겪어본 것이고 파우스트는 메피스토의 유혹을 경험 이외의 다른 시각으로는 바라보지 않았기 때문에 유혹에 넘어가지 않고 오로지 자신의 성장에 도움이 될 수 있었던 것이다.

모든 유혹이 나쁘다고 단정 지을 수 없다. 호기심과 수많은 의문이 유혹을 이끌어냈고 다가오는 유혹을 어떤 과정으로 바라보는가에 따라 새로운 경험이 될 수 있고 옳지 못한 유혹에 넘어가는 것이 될 수도 있다.

반대 측 최종변론

김민좌
중2남

파우스트는 악마인 메피스토를 만나면서 여러 가지 일들을 겪는다. 원래 평범한 사람들 속에서 뛰어난 과학자, 의사, 교수, 성직자이지만 그는 궁핍했다. 열정이 부족했고 젊음도 없었으며 다른 것들도 부족했다. 그래서 자신의 부족한 것들을 이뤄줄 수 있는 메피스토에게 자신이 원하는 매력적인 것들을 요구하고 유혹당했다.

우리도 그렇다. 모든 것을 만족할 수는 없고 부족한 것들은 있기 마련이다. 그렇기 때문에 우리도 메피스토처럼 자신에게 부족한 것들을 채워줄 수 있을 것 같은 존재를 만나면 파우스트처럼 덧없이 손을 내밀 것이다. 그런 존재에게 유혹당하면 무조건 빠지게 될 것이다. 유혹은 우리를 강하게 유도한다. 빠져버리면 빠져나오기 힘들고 갈수록 유혹되는 대로 행동하게 된다.

파우스트는 중세 시대 실존 인물이다. 사람들이 오락을 위해 각본으로 만들어서 마법사로 바꿔놓았다. 그 각본을 읽은 루터가 신을 믿지 않고 자신이 잘났다고 생각하는 연금술사로 바꾸었다. 루터는 파우스트가 비극적 결말을 맞게 함으로써 신앙의 중요성을 강조했다. 이에 괴테는 파우스트를 한 번 더 바꾸었다. 괴테의 파우스트는 끊임없이 노력하는 자이다. 유혹에도 크게 흔들리지 않는 파우스트를 통해 괴테는 유혹은 성장에 도움이 되고 노력에는 보상이 따른다는 것을 강조했다.

지금까지 이야기는 근대 이전에 각색된 파우스트였다. 그렇다면 현대의 파우스트가 각색이 된다면 여전히 유혹은 성장에 도움이 된다고 강조할

수 있을까? 현대의 유혹은 일회성으로 끝나기 힘들뿐더러 시간만 낭비하는 경우가 허다하다. ⋮

　최종변론을 쓴 가진이는 논리를 갖춘 깔끔한 결론을 말했고, 동현이는 예상하지 못한 내용으로 나를 놀라게 했다. 내가 독서반을 하는 까닭 중 하나가 학생들의 시선에서 배울 수 있다는 점이다. 나만의 시선에 갇히지 않고 학생들의 예상치 못한 생각을 들으며 감탄한다. 그래서 책을 읽을 때마다 기대한다. 논리 안에 갇힌 논리가 아니라 하늘로 솟아오르는 생각을 만나고 싶어서 독서반을 한다.

　민좌가 쓴 반대 측 최종변론은 더 놀랍다. 1문단에서 줄거리를 요약하고 있지만 유혹을 성장과 관련지어 의미가 있다. 파우스트에게 부족한 것이 많았기 때문에 유혹에 빠졌고, 성장에 도움이 되지 않았다고 썼다. 2문단에서는 논제를 책에 갇힌 이야기를 벗어나 우리 이야기로 적용했다. 논술에서는 적용하기 어려운데 책을 읽는 가장 큰 이유를 놓치지 않았다.

　특히 3문단은 책 내용을 뛰어넘어 '책이 한 시대에 어떻게 해석되며, 어떤 의미를 갖는가'를 다루었다. 책 바깥에서 책을 바라보는 관점이다. 시간이 모자라서 다 쓰지 못했지만 시대마다 『파우스트』가 어떻게 해석되어 왔는지 밝히고 있다. 이는 유혹이 성장에 도움을 주느냐는 논리를 뛰어넘은 좋은 생각이다. 내가 학생들에게 설명해준 내용이지만 글로 쓰려면 스스로 정리해야 한다. 중2 학생이 이걸 해냈다.

　토론을 마치고 학생들이 많이 아쉬워했다. 시간이 부족해서 하고 싶은 이야기를 제대로 준비하지 못했다고 했다. 또한 자신의 논리가 얼마나 얄팍한지 알게 되었다고 했다. 글을 쓸 때는 증거와 설명이 부족했다는 걸 깨달았다. 다른 사람을 설득하려면 차분히 증거를 들어 설명해야 한다는 것도 배웠다. '성장'과 '유혹'에 대한 생각이 서로 다르므로 논제에서 다루는 낱말을 설명해야 한다는 것도 실감했다. 아직 어설프지만 학생들도, 나도 많이 배웠다.

제5부

토론을
발판 삼아
논술을 쓰다

—

논술은 글 쓰는 능력과 사고력을 길러주는 좋은 도구이다. 논술을 쓰면 생각하는 과정의 오류가 드러난다. 논리력과 분석력도 길러진다. 감정을 앞세우는 우리나라 국민 특유의 단점을 보완해준다. 그러나 우리나라에서 논술은 대학 입학을 위한 도구로만 강조되고 있다. 대학 입학을 위한 논술 시험이 없어지면 논술을 쓰는 학교를 찾기 어려울 것이다. 우리나라 교육이 '비교우위'를 가장 중요한 가치로 여기기 때문이다.

경쟁을 바탕에 둔 문화에서는 논술과 자기소개서 모두 결과부터 따진다. 논술을 쓸 필요가 없는 초등학생이 논술학원에 다니고, 논술을 꾸준히 써야 하는 고등학생은 잠깐 논술 쓰는 기술만 배운다. 사고의 발달 과정에 따라 차근차근 접근하지 않고 갑자기 들이밀며 결과만 생각한다. 꾸준히 제대로 배우지 않고 잠깐 흉내만 잘 내려 한다.

나는 문학을 좋아한다. 책 내용에 공감하며 등장인물의 행동에 비추어 우리 마음과 현실을 쓰는 에세이를 좋아한다. 그러나 글을 쓸 때 논술 주제와 찬반 논제도 함께 제시한다. 책을 읽고 토론하면서 옳고 그름을 가려내고 싶거나, 논리에 맞게 주장하려는 마음이 든다면 언제든지 논술을 쓰라고 안내한다. 논술이 중요하기 때문이다.

논술이 발전하면 소논문이 된다. 소논문에 이론적 배경, 근거 자료, 해석과 뒷받침하는 설명을 더해 제안하면 논문이 된다. 대학은 학문을 연구하여 논문으로 발표하는 곳이다. 대학이 취직을 위한 징검다리 역할만 하는 나라는 미래가 걱정스럽다. 대학이 배우고 호기심을 갖고 탐구한 내용을 논문으로 발표하는 곳으로 돌아가야 한다.

이 장에서는 논술을 쓰기 위해 토론한 과정, 논술을 쓰고 고친 과정을 소개한다. 논술 쓰기의 기본 원칙을 설명하지만 모든 방법을 설명하지는 않는다. '논술 쓰기, 한 권이면 충분하다'와는 거리가 멀다. 또한 모든 학생에게 똑같이 적용해서 강요하지는 말아야 한다. 주장과 근거, 논리와 증명이 글의 흐름을 이끌어가지만 논술도 인격을 가진 사람의 마음에서 나오기 때문이다.

『지킬 박사와 하이드 씨의 기이한 사례』에서 지킬 박사는 친절하고 마음이 따뜻한 사람이다. 하이드 씨는 차갑고 냉혹하며 공격적이다. 나는 아이들에게 지킬 박사의 따뜻한 마음으로 감상문을 쓰고 하이드 씨의 차가운 마음으로 논술을 쓰라고 한다. 이 말에는 비약이 있다. 그러나 지킬 박사와 하이드 씨를 예로 들어 감상문과 논술의 차이를 설명하면 학생들이 쉽게 이해한다.

『식탁 위의 세계사』는 세계 역사에서 중요한 사건을 여덟 가지 음식으로 소개한다. 학생들이 음식이라는 주제를 좋아하지만 여덟 가지를 하나씩 따로 소개하기 때문에 논술로 연결하기 어려웠다. 서로 다른 음식으로 한 가지 주제에 접근하는 방법을 보여주기에 알맞아서 소개한다.

『10대와 통하는 땅과 집 이야기』는 우리나라 부동산 문제를 다루기 때문에 학생들이 이해하기 어렵다. 삼척지역 청소년 독서토론대회논술에 참가한 학교 대표들도 어려워했다. 독서반 학생들과 토론할 때도 어려워했다. 그래서 논술을 쓸 때 알아야 하는 원칙을 이 책으로 설명했다.

『카이사르의 내전기』는 찬반토론을 위해 쓴 논술로 서론, 본론, 결론의 형식을 설명했다.

논술은
하이드 씨의 마음으로,
감상문은
지킬 박사의 마음으로

"로버트 루이스 스티븐슨은 엄격주의가 극에 달했던 19세기 빅토리아 여왕 시대 사람이다. 스티븐슨은 억압과 엄격성 뒤에 감추어진 위선과 기만에 대한 반발심으로 하이드란 인물을 만들어냈다. 하이드 씨가 얼마나 강렬했던지 스티븐슨은 잠에서 깨어나자마자 서재에 틀어박혀 이틀 만에 초고를 다 써버릴 정도였다. 아내가 당장 불태워버리라고 했지만 스티븐슨은 마치 자신이 하이드가 된 것처럼 훔치고, 겁탈하고, 살아 움직이는 것은 무조건 죽여 버리는 것에 더없는 쾌감을 느꼈다. 스티븐슨은 냉혈인간 하이드만 등장하는 이야기로는 뚱뚱보 여왕(영국의 빅토리아 여왕)이 달가워하지 않을 거라고 생각했다. 그래서 신사인 지킬 박사를 만들어냈다. "(『소설처럼』, 다니엘 페낙, 문학과지성사, 165~166쪽)

논술과 감상문의 차이를 알려준 책

The Strange Case of Dr.Jekyll and Mr.Hyde

지킬 박사와 하이드 씨의 기이한 사례

로버트 루이스 스티븐슨 지음, 송승철 옮김, 창비, 2013

고전을 토론할 때 반드시 원작을 읽는다는 원칙을 갖고 있다. 그러나 논술을 쓰려면 기획 의도가 명확한 편집본이 낫겠다고 생각해서 '인간 내면에 감춰진 욕망과 이중성'에 초점을 맞춰 편집한 책을 골라 읽었다. 그러나 편집본은 지킬의 마지막 편지가 반으로 줄거나 두 배로 늘었고 글의 순서와 표현도 많이 바뀌어서 저자의 의도를 정확하게 이해하기 어려웠다. 편집본을 독자들에게 권할 수 없어서 이 장에는 실제로 학생들과 토론한 편집본 대신 원작 번역서 『지킬 박사와 하이드 씨의 기이한 사례』를 소개한다.

원작이 들려주는 이야기를 들었다면 저자의 생각을 다양하게 토론하고 초점을 명확하게 정해서 논술을 썼을 것이다. 그러면 위선과 기만을 우리 현실에 비추어 또렷하게 적용했을 것이다. 학생을 위한다면서 경쟁으로 짓누르는 현실, 노력하면 된다고 하지만 노력을 무력화하는 구조의 문제, 사람들에게 인정받기 위해 욕망을 감추고 위선을 내보이는 우리 모습을 비판하며 대안을 찾았을 것이다. 학생들이 쓴 글을 읽고 나서야 이런 사실을 알아서 아쉽다. 2년째 8월에 토론했다.

독서토론은 서로 다른 생각을 나누는 게 목표이므로 학습목표를 따로 세우지 않는다. 학습목표를 정하면 한 가지 목표로 학생들을 끌고 가려는 마음이 앞선다. 이런 태도는 독서토론을 방해한다. 굳이 목표를 세워야 한다면 '듣는다'에 두어야 한다. 정해진 결과를 찾기보다 서로의 의견을 들으며 함께 생각하고 따져보는 태도가 필요하다.

독서논술은 목표를 뚜렷하게 정하고 쓰는 글이다. 토론으로 책을 넓고 깊게 살펴보았다면 논술은 한 곳에 생각과 논리를 집중해서 써야 한다. 논제와 상관없는 내용은 모두 빼고, 논리에 맞는 내용만 써야 한다. 뚜렷한 동기, 명확한 이유, 명쾌한 설명과 결론을 보여주어야 하므로 논제에만 초점을 맞추어야 한다. 논제에 초점을 맞춰 논술에 접근하는 마음을 배우려고 『지킬 박사와 하이드 씨의 기이한 사례』를 골랐다.

코드를 스캔하면 『지킬 박사와 하이드 씨의 기이한 사례』를 이해하는 데 도움이 될 행복한아침독서 네이버 포스트로 이동합니다.

첫 번째
수업

문학으로
논리력을 키우는 즐거움

첫 시간이다. 학생들이 책을 얼마나 이해했는지 듣는 게 목표이다. 이
해를 못 했다면 이해하도록 도와주어야 하고, 이해했다면 더 깊이 생각
하도록 이끌어야 한다. 한 학생이 책 내용을 이해하지 못해 세 번 읽어
왔다. 포기하지 않고 이해할 때까지 읽다니 기특하다. 토론하다가 내용
을 정확하게 알아야 할 때 그 학생이 세부내용까지 자세하게 말해주었
다. 그래서 다른 학생들도 책을 여러 번 읽어야겠다고 했다.

지킬 박사가 왜 하이드 씨를 통제하지 못했는지 물었다. 자만심 때문
에, 너무 깊이 파고들어서, 욕심이 지나쳤기 때문이라고 대답한다. 서로
묻고 답해 보라고 했다. 한 학생이 왜 선한 본성과 악한 본성을 나누는
실험을 했는지 묻는다. 다른 학생이 호기심, 인간의 이중성 때문이라 대
답했다. 그렇다면 인간의 본성을 통제하는 게 가능한지 묻는다. 학생들
이 스스로 내용을 분석하고 작가의 의도를 찾고 있다.

학생들은 지킬 박사가 절제, 정의, 청결, 선한 본성, 신뢰, 명예, 존중을

의미한다고 말한다. 하이드 씨는 악한 본성, 욕심, 탐욕, 이기심이라 한다. 사람은 어느 한쪽 본성만으로 살지 못한다. 아무리 선을 권장해도 악을 완전하게 제어하지 못한다. 사람들이 악한 마음을 통제하고 싶지만 그러지 못하기 때문에 이중인격이 나온다고 말한다. 첫 시간 90분 내내 질문하고 대답하면서 논술 주제에 다가갔다.

『지킬 박사와 하이드 씨의 기이한 사례』는 문학작품이다. 소감을 나누고, 주인공의 마음을 알아보고, 이야기 토론을 하기에 좋다. 그러면 주제 파악능력, 이해력, 표현력이 길러진다. 논리를 세우는 능력까지 기르고 싶다면 논술을 써야 한다. 그러기 위해서는 찬반토론을 해야 한다. 등장인물이 내린 결정이 옳은지 그른지 찬반을 나눠 따져보면 논술쓰기에 도움이 된다.

초등학생 자녀가 책, 특히 동화책을 많이 읽으면 부모들이 좋아한다. 그러나 중학생이 되어서 계속 소설을 읽으면 책 그만 읽고 공부하라고 한다. 소설가 될 것도 아니면서 시간 낭비한다고 꾸중한다. 소설가가 되겠다고 해도 먹고 살기 힘들다고 다른 길을 찾아보라 한다. 자기소개서와 논술을 따로 연습시키면서도 책을 읽는 건 말린다. 문학과 논술이 상관없다고 생각하기 때문이다.

문학에는 원인과 결과가 가득하다. 인물의 성격이 행동이라는 결과를 만든다. 행동은 사건을 일으키고 인물의 심리에 영향을 준다. 이 모두가 원인과 결과로 이어져 있다. 독자는 문학책을 읽으면서 '무엇을 느꼈는지'에 앞서 '왜 그랬을까?', '앞으로 어떤 일이 일어날까?'를 생각한다. 사건의 원인을 찾고, 다음에 일어날 일을 예상하려면 논리를 사용해야 한다. 그러므로 문학은 논리력을 키워준다.

문학이 공부를 방해한다는 생각도 오해이고 편견이다. 문학은 작가의 마음을 이야기로 표현한다. 고민해야 할 문제를 이야기에 담아 보여준다. 비문학은 저자가 마음에 둔 내용을 직접 주장하고 설명한다. 표현하는 방식은 다르지만 둘 다 마음에서 나온다. 문학을 읽느냐, 비문학을 읽느냐가 아니라 어떻게 읽느냐가 중요하다.

보통 찬반토론을 하려면 자료를 많이 준비해야 한다. 주장에 대한 근거와 근거를 뒷받침하는 자료가 많을수록 유리하다. 또한 상대편 주장과 근거 자료를 예상하고 반박 내용까지 준비해야 한다. 시간이 많이 들기 때문에 힘들다. 이에 반해 독서토론은 자료를 준비하는 시간이 짧다. 인물이 겪은 일과 그 일에 영향을 준 배경을 아는 것으로 충분하다.

문학 찬반토론은 책 내용만으로 토론하기 때문에 자료 수집보다 인물의 행동을 분석하여 근거를 만드는 데 집중해야 한다. 더 많은 사실을 아는 것보다 인물의 행동을 어떻게 바라보는지가 중요하다. 찬성과 반대 측이 똑같이 아는 내용을 얼마나 깊이 해석하느냐에 따라 찬성의 근거로도, 반대의 근거로도 쓰이기 때문이다.

문학으로 찬반토론을 하면 인물의 행동을 여러모로 따져보기 때문에 책 내용을 깊이 이해하게 된다. 대상도서에 등장하는 인물의 심리와 행동을 따져보고 분석하면 인물이 살아서 움직이는 것 같은 느낌을 받는다. 대상도서 내용이라는 제한된 공간에서 일어난 사건을 다루기 때문에 해석이 다양하고 깊어진다. 시간을 많이 들이지 않고도 논리를 정확하게 세우므로 오히려 문학책으로 토론하는 것이 논술 쓰기에 도움이 된다. 예를 들어보자.

▶ 문학으로 논리 세우기 예 1. 이문구의 『일락서산』

등장인물 '나'가 할아버지와 아버지 중에 누구의 가치관을 따라야 하는지 토론했다. 할아버지는 시대 흐름을 거부하고 과거의 가치를 내세우며 살아간다. 반면 아버지는 진보적인 생각을 가지고 공산주의 가치를 추구한다. 아버지가 할아버지와 직접 맞서지는 않지만 할아버지의 생각을 거부한다. 손자인 '나'는 할아버지에게 영향을 받으며 자랐다. 그러나 아버지에게 호감을 느끼고 아버지의 생각에 호기심을 갖는다.

기존 가치와 새로운 가치 사이에서 고민하는 사람은 어느 사회에나 있다. 국가에서는 보수와 진보정치인이 서로 옳다고 주장한다. 학교에서도 기존 가치와 새로운 가치가 다툰다. 이를 토론하면 다루어야 할 내용이 너무 많아져서 힘들다. 『일락서산』에서 할아버지와 아버지의 가치를 견주어 논술을 쓰면 논제에 집중하기 쉽고 논술 훈련에 효과가 좋다.

▶ 문학으로 논리 세우기 예 2. 양귀자의 『원미동 시인』

몽달 씨가 맞는 걸 보고도 도와주지 않은 김 반장에게 따져야 하는지 아닌지 토론했다. 김 반장은 깡패 앞에서 몽달 씨를 모른 체하다 깡패가 사라지자 갑자기 태도를 바꾸는 약아빠진 사람이다. 몽달 씨는 모른 체하고 도와주지 않은 김 반장에게 다가가는 미련한 인물이다. '나'는 김 반장에게 분개해서 몽달 씨에게 따지다가 몽달 씨의 진짜 모습을 본다.

깡패들이 친구를 때릴 때 아는 척할지 말지 물었다. 학생들은 김 반장의 태도에 화를 냈지만 깡패가 친구를 때릴 때는 자기들도 모른 척할 거라 대답했다. 그렇다면 몽달 씨가 왜 김 반장에게 아무 일 없다는 듯 다가갔는지 물었다. 김 반장이 약은 사람인 줄 알지만 어쩔 수 없는 상황에 맞춰 살기 위해 일부러 바보처럼 행동했다고 대답한다.

몽달 씨 마음을 이해하기 위해 몽달 씨가 읊은 시를 낭송하고 의견을 물었다. "마른 가지로 자기 몸과 마음에 바람을 들이는 저 은사시나무는, 박해받는 순교자 같다. 그러나 다시 보면 저 은사시나무는 박해받고 싶어 하는 순교자 같다."에서 박해받는 순교자는 몽달 씨가 두들겨 맞고도 김 반장에게 다가가는 모습이라고 말했다. 또한 박해받고 싶어 하는 순교자라는 표현은 김 반장을 무시하고 진짜 시인으로 살고 싶은 마음을 드러낸 거라 말했다. 시를 낭송하며 몽달 씨의 마음을 이해했다고 해서 무조건 몽달 씨가 김 반장에게 따져야 한다는 결론을 내리지는 않는다. 시 역시 찬성이나 반대 모두의 근거로 사용될 수 있다.

▶ 문학으로 논리 세우기 예 3. 이미륵의 『압록강은 흐른다』

『압록강은 흐른다』는 주인공이 내린 결정이 옳은지 찬반토론을 하면서 따져보았다. 또한 미륵의 엄마가 한 말로 볼 때 미륵이 옛 시대의 아이인지, 새 시대의 아이인지 알아보았다.

| 1번 논제 | 미륵이 의학 전문학교에 다닐 때 3·1 운동이 일어났다. 의학 전문학교는 일본 정부의 후원으로 무료교육을 해준다. 학생들이 3·1운동에 참여할지 결정할 때 일부 학생은 일본의 도움을 받아 배우고 있으므로 참여하면 안 된다고 말했다. 민족의 일이므로 참여해야 한다고 말하는 학생도 있었다. 미륵은 3·1 운동에 참여했어야 할까? 하지 말았어야 할까?

| 2번 논제 | 미륵은 아버지와 훈장님에게 한문을 배웠다. 사서삼경을 읽고 시를 썼다. 뒤늦게 신식학교에 갔지만 낱말부터 낯설고 내용이 어려워 공부를 힘들어했다. 건강도 회복할 겸 잠시 시골로 내려왔다가 다시 공부를 준비할 때 친구가 서울로 가지 말고 고향에서 편안하게 살자고 설득한다.

미륵은 이 말을 듣지 않고 공부해서 독일까지 갔지만 다시는 어머니를 보지 못했다. 미륵이 새로운 학교에 가는 게 나았을까?

3번 논제 어머니가 미륵에게 신식학교가 있는 도시보다는 한적한 시골이 더 잘 맞을 거라며 미륵은 옛 시대의 아이라고 말한다. 미륵은 정말 옛 시대의 아이일까? 새 시대의 아이일까?

1번은 민족 정서 때문에 대부분 3·1 운동에 참여해야 한다고 대답했다. 2번 질문에서 미륵이 새로운 학교에 가지 않았다면 독일에 가지 못했을 테고 『압록강은 흐른다』도 나오지 않았을 것이다. 대신 가족과 고국을 그리워하면서도 돌아오지 못하는 슬픔과 고통은 없었을 것이다.

2, 3번 논제를 토론하면서 자연스럽게 옛것을 유지하느냐, 새것을 받아들이느냐로 토론이 확장되었다. 이는 다시 보존이냐 개발이냐의 문제로 이어졌다. 처음부터 보존이냐 개발이냐로 토론했다면 수많은 사례와 자료 더미 속에서 허덕였을 것이다. 한 사람의 삶을 통해 보존과 개발 문제를 생각하면서 책을 더욱 깊이 이해하게 되었다.

이 외에도 『엄마의 말뚝』을 읽고 부모들이 자녀를 자신의 욕심을 채우려는 도구로 사용하는 모습에 대해 어떻게 생각하는지 토론했다. 서울에 있는 대학 입학을 원하는 부모들의 마음, 부모의 욕심에 떠밀려 공부에만 매달려야 하는 자녀들의 슬픈 현실을 나누었다. 대상도서 내용에 폭 빠져 논리를 세워가는 모습이 멋지고 기특했다. 『걸리버 여행기』를 읽고 인간의 미래가 점점 좋아질 것인지 토론했다. 『셰익스피어 4대 비극』을 읽고는 인간이 존귀한 존재인지 아닌지 토론했다. 『고도를 기다리며』에서는 사람이 살아가면서 자기합리화가 필요한지, 과거를 기억하는게 나은지 잊는 게 나은지, 인생이 정말 부조리한지 토론했다.

문학을 읽고 논술을 쓰려면 이야기에 스며 있는 작가의 고민을 읽어내야 한다. 『수레바퀴 아래서』는 대한민국 학생들의 현실을 보여준다. 『멋진 신세계』는 우리의 미래를 생각하게 하고, 『지킬 박사와 하이드 씨』는 인간이 얼마나 위선에 젖어 있는지 고발한다. 문학은 분석력과 통찰력, 논리를 이야기에 담아 독자의 마음을 움직인다. 마음이 빠져들어 쓴 글은 울림이 크다. 논술도 마찬가지다.

논리로
인간의 이중성을 판단하다

둘째 시간에는 지킬이 하이드로 변하는 과정과 결과를 나타내는 문장
을 골라 인간의 이중성에 초점을 맞춰 토론했다.

▶ "나는 도덕적 측면과 나 자신의 인성 안에서 철저하면서도 시원적인
인간의 이중성을 인식하게 되었다. 즉 내 의식의 영역에서 두 본성이 투
쟁하고 있으며, 만일 내가 그 둘 중 어느 하나라고 해도 틀리지 않는다
면, 그것은 내가 근본적으로 그 둘 모두이기 때문이란 사실을 알게 된
것이다."(98쪽)

의식 영역에서 투쟁하는 두 본성이 무엇을 뜻하는지 토론했다. 선과
악, 이기심과 이타심, 욕망과 절제 등을 말한다. 지킬 박사는 인간의 선
과 악을 분리하면 악을 통제할 수 있다고 생각했다. 양쪽으로 딱 나누면
분별하기 쉽고 설명도 쉽다. 그러나 삶의 경험은 그렇게 나누어지지 않
는다. 말로는 인간의 이중성을 설명하겠지만 삶은 훨씬 복잡하다. 학생

들도 과학 실험으로 인간의 본성을 다루는 위험성을 예상해야 한다고
말한다.

▶ "만일 각각을 분리해서 별개의 육신 속에 집어넣을 수 있다면 인생은
견딜 수 없는 저 모든 고통에서 해방될 것이라고 나 스스로에게 말했다.
(…) 고통스러운 의식의 자궁 속에서 양극단에 위치한 쌍둥이가 끊임없
이 투쟁하는 것이야말로 인류에게 가해진 저주였다. 그렇다면 어떻게
이 둘을 분리할 것인가?"(98~99쪽)

　양극단에 위치한 쌍둥이 감정(선한 감정, 악한 감정)을 어떻게 다룰지
토론하다가 『체를 통과하는 물』에서 다룬 '성선설, 성악설'까지 꺼낸다.
두 명은 인간이 원래 악하거나 악한 자아가 더 강하다고 한다. 일곱 명
은 독립된 두 쌍둥이(선, 악) 중에서 악이 활성화될 조건이 더 갖추어져서
하이드가 강해졌다고 대답한다. 그러자 다시 인간은 원래 악하며 주변
환경 때문에 악해진다는 말은 변명이라고 반박한다. 이럴 때마다 히틀
러가 등장한다.

　지금 나누는 이야기도 정리하기 어렵겠지만 기왕 흐려진 물 확 휘저
으려고 『예루살렘의 아이히만』을 소개했다. 아이히만은 유대인 학살의
최종 결정권자였다. 성실한 태도로 주어진 직무에 최선을 다해 유대인
육백만 명이 죽었다. 나는 학생들이 중심에서 벗어나려 하면 쉬운 질문
을 해서 논제로 관심을 끌어당긴다. 논제에만 머무르면 밖으로 튀어나
가도록 새로운 질문을 던진다. 지금은 더 어려운 상황을 만들었는데도
내가 알던 학생들이 맞나 싶을 정도로 토론에 쏙 빠져들었다. 한 마디
한 마디가 귀하다고 느낀 시간이었다.

감정을 분리하는 게 가능한지 나누었다. 감정은 변화무쌍해서 3대 7, 이런 식으로 나누기가 불가능하다고 한다. 측정 자체가 불가능하다는 의견, 정신은 쓰면 쓸수록 강화되거나 약화되기 때문에 선과 악의 비율이 계속 변할 거라는 의견도 나온다. 쓰면 쓸수록 강화된다는 이론은 라마르크의 용불용설이다. 적자생존과 용불용설을 설명한 뒤에 감정도 용불용설에 해당하는지, 선한 사람은 더 선해지고 악한 사람은 더 악해지는지 토론했다. 의견이 분분하다.

과학으로 인간의 마음을 분석하는 건 위험하다. 눈앞의 이익만 생각하다가 예상치 못한 결과를 만난다. 경고신호가 나타난다고 해도 뒤따를 위험을 무시하는 경우가 많다. 현재의 호기심과 이익은 눈을 가린다. 지킬도 막연한 불안을 갖고 있었지만 호기심과 욕심이 커서 경고를 무시했다. 죽음을 대하는 태도도 마찬가지다. 지금 누리는 것만 바라보면 죽음을 불안으로 여기지 않고 감춰버린다. 나 혼자 『지킬 박사와 하이드 씨』를 읽을 때는 이런 생각을 하지 못했다. 책은 나누어야 한다. 나누면 나도 학생들에게 배운다. 학생들을 통해 책을 더 깊이 느꼈다.

▶ 하이드 씨의 속성을 제어한다는 측면에서 생각해보자. 학교에서 잘못을 저질렀을 때 벌점을 주고 징계하는 방식과 사회에서 법에 어긋나게 행동한 사람을 감옥에 가두는 제도에 대해 어떻게 생각하는가?

학생들이 벌점, 징계의 효과와 한계를 잘 알고 있다. 벌점 때문에 자신을 제어하는 학생도 있지만 완벽하진 않다. 지킬이 하이드를 통제하는 선까지는 효과가 있지만 경계를 넘어서면 벌점을 무시한다. 징계할 테면 하라고 버틴다. 더 엄격한 기준을 만들어 통제하면 규칙을 잘 지키는 학생까지 고통받는다. 그렇다고 합리성만 생각하면 경계를 넘어선 학생을 제어할 수 없다. 법은 융통성이 없지만 빠져나갈 구멍도 많다.

법이 엄한 싱가포르에서 살고 싶은지 물었다. 한 명만 좋다고 한다. 대부분 자신이 언제든지 법이 정한 기준을 넘어설 수 있기 때문에 싫다고 한다. 우연히 죄를 지을 수 있다는 가능성을 두고 말한다. "우연히?"라고 되물으니 웃는다. 학생들은 안전장치를 두고 싶어 한다. 우연히 죄를 지을 때 슬쩍 비껴갈 수 있는 곳에서 살고 싶어 한다.

"그럼 다른 사람의 우연으로 너희가 피해를 볼 수도 있는데?"
하니 어쩔 수 없다고 한다. 하이드 성향이 우리에게 이익을 준다면 눈감아주겠다는 셈이다.

보통 사람들은 지킬, 하이드와 공존하며 살기를 원한다. 지나치게 하이드로 살고 싶지 않지만 지나치게 지킬로 살려 하지도 않는다. 적당히 두 성향을 오가며 살기를 원한다. 둥글둥글 살면 좋겠지만 이런 태도가 '유전무죄 무전유죄'와 같은 말을 만들 텐데……. 이건 말하지 않았다.

▶ 지킬이 자기 마음대로 행동하려고 양심을 내던져 버린 건지, 비슷한 사례가 있는지 물었다. 또 히틀러를 말한다. 나쁘게만 말하지는 않는다. 유대인을 학살한 나쁜 놈이라고 생각하면서도 1차 대전 이후 독일의 상황, 처음에는 그렇게까지 하려고 하진 않았을 거라는 추측, 독일 국민의 정서까지 말한다. 히틀러에 대해 여러 가지 견해를 말했지만 히틀러는 극단적인 예라서 동질화하기 어렵다. 그래서 학교폭력 가해자에 초점을 두고 말해보자 했다.

학교폭력 가해자는 자유로웠을까? 가해하며 희열을 느꼈을까? 그랬을 거라고 한다. 실제로 학교폭력 가해자는 그렇게 보인다. 이렇게 결론 내릴 수밖에 없는 학교의 현실이 안타깝지만 학생들도 악한 사람이 정말 악하다는 걸 안다. 책 읽고 고민하며 글 쓰는 학생들만 모인 곳에서는 하이드를 보기 어렵지만 우리가 살아가는 현실에서는 하이드가 있다.

중등반에서 『지킬 박사와 하이드 씨』를 토론할 동안 초등반에선 『바보 온달』을 나누었다. 평강공주가 바보 온달을 괜찮은 사람으로 바꾸려 했지만 온달은 자존심 내세우고 폭력을 행사하는 사람이 되어버렸다. 초등반에서 '사람이 사람을 바꿀 수 있을까?'를 토론한 과정을 말해주고 물었다. "하이드를 변화시킬 수 있을까? 그러기 위해서 벌점과 징계와 같은 강제수단을 사용해야 할까?" 결론을 내리지 못했다. 하이드가 누군가와 함께 책을 읽고 이야기했다면 달라졌을 거라고 생각한다.

'학교폭력 가해자도 피해자, 방관자와 함께 더불어 살아야 한다.'는 의견에 동의하는지 물었다. 모두 동의한다. 도덕규범이 필요하고 배려와 책임감이 필요하다고 한다.

▶ 어터슨이 경찰에게 신고해야 했는지, 어터슨에게 책임이 있는지 물었다. 어터슨은 지킬의 마음을 갖고 있기 때문에 계속 자책할 거라고 말한다. 그러나 경찰에게 알린다 해도 지킬은 끝까지 실험했을 것이다. 비록 자신이 망가진다고 해도 원하는 결과를 얻을 때까지 계속 밀어붙였을 것이다. 지킬이 비밀실험이라는 중독에서 벗어나기는 어렵다고 한다.

지킬과 하이드로 본
독서감상문과 독서논술의 차이

셋째 시간에는 로버트 루이스 스티븐슨이 책을 쓴 까닭을 물었다. '인간의 이중성을 말하기 위해서'라는 전통적 견해부터 '인간의 내면에는 누구나 서로 반대되는 것들이 있다는 것을 말하고 싶어서', '당시 선한 사람들이 나쁜 짓을 몰래 저지르는 것을 비판하기 위해서', '누구나 내면에 악이 있고 악을 절제하지 못하면 악이 끝없이 늘어남을 알려주기 위해서'라고 한다.

자신의 행동을 용서하지 못한 적이 있는지 물었다. 인간의 이중성이 드러날 정도는 아니지만 알고도 행하지 못한 일들, 작심삼일이 된 경우, 결심과 달리 감정에 치우쳐 행동한 경우를 말한다. '누구나 내면에 괴물을 가지고 있다'는 말에 찬성하느냐 했더니 모두 찬성한다. 인간의 이중성이 무슨 말인지 알아듣지도 못하는 중학생이 많은 현실에서 책 읽고 생각하며 글 쓰는 아이들과 함께 있으니 좋다.

오다연
중2 여 사람이 감정을 통제할 수 있다는 것은 엄청난 착각이다. 인간의 평균 뇌 사용량은 10퍼센트이고 천재도 고작 15퍼센트를 사용한다는데, 뇌에서 미지의 세계인 감정을 어떻게 통제할까? 감정을 통제한다는 생각 자체가 인간의 게으름과 탐욕이 너무 커져버렸다는 증거이다. 평생 만족한 기분을 누리며 살아가고 싶은 심리가 아닌가!

혹시나 감정을 통제할 수 있다면 선과 악의 기준은 누가 가를 것인가? 어떤 게 선이고 악인지 정확하게 구분할 수 있는 건. 아무도 없을 것이다. 선이라도 지나치면 악으로 변할 여지는 언제든지 있으니까. 기준을 가르는 것부터, 정해진 선의 정도, 악이 재발했을 때 뒤처리 등 심각하게 고민해야 할 것이 수두룩하다.

사람의 욕심으로 만들어진 불완전한 선의 세계에는 없어지는 것들과 새로 생기는 것이 극심할 것이다. 악당을 연기할 필요가 없으니 SF나 스릴러, 추리 등의 장르는 사라질 것이다. 대신 달콤한 연애소설, 자유로운 여행가들의 모임 등의 것들이 활성해질 것이다. 모두가 이런 것들에 만족하고 고마워하겠지. 선한 세계니까 말이다.

사람이 감정을 통제할 방법과 대책을 만들고 선한 세계가 된 세계의 끝은 뭐가 남을까. 슬픔과 고통이란 감정이 없으니 사람이 죽어도, 아기를 낳지 않아도 그러려니, 만족해하는 세계는 없어질 것이다. 감정을 통제한 사람들에겐 회개할 일말의 감정이 없으니 감정을 통제한다는 것은 어쩌면 가장 불행한 저주가 아닐까.

다연이는 내가 제시한 논제로 글을 쓰지 않았다. 토론하면서 가진 생각을 쏟아내느라 책 내용도 전혀 쓰지 않았다. 제목도 그냥 '지킬 박사와 하이드 씨를 읽고'이다. 글을 정리하면 다음과 같다.

│ **1문단** │ (주장) 사람이 감정을 통제할 수 없다. (근거) 뇌과학에서 미지의 세계인 감정을 통제한다는 생각은 탐욕과 게으름에서 나왔다.

│ **2문단** │ (주장) 감정을 통제할 수 있다고 해도 기준을 정할 수 없다. (근거) 선과 악은 기준을 정하기 어려운 특성이 있다.

│ **3문단** │ (주장) 선악을 통제하면 세상이 더 나빠진다. (근거) 선해진 경우의 미래 모습을 제시한다.(하물며 선을 통제해서 악만 활성화 되면 어떻게 되겠느냐는 암시가 숨어있다.)

│ **4문단** │ (주장) 감정이 사라지면 저주만 남는다. (근거) 일상에서 감정이 사라지면 기쁨과 슬픔이 없어진다.

윗글은 독서감상문일까, 독서논술일까? 네 문단 모두 주장과 근거로 이루어져서 논술처럼 보인다. 순서가 바뀌기는 했지만 3문단에서 자신의 주장을 설명했고 2문단에서 상대편 주장에 대한 반론을 들었다. 문단모두 170~180자 분량으로 일정하게 썼다. 평균 뇌 사용량을 근거로 들고 선악의 기준을 누가, 어떻게 정할지 묻는 것도 논술에 가깝다.

그러나 나는 독서감상문이라고 본다. 독서논술도 독자의 '느낌과 생각을 쓴 글', 즉 감상문이다. 감상문과 논술이 다른 글이라고 해도 이 글에는 논리보다 다연이의 생각이 도드라진다. 감정을 통제할 때 사라지는 문학 장르와 인간의 만족감은 다연이가 관심을 가진 내용이다. 논리를 내세운다면 하이드가 사회에 미친 영향을 재해석하는 게 낫다.

다연이의 글은 주어진 논제에 찬성, 반대 견해를 정해서 논술을 쓰지 않았지만 누가 보더라도 뛰어난 논리로 쓴 글이다. 책을 읽고 토론하며 깊이 생각하면 논리를 담건, 그렇지 않건 좋은 글을 쓴다. 그러면 왜 많은 학생들이 독서감상문에 줄거리만 쓸까??

논리보다 감정을 앞세우는 사람들이 많다. 대화에는 논리가 빠진 짧은 감탄사가 가득하다. 'ㅋㅋ, ㅎㅎ'가 떠다닌다. 학생들에게 왜 그랬느냐고 물어보면 '그냥'이라고 대답한다. 친구를 괴롭혀도 '그냥', 나쁜 행동을 해도, 해야 할 일을 하지 않아도 '그냥' 한마디뿐이다. 교사도 같은 태도를 보인다. 아이에게 '그냥 시키는 대로 하지 왜 따지느냐' 한다. 차근차근 설명해주지 않고 그냥 하라고 강요한다.

'그냥'에 물들면 책을 읽어도 느끼지 못한다. 느끼는 게 없으니 글을 못 쓴다. 쓴다고 해도 그냥 정답만 쓴다. 반드시 어떻게 해야 한다고 써놓아도 마음에 와 닿지 않는다. 간절함이 없는데 어떻게 설득할까! 논술은 논리로 쓰지만 정해진 기법에 따라 정답을 쓰면 안 된다. 간절한 마음으로 외쳐야 한다. 확신이 드러나는 문장으로 근거를 제시하고, 꼼꼼하게 따져보고 주장을 내세우라고 말하기에 앞서 논제를 고민하는 마음이 생겨야 한다. '호소'가 아니라 '논리'로 표현하지만 논술도 마음에서 나와 마음을 움직이는 글이다.

독서감상문은 마음을 마음대로 표현하는 글이다. 책 내용에 따뜻하게 반응하면 좋지만 차갑게 비판해도 괜찮다. 어떤 감정을 표현하건 공감을 불러일으키면 된다. 느낌을 나타내는 형용사를 많이 쓰며, '~라고 생각한다. ~인 것 같다'처럼 확신 없는 표현도 괜찮다. 생각을 자세하게, 감정의 떨림 하나도 놓치지 말고 쓰면 좋다. 이렇게 쓰려면 4학년은 되어야 한다. 그전에는 독서편지 정도면 충분하다.

논술은 논리로 표현하는 글이다. 초등학생은 이성과 논리보다 감정이 훨씬 강하기 때문에 5학년은 되어야 쓸 수 있다. 더 늦게 시작해도 괜찮다. 초등학생은 서론, 본론, 결론의 형식을 갖춘 글을 가끔 쓰면 된다. 중학생은 논술을 쓰되, 감상문을 논술보다 두 배 정도 많이 쓰면 좋다. 짜임을 배우고 형식을 갖춰 쓰도록 연습해야 한다. 고등학생은 대학 입시를 준비해야 하므로 논술을 감상문보다 두 배 쓰면 좋다. 다섯 문단이나 일곱 문단으로 이루어진 논술을 꾸준히 써야 한다.

독서감상문과 논술은 쓰는 내용, 내용을 구성하는 방식, 표현이 완전히 다르다. 독서감상문과 논술을 쓸 때는 다른 사람이 된 것처럼 태도를 바꿔 써야 한다. 독서감상문에는 논술의 표현을 써도 되지만 논술은 독서감상문처럼 쓰면 안 된다. 그러나 내가 만난 학생들은 한 명도 빠짐없이 논술을 독서감상문처럼 썼다. 논술을 논술답게 쓰기까지 오래 걸렸다. 둘을 다르게 써야 한다는 말 자체도 이해하지 못했다.

『지킬 박사와 하이드 씨의 기이한 사례』를 토론하다가 지킬이 독서감상문을, 하이드가 논술 쓰는 태도를 보여준다는 생각이 들었다. 독서감상문을 쓸 때는 지킬의 마음으로 생각나는 내용을 편하게 쓰면 된다. 논술을 쓸 때는 하이드 씨가 되어야 한다. 잔인하게 상대방을 무너뜨리라는 말이 아니다. 뜨거운 가슴으로 열정을 뿜어내되 차갑게 표현해야 한다. 소리 높여 주장하되 명확한 자료와 증거를 내세워야 한다. '좋다, 나쁘다, 아름답다, 멋지다'가 아니라 '옳다, 그르다, 당연하다, 때문이다'로 쓴다. '~라고 생각한다', '~인 것 같다'를 쓰면 안 된다. 뜨거운 마음을 차가운 논리로 표현한 글이 논술이다. 학생들에게 독서감상문은 지킬 박사, 논술은 하이드 씨가 되어 쓰라고 했더니 둘의 차이를 이해했다.

『지킬 박사와 하이드 씨의 기이한 사례』를 읽고 나는 인간이 어떤 존재인지에 대해 생각했다. 학생들이 쓴 글을 읽으며 '인간이란 무엇인가?'에 대해서 토론해도 괜찮았을 거라는 생각이 들었다.

논술을 쓰면
생각의 차이가
드러난다

"원래 바나나의 종류는 천여 가지에 이를 정도로 다양했는데, 병충해를 입어 큰 손실을 겪은 뒤, 단단해서 장거리 수송에 용이하고 병충해에도 강한 '캐번디시'(cavendish)라는 한 가지 종류만 기르게 되었대."(143쪽)

논술 쓰기의 기본 원리를 일깨워준 책

식탁 위의 세계사

이영숙 지음, 창비, 2012

『식탁 위의 세계사』는 세계 역사에서 중요한 사건을 여덟 가지 음식(감자, 소금, 후추, 빵, 닭고기, 옥수수, 돼지고기, 바나나, 포도)으로 소개하는 책이다. 특정한 시대를 자세하게 다루지 않지만 음식이라는 소재가 좋다. 여덟 가지 음식은 대부분 특정 지역에서 소규모로 경작했지만 효율을 앞세운 강대국들이 대량 생산 체제를 도입하면서 한두 품종만 기르게 되었다. 종의 다양성을 무시하는 단일화가 위험 신호를 보내고 있는데도 다국적 기업은 이익에 눈이 멀어 이를 무시한다. 우리는 오랫동안 단일민족이라는 사실을 자랑스러워했다. 그러나 단일민족이라는 자부심은 폐쇄성과 편견을 낳았다. 한 가지만 고집하는 태도는 위험하다. 다수와 강자를 따라가는 경향이 강해서 소수와 약자를 무시한다. 한 가지 생각만 옳다고 외치는 사회에서는 다르게 생각하는 사람들과 협력하기 어렵다. 소수의 의견을 받아들이고 차이를 인정하는 모습이 많아지긴 했지만 여전히 다수의 생각을 내세워 다양성을 무시하고 개성을 짓누른다. 그래서 단일화 망상을 논제로 삼아 우리를 돌아보는 기회를 가졌다. 첫해 12월에 토론했다.

역사가 어렵다고 생각하는 중학생에게 '음식으로 엮은 세계사'는 읽기 쉽고 다가가기 편하다. 그러나 서로 다른 시대, 다른 상황을 음식으로 연결해 놓아서 토론이 쉽지 않을 것 같았다. '이해관계'를 주제로 감자, 소금, 후추, 빵, 닭고기를 다루고 '무역'을 주제로 돼지고기, 옥수수, 포도, 차를 다루기로 했다. 그리고 전체 내용을 단일경작의 폐해에 맞춰 토론하고 단일화를 주제로 논술을 썼다. 첫 시간에 강대국과 약소국의 이해관계를 주제로 음식들의 역사를 이야기했다. 복잡한 이해관계 속에서 오류와 선입견을 가려내고 잘못된 전제로 논리를 펴지 않는지 따졌다. 논술을 쓸 때 논제에 포함된 전제가 무엇인지 알아야 한다는 걸 깨닫는 시간이었다. 두 번째 시간에는 무역을 주제로 토론했다. 자연스럽게 FTA 이야기가 나와 아이들 생각을 물었다. 깊이 있는 글을 쓰기 위해 배경 지식을 서로 나누었다. 세 번째 시간엔 단일 경작, 다국적 기업, 단일화 등으로 이야기를 나누었다. 배경 지식을 통해 현실 문제와 해석할 힘을 길렀다. 그리고 글을 썼다.

논술을 쓰려면 전제를 알고
논제를 분석해야 한다

첫 시간에 강대국과 약소국의 이해관계를 주제로 감자, 소금, 후추, 빵, 닭고기 관련 역사를 이야기했다.

아일랜드와 영국의 이해관계 중심에 감자가 있다. 영국은 1500년대에 아일랜드를 침략했다. 아일랜드는 민족과 언어, 종교가 다른 영국의 지배를 받으며 고통을 당했다. 영국이 밀을 비롯한 주요 곡물을 수탈해가자 아일랜드 국민은 감자를 먹으며 버텼다. 1845년에 감자 마름병이 아일랜드 전역에 번져 1851년까지 이어졌다. 감자 대기근이 끝난 1851년의 기록에 따르면 백만 명이 굶어 죽었고 백만 명이 기아를 피해 이민을 했다고 한다.

영국이 인도를 지배하면서 인도 사람들에게 소금세를 부과하자 간디는 소금세 납부를 거부하는 운동을 펼쳤다. 1930년 3월 12일 사바르마티 아쉬람이라는 곳에서 염전이 있는 구자라트 주의 단디 해변까지 370킬로미터를 26일 동안 걸어갔다. 유럽 여러 나라는 후추를 비롯한 향신

료를 먹기 위해 남아메리카 나라들을 고통 속에 몰아넣었다. 강대국이 욕심을 부릴수록 약소국은 괴로움을 당했다.

음식의 재료가 되는 곡식은 지형과 기후에 따라 생산되는 지역이 서로 다르다. 특정한 지역에서만 생산되는 곡식은 이해관계가 얽힌다. 세계가 정치, 경제, 사회, 문화 면에서 복잡하게 얽힌 현대 사회에서는 갈등이 더 심해졌다. 일정한 지역에만 나는 석유 자원 때문에 전쟁이 일어나며, 희토류(희귀한 열일곱 가지 원소)는 고릴라를 죽이고 살린다. 음식 이야기를 하면서 석유와 희토류가 일으키는 문제까지 토론했다.

한 국가 내에서도 음식은 이해관계가 복잡하게 얽혀있다. 프랑스 국민들이 주린 배를 움켜쥐고 빵을 찾을 동안 프랑스 왕실과 귀족은 사치와 향락에 빠졌다. 왕비 마리 앙투아네트가 음란하고 방탕하며 사치를 부린다고 소문났지만 사실은 루이 14세부터 이어진 실정의 결과였다. 그러나 빵에 굶주린 백성들의 눈에는 옳고 그름이 제대로 보이지 않았다.

미국의 후버 대통령 역시 앞선 시대가 남긴 문제 때문에 일어난 대공황을 이겨내기 위해 노력했지만 대공황을 일으켰다는 오해를 짊어져야 했다. 후버는 모든 국민이 닭고기를 먹게 해주겠다는 공약을 내세워 대통령이 되었다. 그러나 이전부터 쌓인 거품이 재임 중에 경제대공황으로 터져 나와 국민들의 비난을 받았다. 후임인 루즈벨트가 대공황을 극복했다고 알려졌지만 대공황 극복의 발판은 후버가 놓았다.

후버를 대공황의 주범으로 몰아세워 무능한 대통령이라고 부른 당시 사람들의 판단은 틀렸다. 당시 미국인들이 눈앞에서 벌어지는 일에 일희일비한 태도가 우리 모습과 비슷하다. 사람은 자신이 이미 아는 경험과 사실만으로 판단한다. 자신이 제대로 알지 못한다는 사실을 인정하지 않고 엉뚱한 원인을 찾거나 이상한 결과를 만들어낸다.

모든 사람은 언론 매체, 가정환경, 만나는 사람들에게 받은 영향 때문에 자기만의 전제를 갖고 살아간다. 책을 쓴 작가도 자기 가치관으로 글을 쓴다. 그러므로 논술을 쓰려면 자신의 생각 바탕에 있는 전제, 일반 대중이 생각하는 전제, 대상도서의 저자와 대상도서 내용에 등장하는 인물의 전제, 논제에 포함되어 있는 전제를 알아야 한다. 자신의 생각이 잘못된 전제에서 나온 건 아닌지 확인해야 한다.

사람의 판단 과정에는 오류와 선입견이 작용한다. 한 가지가 좋으면 다 좋게 판단하는 후광효과, 첫인상으로 나머지까지 판단하는 초두효과, 대중의 분위기를 따라가는 동조현상, 타고난 고집쟁이 성향을 보여 주는 확증편향 들이 올바로 판단하지 못하게 방해한다. 자신이 잘못된 전제를 갖고 있다는 사실을 안다고 해도 바꾸기 어렵다.

학생들이 쓴 글에는 부모의 가치관이나 가정의 분위기가 드러난다. 지금까지 글을 얼마나 썼는지, 글쓰기를 좋아하는지 뿐만 아니라 성격과 관심사도 드러난다. 이런 것들이 모두 전제가 되어 논술에 오류를 불러일으킨다. 논술은 생각을 객관화해서 표현하는 글이다. 그러므로 논술을 쓰기 전에 반드시 논제가 말하는 전제를 확인해야 한다.

'메피스토의 유혹은 파우스트의 성장에 도움이 된다'는 논제로 『파우스트』에 대한 독서토론을 할 때는 유혹과 성장이 무얼 말하는지 따져봐야 한다. 사람마다 유혹과 성장을 다르게 생각한다. 전제를 확인하지 않고 토론하면 만나지 않는 기차선로처럼 서로 다른 이야기를 끝없이 하는 경우가 생긴다.

식량안보란 인구증가, 자연재해, 전쟁 등을 고려하여 어느 상황에서나 먹을거리를 확보하는 것을 말합니다. 2008년과 2010년 세계를 강타한 국제 곡물가격 상승으로 식량안보의 위기가 심각해지고 있습니다. 최근의 세계적인 식량위기와 관련하여 그 원인을 글 〈가〉와 〈나〉를 참고하여 서술하고, 이러한 식량안보의 위기가 우리나라 및 개발도상국에 끼치게 될 영향에 대해 글 〈다〉와 〈라〉를 통해 알아본 후, 식량위기를 극복하고 식량안보를 강화할 수 있는 방안에 대해 논술하시오.

제15회 대한민국 독서토론·논술대회 중학교 논제이다. 똑같은 전제에서 논술하도록 식량안보가 무엇인지 설명하고 있다. 이렇게 하지 않으면 식량과 안보에 대한 저마다의 생각으로 논술하게 되어 논술의 핵심이 흐려진다. 그러므로 논술을 쓰려면 반드시 논제에 포함된 전제를 알아야 한다.

논술을 쓰려면 사실을
자신만의 관점으로 해석해야 한다

두 번째 시간에는 돼지고기, 옥수수, 포도, 차를 '무역'이라는 주제로 묶어서 토론했다. 옥수수가 석유를 대신할 바이오 연료의 원료로 쓰이면서 옥수수 가격이 오르기 시작했다. 중국 경제가 발전하면서 중국인들의 돼지고기 섭취량이 늘어나자 돼지 사료인 옥수수 가격이 뛰었다. 옥수수를 대신해서 값싼 밀을 찾았고, 밀값이 오르면서 밀가루로 만드는 과자값이 올라갔다. 중국 사람이 돼지고기를 좋아해서 우리가 과자값을 더 내게 된 셈이다. 이런 현상을 나비효과라고 한다. 세계가 가까워지고 국가가 밀접하게 연결되었기 때문에 중국에서 나비가 날갯짓을 하면 우리나라에 폭풍이 몰아치는 일이 생겼다.

기업과 기업, 국가와 국가가 이익을 얻기 위해 상대에게 해악을 끼치는 예를 찾아보라고 했다. 후추, 아편, 면화, 바나나를 든다. 모두 노동력이 많이 필요한 1차 산업이라는 점도 찾아낸다. 대항해 시대 이후 유럽 강대국들은 약소국에서 들여온 값싼 원재료로 물건을 만들어 비싸게 되팔았다. 약소국의 경제를 무너뜨려 자기들에게 필요한 1차 산업의 노동력 공급지역으로 만들어 버렸다. 아시아와 남아메리카, 아프리카 사람들이 고통을 당하건 말건 자기들 배만 채웠다.

모든 나라가 이익을 얻으려고 하니 충돌은 불가피하다. 강대국과 강대국, 강대국과 약소국, 약소국과 약소국 사이에서 문제를 어떻게 해결하는지 물었다. '강대국끼리는 싸우지 않는다, 서로 힘겨루기만 하다가 끝낸다, 싸우더라도 약소국의 등을 떠밀어 대신 싸우게 한다, 약소국끼리는 피 터지도록 싸운다, 이익은 얻고 싶고 강대국과는 싸울 수 없으니 만만한 상대와 싸운다, 강대국은 싸움을 부추기거나 힘을 내세워 이익을 챙긴다, 결국 강대국은 점점 부유해지고 약소국은 힘들어진다.'고 한다.

어디에서 이런 일이 많이 벌어지는지 찾아봤다. 아프리카를 포함해서 가난한 나라 대부분의 현실이다. 욕심을 채우기 위해 강제로 빼앗는 강대국, 자기 배를 불리기 위해 강대국에 빌붙어 국민을 가난으로 몰고 가는 약소국 지도자, 가난과 고통에 희망을 잃고 하루하루 버티는 국민들이 살아가는 곳이다. 학생들이 토론하면서 화가 난다고 한다.

영국은 신사의 나라로 알려져 있다. 그러나 영국은 신사로 살기 위해 아프리카와 아시아의 여러 나라 국민들을 고통에 몰아넣고 괴롭혔다. 영국은 중국과 차 무역을 하면서 손해가 커지자 아편을 팔아 무역적자를 해소했다. 지금도 나라들은 이익을 얻기 위해 보이지 않는 전쟁을 벌이고 있다. 관세, 보호무역, 관세철폐, 보복관세 따위를 이야기했다. 자연스럽게 FTA 이야기가 나온다. 자동차를 팔기 위해 외국 농산물을 들여오는 게 바람직한지 물었는데 대답하지 못한다. 한 가지 주제를 깊이 이해해야 글을 쓰는데 무역에서 중요한 개념인 FTA를 학생들이 모른다.

글을 잘 쓰려면 지식을 나열만 해서는 안 된다. 지식은 이미 곳곳에 넘쳐난다. 스마트폰이 질문에 대답해준다. 그럼 무엇이 필요할까? 『식탁 위의 세계사』는 여러 책에서 이미 다룬 내용을 소개한다. 그런데도 제2회 창비청소년도서상을 받았다. 청소년들에게 음식이라는 새로운 관점으로 역사를 소개하기 때문이다. 이처럼 이미 아는 지식을 어떻게 재해석하느냐에 따라 지식의 가치가 달라진다.

우리나라 학생들은 독서량이 부족하다. 정답 찾기 위주의 공부를 하기 때문에 글을 읽고 새롭게 해석하는 능력은 더욱 부족하다. 글쓴이가 어떤 생각을 바탕에 두고 이야기를 전개하는지 모르며 자신이 어떤 전제를 가졌는지도 모른다. 논술을 쓰려면 자신, 글쓴이, 일반 대중의 생각을 이해하고, 찾아낸 자료를 새롭게 해석해야 한다.

학생들에게 필요한 건 지식을 암기하는 저장능력이 아니다. 정말 중요한 것은 해석능력이다. 글을 잘 쓰려면 자기만의 시각으로 해석해야 한다. 물론 사람들이 인정하는 해석이라야 한다. 안도현 시인은 다 타버려 쓰레기장으로 가는 연탄 한 장을 '다른 사람을 위해 제 몸을 불태우고 재가 되어버린 삶'으로 보았다. 도종환 시인은 바람에 흔들리는 꽃을 고민과 방황 가운데에도 버티는 우리들의 삶으로 재해석했다. 두 시가 사람들을 얼마나 위로했던가! 어떻게 보느냐에 따라 우리 주위에 놓인 수많은 사물이 보물로 변한다.

대공황, FTA, 무역에 대한 내용이 어렵기 때문에 내가 주장을 늘어놓으며 설명하면 학생들은 어정쩡한 이야기만 기억할 게 뻔하다. 한 사람의 좋은 설명을 듣는 것도 도움이 되겠지만 독서모임은 서로 말하고 들으며 배우는 곳이다. 여러 사람이 어울려 조금씩 생각을 더해 서로의 부족함을 채워주어야 한다.

　무엇으로 이걸 알려줄까? 바나나가 생각났다. 여덟 가지 음식은 모두 강자들이 이익을 위해 단일경작 체제를 만들었다. 그런데 지금까지 여전히 강력한 단일경작 체제를 유지하는 작물이 바로 바나나이다. 그래서 논제를 '단일화 망상'으로 잡았다. 셋째 시간에 바나나를 중심으로 단일화에 대해 토론한 뒤에 글을 쓰기로 했다.

논리 비약 없이 책 내용을
현실 문제와 연결해야 한다

〈지식채널 e〉 "안녕, 바나나"에 따르면 전 세계에서 '캐번디시'라는 단한 종류의 바나나만 사고 팔린다. 1950년대까지는 '그로 미셸' 바나나만수출했다. 천여 종이나 되는 바나나 품종에서 딱 한 종류만 기르는 까닭은 이윤이다. 더 맛있는 품종의 바나나가 많지만 오래 운반해도 견디는바나나라야 판매하기 쉽다. 아무리 맛있더라도 운반이 어려우면 비용이많이 든다. 품종을 단일화하면 운반과 관리가 편하지만 병충해가 생기면 한꺼번에 죽을 위험이 있다. 이를 방지하려면 농약을 많이 뿌려야 한다. 결국 품종의 단일화는 일부 기업에 이익을 가져다주지만 소비자의건강을 해친다.

단일화의 위험성을 몰랐던 대기업은 이익을 위해 중남미 국가에 그로미셸만 잔뜩 심었다. 각 나라에 있는 고유한 품종을 제거하고 그로 미셸로 단일화하자 종 다양성이 사라졌다. 변화가 없는 단일한 유전자 조합은 병에 약해질 수밖에 없다. 파나마에서 시작된 곰팡이 병으로 그로 미셀이 다 죽어버렸다.

그러자 다국적 기업이 이번에는 캐번디시를 잔뜩 심었다. 그로 미셸의 멸종을 보면서도 단일화의 위험성보다 기업의 이익을 더 중요하게 여겼다. 그 결과 1980년대 변종 곰팡이가 발생해서 대만에서 재배하는 캐번디시 바나나 70퍼센트를 말라 죽게 만들었다. 그런데도 전 세계 바나나 수출량의 80퍼센트를 기르는 중남미 국가는 여전히 캐번디시 한 종류만 기른다.

"단번에 멸종하는 위험이 있는데도 왜 단일경작을 유지할까?"

돈 때문이라고 대답하지만 학생들은 단일경작이 어떻게 돈을 더 벌게 해주는지 모른다.

"한 농부는 바나나만 심어. 다른 농부는 우리가 먹는 채소 50종을 혼자 다 심어. 어떻게 다르지?"

하니 하나만 심는 사람은 한꺼번에 심고 한꺼번에 약 치고 한꺼번에 거둬들여서 재배하기 쉽다, 경작 방법을 한 가지만 알아도 된다고 한다. 다양한 경우의 수를 계산하지 않아도 된다, 다양하게 심으면 여러 가지 방법을 알아야 하고 씨 뿌리고 걷는 시기가 계속 달라 복잡하다고도 한다. 대신 한 가지 작물을 심을 경우 문제가 생기면 한꺼번에 죽어버리는 위험이 있다.

기업은 이윤을 극대화하기 위해 한 사람이 50가지 작업을 하던 수공업을 50명이 한 가지 작업만 계속하는 공장식으로 바꾸었다. 혼자서 자동차를 한 대씩 만들던 기술자를 분업화해서 창문 기술자, 볼트 기술자, 바퀴 기술자 등으로 나누었다. 종일 창문만 끼우다 보니 실력이 늘어 자동차 생산량이 증가한다는 이야기를 했다.

단일경작은 단기간에 많은 이윤을 남기는 데 유리하다. 한꺼번에 한 가지에 집중하면 생산력이 높아지고 관리가 쉽다. 역사에서 이런 경우를 찾아보라 했더니 스파르타를 말한다. 스파르타는 전사를 기른다는 한 가지 생각만 가졌기 때문에 강한 능력을 발휘했지만 동시에 다양성을 갖지 못해서 생기는 여러 가지 문제가 있었다. 학생들이 바나나의 단일화 위험성에서 스파르타를 근거 사례로 찾아냈다.

우리나라 역시 오랜 기간 외세의 침략을 받았고, 좁은 국토에서 경쟁하며 살았기 때문에 대세를 따라야 하며 튀지 말아야 한다는 생각이 자연스럽게 자리 잡았다. 음식을 먹을 때도 한 가지로 통일해서 주문하려 했다. 우리나라 국민들의 마음이 하나로 단일화된 사례를 찾아보라 하니 일제강점기에 독립을 향한 열망, 새마을 운동, 월드컵 16강 때 국민들이 한마음이 되어 목표를 향해 달렸다는 이야기를 한다.

사례를 바탕으로 추진력, 협동하는 마음, 폭발적인 힘이 언제 필요하냐고 물으니 '어렵고 위기에 처할 때'라고 한다. 이럴 때 다양성을 주장하면 듣지 않는다. 단일화 망상에 빠진 사회에서는 스파르타가 약한 아이를 죽이고, 우리나라에서 튀는 생각을 가진 사람을 몰아붙인 일들이 일어날 것이다.

지금은 국민의 힘을 하나로 모아야 할 때인지 다양성을 인정하고 서로 생각을 나누며 함께 가야 할 때인지 물었다. 다양성이 인정되어야 하는 시대라 한다. 그렇다면 학교에서 학생들이 저마다 꿈을 이루어 가며 나라에서도 이를 인정하고 도와주는 모습이 있어야 한다. 지금 우리나라가 그러한가 물으니 아니라고 한다.

다국적 기업은 바나나 농장에 닷새마다 한 번씩 농약을 뿌린다. 장거리 수송 중에 상하지 않기 위해 초록색 바나나를 따서 성장 억제 농약을 풀어 놓은 물에 담근 뒤에 건조해서 수출한다. 수입한 뒤에는 다시 익혀야 하므로 카바이트나 에틸렌 같은 화학 물질을 뿌린다. 우리가 먹는 바나나는 농약으로 코팅되어 있다고 봐도 지나치지 않다.

다국적 기업 치키타의 전신인 유나이티드 프루트사는 자기들 이익에 방해가 된다고 과테말라 대통령 아르벤스 구스만을 암살하게 했다. 유나이티드 프루트사의 경영진 및 주주 중에는 당시 CIA 국장이던 앨런 델러스와 그의 형이자 국무장관이던 존 포스터 델러스 같은 고위 정치인들이 포함되어 있었다. 미국 정부는 자국의 기업을 돕기 위해 다른 나라에 군대를 보내 다른 나라 국민들이 뽑은 대통령을 죽였다.

바나나가 학생이라면 어떨까? 학교가 다양한 학생이 꿈을 꾸며 배우고 자라는 곳일까? 똑같은 모습으로 길러내는 단일경작 체제를 유지하는 건 아닐까? 학생들은 모두 공부해야 한다. 그러나 지식을 얼마나 아는지 평가하는 공부로 단일화하면 안 된다. 우리나라의 많은 학교가 공부 잘하는 일부 학생만을 위한 단일화 체제를 갖고 있다. 학생들의 특성과 욕구를 다양하게 받아주면 힘들기 때문이다. 한꺼번에 '성적'으로 관리하면 쉽다고 생각하기 때문에 굳이 다양한 방법으로 학생들을 인도하려 하지 않는다. 또한 부모도 자녀를 다양성으로 바라보지 않는다. 공부 잘해서 대기업과 정부 기관에 취직하기 원한다.

"단일경작 체제, 한 가지 생각으로 몰아붙이는 곳이 어디일까? 너희들 편하게 살게 하려고 부모 세대가 고집하는 두 가지 직업은 무엇인가?" 물었더니 대기업과 국가기관을 든다. 기업의 목적은 이윤 추구다. 국가기관은 국민이 평안하게 살도록 도와주는 게 목적이라고 말은 하지만 국가기관 종사자들 역시 자기들 이익을 위해 일한다. 때로는 국민들에게 해가 될지라도 자기 이익만 생각하기도 한다.

대한민국 학생들 대부분이 공부에 매달린다. 잘하는 아이는 효과를 보지만 어정쩡한 아이는 이도 저도 아니게 따라가다가 끝난다. 물론 공부한 내용이 인생에 도움이 되지만 공부에 투자한 시간, 공부 때문에 받은 스트레스, 공부에 떠밀려 하고 싶어도 해보지 못한 활동들, 꿈꾸고도 내딛지 못한 발걸음을 따져보자. 우리 역시 한 종류의 바나나만 심는 게 아닐까! 다양하게 나가려고 해도 방법이 없다. 다양한 무언가를 하려면 그걸 도와주는 학원에 가야 한다고 말한다. 그런 학원이 없으니 할 게 없다고 판단한다. 스스로 무언가를 해보기엔 역부족인 환경이라고 말한다.

"책이 있잖아? 그래서 책을 읽는 거잖아. 다양하게 생각하고, 우리가 직접 해보지 못하는 것을 겪어보기 위해서, 다른 생각이 부딪치고 의견을 나누기 위해서 책을 읽잖아! 책이 대안이야. 내가 독서반을 하는 이유, 너희가 일요일 아침에 잠 털어내고 나오는 이유!"

'오~' 이런 반응이다. 예상도 못한 대답이라는 뜻이겠지.

김동현
중2 남

현대 사람들은 이윤을 추구하는 데 몰두해 있다. 서로를 위해주고 도와주는 사람들을 주위에서는 그저 바라만 보거나 심지어 질색하기도 한다. 요즘 세상에서는 자신들만을 위해 살아가는 것을 당연하게 여긴다. 오히려 남을 도와주는 것이 어색한 일이 되어버린 세상에서 서로를 도와주는 것은 어려운 일이다. 그런 환경과 배경은 요즘 사람들을 이기주의자로 키우는 데 힘을 보태고 있다. 남이야 어떻게 되든 자신의 이윤을 위해서 물불 가리지 않고 덤벼드는 사람들은 점점 늘어나고 있다.

바나나를 재배하는 기업들은 자신들만의 이윤을 추구하는 사람들이 모인 집합소이다. 바나나를 재배하여 돈만 벌면 된다는 생각으로 환경을 파괴하고 원주민들의 권리를 무시해버린 기업들은 그렇게 피와 고통으로 얼룩진 바나나를 전 세계에 수출하고 있다. 그런 사정을 모르는 소비자들은 바나나를 먹기에만 바쁘다. 우리가 관심을 가지지 않는 한 바나나 재배기업의 악행은 지속될 것이다.

이처럼 바나나 재배 기업이 옳지 않은 일을 행사할 때 주위에서는 아무도 그 일이 잘못되었다는 것을 공개적으로 비판한 일이 없다. 누군가가 그것이 잘못되었다고 생각하여도 그것은 곧 잊히기 마련이고, 그것이 밝혀진다 해도 사람들은 잠깐 관심을 가질 뿐 시간이 지나면 잊어버린다. 이러한 사람들의 특성을 바나나 재배 기업은 잘 파악하고 있었다.

아둔한 사람들의 흐릿한 사고방식은 그저 매스컴을 잠깐 뜨겁게 할 뿐 자신들의 이윤에는 전혀 지장이 없는 것이다. 새로운 소식을 알려주고 그 소식마저 우려먹는 기자들은 애당초 그러한 기업의 행패에는 관심이 없고, 그것을 보는 사람들도 자판이나 열심히 두드려대며 '실질적인 대안이 필요하다'는 말만 반복하다가 그만둬버린다. 이러한 방법은 바나나 재배 기업에 아무런 영향도 주지 못한다. 그저 우리들끼리만 앵무새처럼 같은 말만 떠들어대는 것이다.

직접 원주민들을 돕고 바나나 재배기업의 부당한 이윤 착취를 막기 위해서는 우리들의 행동이 필요하다. 그렇지 않으면 앞으로의 날들은 바나나 재배 기업만의 황금기가 될 것이다.

동현이는 스스로 주제를 정해 글을 썼다. 이 글은 확인해야 할 특별한 전제가 없다. 현대인들이 이윤 추구에 몰두하느라 이기주의자가 되고 있다는 내용은 사실이다. 이윤 추구가 이기적이란 것은 1문단에서 설명했기 때문에 다시 따지지 않아도 된다. 바나나를 재배하는 기업의 악행은 대상도서에 소개되어 있는 내용이다. 논리의 비약도 보이지 않는다. 다만 바나나를 재배하는 기업들이 이윤만 추구하는 사람들의 집합소라는 주장은 따져보아야 한다.

이 글을 예시로 소개한 까닭은 동현이가 대상도서 내용을 자기만의 관점으로 해석했기 때문이다. 동현이는 이윤을 추구하는 마음이 지나쳐서 기업의 악행이 생겼다고 썼다. 현대인들의 특성(3문단), 기자와 매스컴의 잘못이 바나나 기업의 악행을 지속하게 한다고 했다. 두 가지 내용 모두 우리가 토론할 때 나누지 않은 내용이다. 토론한 내용을 요약한 글이 아니라 자기만의 생각으로 재해석했다. 5문단에서 바나나 기업의 악행을 막으려면 행동해야 한다고 썼지만 어떻게 행동해야 하는지 대안을 제시하지 않았다. 그래서 4문단에 '실질적인 대안이 필요하다.'고 하면서도 말만 한 사람들과 다를 바가 없는 글이 되었다.

내가 없어도 이루어지는 독서반을 꿈꾼다. 다양한 학생들이 자기 생각을 말하며, 생각이 다른 학생을 반대하지 않고 서로 다른 의견을 자유롭게 말하는 사회를 꿈꾼다. 진리는 다양성 안에서 나온다. 획일화된 사회는 저마다 '내 생각이 옳다. 그건 네 생각일 뿐이다' 하며 상대를 거절한다. 한 가지 바나나만 심지 말고 저마다 자기 텃밭에 온갖 채소를 키우며 땀을 흘리는 세상을 그린다. 동현이가 앞으로의 날들은 우리 모두의 황금기가 될 것이라고 쓰는 날을 기다린다.

논술을 쓸 때
다섯 가지를
꼭 기억해야 한다

"전 국민이 정든 삶의 터전을 뒤로하고 5년에 한 번꼴로 이사를 다니는 것은 국제적으로도 참 이상한 일입니다. 유목민도 아니고 한곳에 오래 정착해서 살던 농경민족이 어쩌다 이렇게 되었을까요?"(8쪽)

논술 쓰는 과정을 토론한 책

10대와 통하는
땅과 집 이야기

손낙구 글, 김용민 그림, 철수와영희, 2013

『10대와 통하는 땅과 집 이야기』는 우리나라 부동산 문제를 다룬 책이다. 대한민국의 '땅과 집 이야기'를 청소년들이 이해하기 쉽게 풀어 썼다. 땅과 집을 '부'를 창출하는 수단이 아니라 모두 함께 살아가기 위한 공간으로 보자고 제안한다. 저자 손낙구 씨는 "땅은 인간이 잠시 빌려 쓰는 것일 뿐, 누군가가 독차지해서 탐욕을 채우는 수단으로 써서는 안 된다"며 땅과 집은 투기의 수단이 아니라 인권과 공동선의 관점에서 바라보라고 조언한다. 부동산 정책이나 투기 문제, 토지공개념 등을 다루는 책이라 혼자서 읽고 논술 쓰기에는 좀 어려운 책이지만 땅을 바라보는 시각을 넓힐 수 있다. 관련 질문들로 배경 지식을 쌓고, 토론을 거쳐 논술 쓰는 과정을 배우기에 좋은 책이다.

'대한민국 독서토론 • 논술대회'를 준비하기 위해 김선 선생님(당시 서부초)과

함께 질문을 준비했다. 토론대회에서는 배경지식(15~20분), 대상 도서 내용(30

분), 인간 삶과 사회 현상(40~45분)을 순서대로 묻는다. '삼척시 독서토론대회'

에 참가한 10개 중학교 학생 열두 명과 토론했다.

토론하면
논술을 쓰기 쉬워진다

먼저 배경지식을 물었다. 모두 긴장하고 있기 때문에 어디에서, 몇 년째 살고 있는지 소개했다. 시골에도 이사 다닌 학생이 많다. 1억으로 무얼 하고 싶은지 물었더니 긴장이 풀리나 보다. 부지런히 일하면 행복해진다는 가치관을 가졌는지, 베짱이처럼 살고 싶은지, 개미가 베짱이를 부러워하는 현실을 어떻게 생각하는지 이야기하며 대상도서 내용으로 들어갔다.

책 표지에 열심히 일하지만 집이 없는 개미, 놀기만 하는데도 아파트를 여러 채 가진 베짱이 그림이 나온다. 우리나라 현실을 잘 보여주는 그림이다. 학생들은 베짱이처럼 살기를 원한다. 투기가 아니라 투자로 생각한다. '우리 동네가 사라졌다'는 내용을 질문하며 학생들이 책을 어떻게 읽었는지 알아보았다. 집을 구하기 어려워지자 이사를 자주 다니게 되었고 한동네에 오래 사는 사람이 줄어들었다고 대답했다. 학교 대표답게 내용을 잘 알고 있다.

- 지금 어디에서, 몇 년째 살고 있나?
- 어디로 이사하고 싶은지, 이사한다면 어떻게 달라질지 말해보자.
- 지금 1억이 생긴다면 미래를 위해 어떻게 투자하고 싶은가?
- 성인이 되어서 여러분이 만날 어려움을 예상해보자.
- 여러분은 책 표지에 나오는 개미와 베짱이 중에 누가 더 행복하다고 생각하는가?
- 여러분은 '우리 동네'에 소속감을 느끼는가? 여러분 동네만의 특징을 말할 수 있는가?

배경 지식에 대한 질문은 책을 읽지 않아도 대답할 수 있는 내용으로 시작해서 자연스럽게 대상도서 내용으로 이어진다. 대상도서 내용을 물을 때는 먼저 내용과 관련된 소주제를 몇 개 준비한다. 소주제와 관련된 내용을 묻고 토론 내용으로 확장한 뒤에 적용 내용을 연결해서 묻는다. 토론대회라서 어려운 주제를 포함했다. 1. 부와 행복의 관계, 2. 우리나라에서 이사를 자주 하는 상황과 문제점, 3. 땅을 사고파는 문제, 4. 다른 나라의 부동산 정책, 5. 부동산 투기 문제, 6. 토지공개념이다.*

- 여러분이 생각하는 부의 기준은 무엇인가?
- 행복하려면 돈이 필요하다. 그렇다면 돈이 많을수록 행복할까? 찬성과 반대 의견을 정하고 까닭을 들어 토론해보자.
- 월세방에 살면서 홍콩으로 쇼핑하러 다니고 고급 호텔에서 몇백만 원씩 쓰면서 행복을 느끼는 억대 연봉의 인물이 방송에 나왔다. 한편 내

* 발문하는 방법은 『책벌레 선생님의 행복한 독서토론』 (2016) 제3부 3장 참고.

집을 마련하기 위해 저축하면서 행복을 느끼는 사람도 있다. 여러분이 돈을 많이 번다면 어떻게 쓰고 싶은가?

- (앞의 질문에 대한 학생들의 의견을 정리해준 뒤에 묻는다.) 부자가 되면 실제로 그렇게 살겠다는 뜻인가? (돈을 버는 과정에서 계속 그걸 염두에 두지 않으면 부자가 되어서도 그렇게 할 수 없다는 뜻의 발문)

▶ 저자는 우리나라가 한곳에 오래 정착해서 살던 농경민족이었는데 지금은 유목민처럼 되었다고 한다. 왜 이렇게 말했을까?

- 저자의 말에 동의하는가?

- 더 좋은 환경으로 옮길 수 있다면 이사하겠나? 어느 장소로 이사하고 싶은지, 이사하면 어떤 점이 좋을지, 어떤 불편함을 겪을지 이야기해보자.

- 지금 우리나라에서 맹모삼천지교가 필요한가? (찬반토론)

▶ 백인과 인디언이 땅에 대해 완전히 다른 생각을 갖고 있다는 사실을 보여주는 일이 책에 나온다. 어떤 이야기일까?

- 땅을 사고팔 수 있다는 견해는 땅의 소유권을 사람이 주장할 수 있다는 전제를 두고 있다. 여러분은 개인이 땅을 소유할 수 있다고 생각하는가? (찬반토론 가능)

- 봉이 김선달은 부자에게 한강 물을, 서울기생에게 대동강을 팔아 큰돈을 벌었다. 물, 공기 같은 자연을 한 사람이 소유해서 사고판다면 어떤 일이 벌어질까?

- 우리나라에서는 개인이 땅을 소유하는 사실을 당연하게 생각한다. 그렇다면 땅을 자유롭게 사고팔도록 수요와 공급 법칙에 맡겨두면 될 텐데 왜 그렇게 하지 않고 정부가 부동산 정책을 내세울까?

- 인디언 추장 시애틀은 "어떻게 당신은 하늘을, 땅의 체온을 사고팔 수가 있는가? 우리로서는 이해할 수 없는 얘기다. 우리는 땅의 한 부분이고, 땅은 우리의 한 부분이다."라고 말한다. 자본주의가 도입된 이후 땅은 매매 가능한 상품으로 전락하였고 부를 늘리기 위한 수단이 되었다. 자본주의의 문제점이 무엇이라 생각하는가? 이를 해결하기 위한 방안에 대해 토론해보자.

▶ 책에서 소개하는 독일, 싱가포르, 네덜란드의 주거 생활을 비교해보자.

- 네덜란드는 국민의 3분의 1이 정부의 공공 임대주택에서 살고, 싱가포르는 국토의 90퍼센트 이상을 정부가 소유하고 있다. 정부가 나서서 나라의 국토를 모두 소유하고 공공 임대 주택을 지어 가난한 사람들에게 양도하는 정책을 우리나라에서 시행할 수 있을까? (찬반토론)

- 세 나라는 서로 다른 정책으로 국민들이 편안하게 살도록 만들었다. 여러분이 장관이라면 어느 나라의 정책을 벤치마킹하겠나? 우리나라 현실에 도움을 주는 정책을 시행한 나라를 소개해보자.

▶ 우리나라의 땅값이 10년에 한 번씩 폭등한 까닭은 무엇인가?

- 땅값이 뛰자 많은 사람들이 땅 투기를 했다. 복부인, 빨간바지 또는 떴다방, 알박기, 돌려막기 등의 신종 투기 수법이 생겨나면서 부동산 투기가 본격화되었다. 이러한 투기의 가장 근본적인 책임은 누구에게 있다고 생각하나? (정부, 언론, 정치권, 관료, 학자, 은행 중에서) 왜 그렇게 생각하나?

- 부동산 가격이 폭등함에 따라 나타나는 문제점은 무엇인가?

- 부동산 문제는 우리 동네가 사라지게 만들었다. 무슨 뜻일까?

- 이런 현상이 어떤 문제를 일으키는가?

- '마을이 학교다', '아이 하나를 키우려면 한 마을이 필요하다'는 말이 있다. 부동산 문제가 해결되면 교육에 어떤 영향을 미칠까?

▶ 서울 명동의 땅값은 한 평에 2억 3,100만 원에 이른다. 반면 경북 의성군의 땅 값은 한 평에 172원이다. 명동의 땅값이 경북지역에 비해 135만 배나 비싸다. 이처럼 지역마다 땅값이 다른 까닭은 무엇일까? 이로 인해 나타나는 문제점은 무엇인가?

- 조선시대에는 집의 넓이를 법으로 정했지만 지금은 법으로 제한하지 않는다. 2011년 1월 1일을 기준으로 우리나라에서 가장 넓은 집은 면적이 8,879제곱미터로 축구장만 하다. 424제곱미터로 농구장 크기의 실내면적을 갖춘 아파트도 있다. 집의 면적을 개인의 자율에 맡기는 것이 옳을까, 법으로 제한을 두는 것이 옳을까? (찬반토론)

- 부동산 문제를 해결하기 위해 어떻게 해야 할까?

- 정약용과 토지공개념을 설명해 보자.

- 우리나라에서 토지공개념을 시행해야 한다. (찬반토론)

- 여러분이 선거에 나선 후보라고 생각하고 부동산 정책 세 가지를 만들어 발표해보자. 책 내용에 바탕을 두고, 우리나라 부동산 문제를 다루며, 실현 가능성이 있는 내용이어야 한다.

논술을 쓰려면
이것만은 알아야 한다

논제를 정확하게 이해하고 분석해야 한다

학생들이 1. 부와 행복의 관계, 2. 이사를 자주 하는 상황과 문제점, 3. 땅을 사고파는 문제에는 대답을 잘하지만 4. 다른 나라의 부동산 정책, 5. 부동산 투기 문제는 어려워한다. 6번 토지공개념은 전혀 모른다. 학교 대표로 토론대회에 참여했지만 평소에 관심을 두지 않은 주제에 대해서는 금방 바닥을 보인다. 토론은 생각 없이 지나친 주제에 관심을 갖게 하는 동시에 평소의 관심을 드러내 보여준다. 논술은 더 어렵다. '우리나라에 맹모삼천지교가 필요하다' 또는 '개인이 토지를 소유할 수 있다'를 논제로 제시하면 논술을 쓸 것이다. 어느 정도 아는 내용이고, 토론하면서 찬성과 반대 의견을 충분히 나누었기 때문이다. 그러나 우리나라 부동산 문제의 원인과 해결방안은 논술하기 어렵다. 토지공개념을 시행해야 하는지에 대해서는 시작도 못 할 것이다.

논술은 논제를 정확하게 이해하고 분석한 뒤에 주장에 어울리는 근거를 들어 상대를 설득하는 글이다. '대한민국 독서토론·논술대회'에서는 논제에 대한 이해분석력(30점), 창의적 사고력(35점), 문제해결력(25점), 문장력과 표현력(10점)을 기준으로 논술을 평가한다. 뻔한 대답에서 벗어나려면 창의적 사고력이, 설득하려면 문제해결력이 필요하다. 창의적 사고력과 문제해결력을 갖추면 읽는 이의 마음을 자기편으로 끌어들인다. 글에서 문장력과 표현력은 기본이다.

논술은 '논제를 얼마나 충실하게 이해하느냐, 논제를 시대와 대상도서 내용에 맞게 분석하느냐'에 따라 달라진다. 논제를 충분히 이해해야 창의적인 생각을 제시하고 설득력 있게 표현할 수 있다. 논제를 좁게 이해하면 자기 생각만 내세워 편협해지거나 이미 아는 내용에 머물러 식상해진다. 넓게 이해하면 논제가 요구하는 내용을 담지 못하고 두루뭉술해진다. 논제를 잘못 이해하면 논술이 엉뚱한 방향으로 흘러간다. 둘 사이에서 균형을 잡으려면 토론해야 한다.

토론하면 여러 사람의 생각과 경험을 듣는다. 논제에 대한 다양한 의견을 알면 논술을 쓰기 쉽다. 제대로 이해하지 못한 논제를 창의적으로 논술한다는 건 말이 되지 않는다. 학생들이 쓴 글을 다듬어줄 수는 있어도 대신 써줄 수는 없다. 그러므로 논술을 쓰기 전에 토론하며 논제를 이해하는 시간을 가져야 한다.

또한 논술을 쓰려면 '무엇 때문에 논제를 정했을까?'를 생각해야 한다. '맹모삼천지교가 필요하다'가 논제라면 필요한지 아닌지 따져보기 전에 왜 논제를 냈는지 먼저 생각해야 한다. 환경이 사람에게 주는 영향을 묻는지, 부모의 역할을 묻는지, 지금 왜 맹모삼천지교를 고민해야 하는지 생각해야 한다. 맹자의 어머니는 나쁜 환경에서 벗어나기 위해 이사했지만 우리나라에서는 경쟁에서 이기기 위해 이사한다. 불법을 행해서라도 더 좋은 학군을 찾아간다. 교육 문제가 집값과 땅값까지 들썩이게 만들었다. 논술 주제로 낼 만큼 사회에 커다란 영향을 끼친다는 점을 알고 글을 써야한다.

창의적 사고력을 갖추어야 한다

창의적 사고력, 문제해결력, 문장력과 표현력 중에 학생들이 창의적 사고력을 가장 어려워했다. 문제해결력, 문장력과 표현력은 무엇을 말하는지 이해하지만 창의적 사고력은 무엇을 말하는지 애매하다. 창의적 사고라고 해서 다른 사람이 생각하지 못한 색다른 생각을 말하는 게 아니다. 논술은 기발한 생각을 요구하지 않는다. 기발한 생각은 객관성과 타당성을 갖추기 어렵기 때문이다.

창의적 사고력은 자기만의 눈으로 논제를 바라보는 통찰력을 말한다. 논제에 대한 자기만의 생각이 글에 드러나야 한다. 색다른 근거를 들라는 말이 아니라 자기만의 해석을 다른 사람이 인정하도록 설명해야 한다. 좋은 작가들은 대부분 누구나 아는 생각을 새로운 관점으로 해석해서 글을 쓴다. 이런 능력은 단기간 집중 교육으로 길러지지 않는다. 한 가지만 정답이라 생각하는 태도를 깨뜨리려면 다양한 이야기를 들어야 한다. 책을 읽고 토론하며 여러 생각과 꾸준히 부딪쳐야 한다.

책을 읽으면 아는 게 많아지지만 아는 게 많다고 참신한 내용을 쓰는 건 아니다. 지식을 아는 능력과 활용하는 능력은 다르다. 많이 알수록 오히려 생각이 굳어버리기도 한다. 책을 수만 권 읽고도 편협한 주장을 되풀이하는 사람은 똑같은 관점으로 책을 읽었기 때문이다. 이를 막기 위해서는 다양한 해석에 귀를 기울여야 한다. 읽고 이해하고 이야기 나누고 함께 고민하면서 새로운 생각을 펼쳐내야 한다.

『10대와 통하는 땅과 집 이야기』 소주제 6번 토지공개념으로 논술을 쓴다고 해보자. 서론에서는 토지공개념 문제를 왜 지금 논의해야 하는지 밝힌다. 비정규직, 취직난, 출생아 감소, 빈부격차 증대 등의 문제가 비싼 부동산 가격(월세, 전세)과 관련되어 있다는 점을 지적하고 문제를 해결하기 위해 토지공개념을 생각할 때가 되었다는 견해를 밝힌다.

본론에는 우리나라에 나타나는 문제들의 배후에 감당하기 어려운 부동산 가격 문제가 있음을 지적한다. 서론에서 제시한 의견을 설명하고 반론을 예상하여 설득한다. 대안을 제시하면 더욱 좋다. 종합, 분석, 비판하여 의견을 제시하고 설명한 뒤에 대안까지 제시하려면 참신함을 찾기보다 논제를 충분히 분석하는 게 낫다.

창의적 사고력은 같은 것을 다르게 해석하는 능력이다. 다르게 해석하려면 자기만의 주장이 있어야 한다. 그렇지 않으면 식상한 내용을 되풀이한다. 물론 새로운 생각을 내세우기란 정말 어렵다. 그러나 다른 사람이 생각하지 못한 것을 생각하는 에디슨다운 태도만이 창의적 사고력은 아니다. 이미 아는 것이라도 대상 도서를 새롭게 해석해서 쓰면 창의적인 사고라고 본다.

대상 도서로 논술을 쓴다고 해보자. 창의적 사고력이 있다면 질문한다. '다른 나라의 부동산 정책이 우리나라와 비슷할까? 책에 나온 독일. 싱가포르. 네덜란드의 정책은 우리와 같을까? 세 나라 모두 우리와 다른 정책을 펼치는데 왜 그럴까? 그렇다면 우리나라는 무엇 때문에 지금의 부동산 정책을 세우게 되었을까?' 이런 것을 질문하면 논제를 새로운 시각, 보다 넓은 시각으로 바라보고 글을 쓴다.*

문제해결력을 갖추어야 한다

논제를 이해하고 논술 방향을 정하면 읽는 이를 설득해야 한다. 객관적이고 타당한 증거를 내세워 읽는 사람이 고개를 끄덕이게 만들어야 한다. 문제해결력은 알맞은 근거를 찾아 짜임새 있게 제시해서 설득하는 능력이다. 창의적 사고력에서 제시한 생각을 문단에 담아 서론, 본론, 결론의 짜임새를 갖추어야 한다. 논술의 기본이지만 대한민국 독서토론·논술대회 본선에서도 3분의 1은 논술의 짜임을 제대로 갖추지 못했다.

문제해결력을 갖추려면 논술을 쓰기 전에 다음 질문을 생각하며 개요를 짜야 한다. '서론에서 자기 생각을 잘 드러내었나? 본론에서 문단을 잘 구성하였나? 문단 사이의 연결이 자연스럽나? 문단마다 주장을 뒷받침하는 논거와 예시를 들어 설명하였나? 문단 사이에 논리의 비약이나 과장은 없나? 글의 전체 흐름이 체계를 갖추었나? 결론에서 서론의 주장을 정리하고 있나?' 글을 쓴 뒤에도 다시 한번 살펴야 한다.

생각을 정리하지 않고 글을 쓰면 논점이 흐려진다. 논제에서 핵심이 무엇인지 찾고, 근거를 어떻게 세울지 정하고, 뒷받침하는 증거를 어디에 넣을지 생각한 뒤에 써야 한다. 명확하게 논점을 파고들지 못하고 산만하게

---

* 창의적 사고력이 잘 드러난 사례로 제4부 『파우스트』편 중 243쪽 찬성 측 최종변론으로 쓴 김동현의 글과 245쪽 반대 측 최종변론으로 쓴 김민좌의 글, 그리고 제5부 『카이사르의 내전기』편에서 328쪽 반대 측 토론자 변중현의 글을 참고하면 좋겠다.

의견을 늘어놓으면 문제해결력이 없는 글이다. 창의적 사고를 갖추어도 문제해결력이 부족하면 허황한 글이 된다.

짜임새를 갖춘 논술이라 해도 문제 해결력에서 두 가지 오류를 조심해야 한다. 특정 부분을 지나치게 자세하게 쓰지 말아야 한다. 논점이 흐려지는 줄 모르고 한 가지에만 빠지면 전체 흐름을 놓친다. 정말 하고 싶은 말이라고 해도 한 문단 안에 담아내야 한다.

논제가 식량위기의 원인과 해결방안을 요구한 경우를 예로 보자. 아랫글을 쓴 학생은 식량 위기의 원인에 치우쳤다. FTA의 장단점을 쓰느라 두 번째 문단을 다 썼고 네 번째 문단에서도 FTA에 대한 내용만 썼다. FTA를 자세하게 쓰느라 논제를 제대로 다루지 못했다. 독서반에서 1년 정도 공부한 학생이지만 전국대회에 처음 가서 긴장했나 보다. 그래서 한 가지를 지나치게 자세하게 쓰는 오류에 빠졌다.

학생 (가)
중2남
오늘날 우리는 세계적인 식량 위기에 처해 있다. 식량 안보의 위기가 심각해지고 빈곤에 처한 기아들은 점점 늘고 있다. 그렇다면 우리는 왜 이러한 위기에 처해 있을까?

첫째, FTA 때문이다. 우리나라는 미국 외 다른 여러 나라들과 FTA를 맺었다. 그 결과 우리는 칠레의 포도 등 다른 나라의 생산품을 싸게 구입할 수 있게 되었다. 하지만 이렇게 좋아 보이는 FTA에도 단점이 있다. (…) 둘째, 밀의 소비량이 점점 높아지고 있기 때문이다. (…) 물론 FTA를 하지 않고 세계화에서 고립된다는 것은 매우 극단적이다. 우리는 그런 극단적인 선택이 아니라 적정선만 유지하면서 무역을 해야 한다. (…)

두 번째, 문제 해결력을 갖추려면 전하고 싶은 말을 정확하게 설명해야 한다. 제대로 설명하지 않고 자신이 아는 이야기만 하면 답답하다. 글을 많이 써본 학생이 첫 번째, 글을 많이 쓰지 않은 학생이 두 번째 오류에 빠지기 쉽다.

다음 글을 쓴 학생 (나)는 식량 위기의 원인과 결과를 다루는 논술 서론에 계속 GMO 작물 이야기를 한다. 대회를 준비하면서 다국적 기업 몬샌토의 서약을 그대로 외워왔다고밖에 볼 수 없다. 논제가 다국적 기업에 대한 것이라면 외운 내용을 그대로 써도 되지만 지금은 논제가 다르다. 자신이 아는 이야기를 쓰느라 논제를 잊었다.

학생 (나)
중2남

〈서론〉 성실, 대화, 투명성, 나눔, 혜택, 존중, 목표 달성을 위한 주인 의식, 훌륭한 일터 창출, GMO 작물을 다루는 몬샌토의 서약이다. 우리는 이런 GMO 작물을 다루는 몬샌토 같은 초국적 기업의 장점만 보고 자라왔다. GMO 작물을 다루는 초국적 기업의 장점이 우리의 머릿속에 각인되었을 때쯤 세계의 거대한 GMO를 다루는 초국적 기업이 세계의 곡물 시장을 뒤흔들며 나타났다.

논술은 딱딱하지만 정답을 쓰는 글이 아니다. 논증과 대안 모두 쓰는 사람의 마음과 경험에서 나온다. 논술 역시 '진짜 그렇구나' 하는 마음을 일으켜야 한다. 시보다 자세해야 하며, 산문보다 깔끔하게 정리해야 하고, 단숨에 우렁차게 말해야 하지만 기본 원리는 설득이다. 늘 듣던 내용이 아니라 새로운 증거, 다양한 자료를 사용하여 설득해야 한다.

문장력과 표현력을 갖추어야 한다

창의적 사고력은 무엇을 쓸지 '찾는' 능력이다. 문제 해결력은 무엇이 잘 드러나도록 '제시하는' 능력이다. 문장력과 표현력은 자신이 생각한 무엇을 담아내는 '그릇'이다. 맞춤법과 띄어쓰기가 틀리면 깨진 그릇에 음식을 담은 것 같다. 문장 연결이 잘못되거나 말이 안 되는 문장도 없어야 하고 주어와 서술어도 맞아야 한다.

소설에서 우울한 부분을 묘사할 때 작가는 일부러 문장을 길게 쓴다. 한 문장이 한 쪽을 넘어가도록 써서 읽는 사람이 우울한 마음을 느끼게 하기 위해서이다. 논술은 설득하는 글이므로 반대로 써야 한다. 고개를 끄덕이게 하려면 호흡이 길면 안 된다. 짧은 문장으로 '그렇지? 그렇지?' 해야 한다. 문장이 길어질수록 비문을 쓸 위험이 크다.

비문은 맞춤법에 어긋난 문장과 문장 연결을 제대로 하지 않아서 앞뒤 내용이 자연스럽게 이어지지 않거나 말이 안 되는 문장을 말한다. 한 학생이 "그러므로 진심이 담겨 있는 봉사의 마음만으로도 감사해야 할 것에 규정이 어긋난다는 것은 옳지 못한 일이다."라고 썼다. 두 문장으로 써야 할 내용을 한 문장에 썼기 때문에 어색해졌다. 두 문장으로 바꿔 "진심을 담은 봉사정신만으로도 감사할 일이다. 규정에 어긋난다고 봉사를 막는 것은 옳지 않다."라고 써야 한다.

평소에 자주 쓰기 때문에 뜻을 안다고 착각하는 낱말이나 어려운 한자말을 쓸 때도 표현이 어색해진다. "배려는 공동체 생활에서 꼭 필요한 규칙이다."에서 규칙은 구성원들이 지키기로 약속한 내용을 말한다. 배려는 꼭 지켜야 할 규칙이 아니라 덕목이라고 써야 한다. "그리고 그로 인해 많은 봉사활동을 하다가 학교의 규정을 어기게 돼, 학교의 심리를 어지럽히게 했다."에서 '그리고 그로 인해'는 어색하다. 학교의 규정, 학교의 심리는 "학교 규칙을 어기게 되어 학교를 어지럽게(또는 어수선하게) 했다."고 쓰면 좋겠다. 평소에 자주 틀리는 표현이라면 일부러 기억해두어야 한다.

독서반 남학생은 '그'를 많이 썼다. 다른 남학생은 '것이다'를 계속 썼고, 한 여학생은 이어주는 말을 지나치게 썼다. 이런 표현을 쓰지 않으면 속옷을 입지 않은 것처럼 허전한 마음이 드나 보다. 고쳐야 한다고 알려줘도 또 그렇게 썼다. 독서반에 나온 지 얼마 되지 않은 학생은 잘못된 표현을 알려줘도 중요하게 생각하지 않았다. 독서반에 참가한 시간이 길어지면 "이걸 또 틀렸네요!" 하며 기억하려고 노력했다. 습관을 고치려면 시간이 필요하다.

학생 (다)
중3

〈서론〉 인간이 살아가기 위해선 식량이 꼭 필요하다. 그러나 대자연 앞에서 나약한 인간은 늘 굶주렸다. 그래서 인간은 질소비료를 생산하고 새로운 품종을 개발하는 등 안정적인 식량 확보를 위해 과학을 발전시켰다. 하지만 이러한 노력에도 불구하고 지난 2008년과 2010년 세계적인 식량위기가 터지면서 식량문제에 대한 새로운 해결책이 필요하게 되었다. 그렇다면 우리는 식량위기를 극복하고 식량 안보를 강화하기 위해 어떻게 해야 할까?

학생 (라)
중3

〈결론〉 이런 부정적인 상황들을 예방하기 위해서는 크게 늘어난 수입량을 최소한으로 줄이고 자급의 형태를 다시 가져와 재배량을 늘리는 것이 중요하다. 또 현재의 이익과 단맛만을 바라볼 것이 아닌 미래를 내다보고 예측할 수 있는 위기의식을 가져 식량안보를 강화하고 옆에 있는 사람과 함께 일하고 먹고 살아가자는 생각이 개개인의 마음속에 있을 때 어느 때보다 튼튼한 식량안보를 구축하고 극복해 나갈 수 있을 것이다.

제15회 대한민국 독서토론·논술대회 참가자가 쓴 논술이다. 둘 모두 중학교 3학년이 썼다. 앞의 글은 '그'라는 표현을 많이 쓰던 독서반 학생 (다)가 236자로 썼다. 이 글에는 '그'라는 표현이 없다. 여러 번 글을 고치면서 '그'를 쓰는 습관을 고쳤다. 뒤의 글은 대회 참가자인 학생 (라)가 229자로 썼다. 분량은 비슷하지만 문장력, 표현력은 완전히 다르다.

학생 (다)의 글은 다섯 문장이다. 문장이 짧아서 뜻이 명확하다. 식량은 반드시 필요하고, 식량 생산을 늘리기 위해 노력했지만 식량위기가 왔으므로 식량 안보를 강화해야 한다고 주장했다. 읽기 편하고 이해하기 쉽다. 학생 (라)의 글은 두 문장이다. 첫 문장은 그나마 이해할 수 있지만 두 번째 문장은 이해하기 어렵다. 하고 싶은 말을 한꺼번에 한 문장에 담아 잡탕이 되어버렸다.

논술 문장은 담백하고 깔끔해야 한다. 뒤의 글은 다섯 문장으로 짧게 끊어 써야 한다. '현재만 바라보지 말자. 미래를 내다보고 위기의식을 갖자. 식량안보를 강화하자. 함께 살아가는 공동체 의식을 갖자. 그러면 극복할 수 있다.'라고 쓰면 내용이 잘 전달된다.

평소에 글을 많이 쓰면 문장력과 표현력이 좋아진다. 논술을 잔뜩 쓰며 연습할 필요는 없다. 일기를 꾸준히 써도 문장력과 표현력이 좋아진다. 창의적 사고력을 갖추려면 책을 깊이 읽어야 하고, 문장력과 표현력을 갖추려면 글을 꾸준히 써야 한다. 논술 역시 시험 통과를 목적으로 단기간에 배우는 기술이 아니란 뜻이다.

글은 반드시 고쳐 써야 한다. 자신이 가장 좋다고 생각하는 내용을 썼기 때문에 글을 쓰고 금방 다시 읽으면 잘못된 부분이 보이지 않는다. 자기 눈에 보이지 않는 오류를 뛰어넘으려면 다른 사람에게 보여야 한다. 생각이 다른 사람이 읽으면 논점이 안 맞는 부분, 편협하거나 오해로 쓴 부분이 보인다. 글을 봐줄 사람이 없다면 다른 사람이 쓴 것처럼 낯설게 느껴질 정도로 시간이 지난 뒤에 읽고 고쳐야 한다.

글을 다시 고쳐 써야 한다

다른 사람의 생각을 드러낸 글을 읽는 행동을 독서라고 한다. 자신의 생각을 드러내 표현하는 것을 글쓰기라고 한다. 논술은 자신의 생각을 '주장과 근거'에 담은 글이다. 우리가 읽는 책은 다른 사람의 논술을 읽는 것이고 내가 쓰는 논술은 다른 사람의 독서를 위해서이다. 따라서 다른 사람이 읽을 만한 글을 써야 한다.

학생들은 이유와 근거보다 짧은 느낌을 표현하는 데 익숙하기 때문에 논술이 자기 합리화로 치우치는 경향이 크다. 학생들은 옳은지 그른지 따져 이유를 말하지 않고 무조건 자기 의견이 옳다고 주장한다. 영상매체의 영향으로 유행어와 축약어를 많이 쓰고 어순, 맞춤법, 표현법을 생각하지 않는다. 맞춤법, 띄어쓰기, 비문만 고쳐주어도 주눅 들지 않을까 걱정스러울 정도로 틀린 부분이 많다.

글을 고쳐 쓰려면 자신의 글을 평가할 수 있는 안목과 실력을 갖춰야 한다. 그러나 학생들은 이런 안목이 없기 때문에 글을 다시 봐도 그다지 달라지지 않는다. 글을 고쳐 쓰려면 다른 사람의 눈이 필요하다. 독서반에서는 글을 복사해서 학생들과 함께 읽고 서로에게 질문한다. "여기는 말이 안 된다.", "이건 비문이다."라고 지적하지 않는다. 잘못된 부분을 찾아줘도 마음이 닫히면 고쳐 쓰지 않기 때문이다.

C. S. 루이스와 J. R. R. 톨킨은 '잉클링스(Inklings)'라는 문학 토론 모임에서 각자 써온 글을 읽고 이야기를 나누었다. 서로 질문하고 친구의 의견을 반영해서 글을 고치기도 했다. 마음에 맞는 사람들만 받아들였기 때문에 모임의 방향을 계속 유지하게 되었다. 그래서 『나니아 연대기』와 『반지의 제왕』 같은 걸작이 나왔다. 다니엘 페낙은 아예 글을 고치는 활동으로 낙제생들에게 문장을 가르쳤다.

독서반에서 우리는 "이 문장은 무슨 뜻이야?", "이 부분에 대해 동의하지 않아. 무엇 때문에 이 내용을 근거로 쓴 거야?"라고 묻는다. 전문성에서는 뒤지지만 서로에게 도움을 받는 면에서는 잉클링스와 같다. 우리도 질문에 대답하면서 자신의 글을 돌아보고 부족한 점을 깨닫는다. 잘 쓴 부분을 칭찬하고 격려하기 때문에 기분 좋게 다시 쓸 용기를 얻는다.

학생들의 질문과 대답이 끝난 뒤에는 내가 글의 내용을 요약하고 방향을 잡아준다. 자신이 쓴 글이 어떤 내용인지 안다면 글을 고치기 쉬워진다. 틀린 곳을 많이 고쳐주는 것보다 결정적인 실수 하나를 알려주는 것이 훨씬 효과가 높다. 그래서 글의 짜임을 짚어주거나 문단 구성과 내용 전개를 어떻게 바꾸면 좋을지 알려준다. 글을 다시 써도 크게 달라지지 않을 때가 많지만 작은 변화가 모여 큰 변화를 만들어낸다. 이 책에 실린 글은 모두 작은 변화가 모여 만들어낸 결과이다.

논술로
내 생각의 오류를
깨닫다

"사람은 누구나 모든 현실을 볼 수 있는 것은 아니다. 대부분의 사람은 자기가 보고 싶은 현실밖에 보지 않는다." (『로마인 이야기 5』 시오노 나나미, 한길사, 5쪽)

찬반토론 발제문을 쓰며 논술의 형식을 배운 책

Commentarii de Bello Civili

카이사르의 내전기

율리우스 카이사르 지음, 김한영 옮김, 사이, 2005

중3, 고1인 두 여학생이 카이사르에 대해 토론하고 싶다고 한다. 아이돌 오빠들이 아무리 멋있어도 카이사르와는 비교가 안 된다고 해서 깜짝 놀랐다. 카이사르가 어떤 사람이기에 태어난 지 2100년이 지난 뒤에 대한민국 여학생들의 마음을 사로잡았는지 궁금했다. 『로마인 이야기』가 자세하지만 열다섯 권이나 되기 때문에 『카이사르의 내전기』를 읽었다.

당시 상황을 이해하기 위해 『갈리아 원정기』를 따로 읽었다. 카이사르가 갈리아(프랑스와 주변 지역)에 사는 부족과 싸워 이긴 이야기이다. 카이사르는 뛰어난 저술가이기도 해서 『갈리아 원정기』, 『내전기』를 직접 썼다. 로마가 생긴 때부터 멸망하기까지의 역사를 담은 『로마인 이야기』도 읽었다. 카이사르 이야기는 『로마인 이야기』 4~5권에 나온다.

『카이사르의 내전기』는 낯선 이름과 지명이 많아 읽기 힘들었다. 계속 전쟁 이야기가 나와서 토론하기도 어려울 것 같았다. 그래서 『파우스트』처럼 논제를 주고 찬반토론을 했다. 초등학생 때부터 독서반에 온 학생 세 명, 2~3년 함께한 학생 네 명, 1년이 되지 않은 학생 두 명과 함께 2017년 2월에 토론했다.

카이사르는 "왔노라, 보았노라, 이겼노라."와 "주사위는 던져졌다."라는 말로 유명하다. 그러나 "사람은 누구나 모든 현실을 볼 수 있는 것은 아니다. 대부분의 사람은 자기가 보고 싶은 현실밖에 보지 않는다."라는 말이 더 눈에 띄었다. 이 말은 정치, 경제, 사회, 문화, 교육뿐 아니라 쇼핑하고 세차할 때도 통한다.

학생들이 독서반을 시작할 때는 자기가 본 것, 보고 싶은 것만 글로 쓴다. 특히 논술은 자신이 무조건 옳다고 쓴다. 상대의 주장을 예상하지 못하고 자신의 주장이 어떤 반발을 받을지 모르면서 무조건 옳다고 내세운다. 토론 시간이 많아지면 자신이 보지 못한 의견과 근거가 많다는 사실을 인정한다. 그러면 글이 차분해지고 부드러워져서 사람의 마음을 더 움직이게 한다.

첫 시간에 논제를 제시하고, 다양한 정보를 주고 받으며 논제를 이해하는 시간을 가졌다. 그래야 찬성이든 반대든 자기 주장을 정해 펼칠 수 있다. 둘째 시간과 셋째 시간에는 같은 편끼리 의견을 나누고 발제문을 썼다. 아이들이 쓴 발제문을 분석해 서론, 본론, 결론을 어떻게 구성하면 좋을지 이야기했다. 넷째 시간에 본격적으로 토론을 시작했다. 주장, 반박, 재반박 순으로 서로 의견을 나눴다. 마지막 시간에 글을 썼다.

찬반 견해를 정하려면
논제를 충분히 이해해야 한다

첫 시간에 책을 읽은 소감을 나누고 곧바로 논제를 제시했다.

| 논제 | 2400년 전 그리스 아테네에서 소크라테스는 악법도 법이라며 사형을 받아들였다. 당시 제자와 시민들은 소크라테스가 도망가기를 바랐다. 그들은 악법을 피하는 게 당연하다고 생각했기 때문에 '도망'이라고 생각하지 않았다. 심지어 사형을 선고한 사람들조차 소크라테스가 아테네를 떠날 거라고 생각했다. 모두의 예상을 깨고 소크라테스는 악법도 법이라는 말을 남기고 독배를 마셨다. 카이사르는 '군대를 이끌고 루비콘 강을 건너면 안 된다'는 로마법을 알고 있었다. 법을 지킨다면 목숨이 위태롭다는 걸 알았기 때문에 군대를 이끌고 루비콘 강을 건넜다. 소크라테스와 반대로 행동했다. 카이사르가 소크라테스처럼 로마법을 지켜야 했을까? 카이사르가 군대를 이끌고 루비콘 강을 건넌 건 정당하다는 의견에 찬성하는가, 반대하는가?

이어서 소크라테스의 죽음에 대해 인터넷에서 찾은 글을 한 편 읽고 카이사르와 소크라테스가 겪은 상황이 같은지 다른지 토론했다. 또한 카이사르가 루비콘 강을 건너기 전 상황을 이해하기 위해 카이사르가 한 일을 찾아보았다. 『로마인 이야기』를 읽은 세 학생이 내용을 소개해 주었다.

논제를 이해한 뒤에 찬성과 반대로 나누었다. 카이사르를 좋아하는 두 여학생을 포함하여 세 명은 적극 찬성, 『로마인 이야기』를 읽은 남학생 한 명과 다른 한 명은 적극 반대였다. 공교롭게도 여학생들과 남학생의 토론 대결이 되었다. 당시 상황을 모르는 다른 학생 넷은 찬성과 반대편에 함께하지만 토론에는 나서지 않기로 했다.

이어서 찬성과 반대 측이 자유롭게 의견을 제시했다. 주장을 내세우고 상대의 의견에 반발하며 생각을 마구잡이로 꺼냈다. 처음에는 옳고 그름을 따졌지만 얼마 지나지 않아 여학생 둘이 "카이사르잖아요. 카이사르라고요. 어떻게 카이사르가 틀렸다고 말할 수 있어요?"라며 아이돌 오빠를 바라보는 팬클럽처럼 말했다. 남학생들이 웃으며 입을 다물었다. 팬의 마음을 어찌 논리로 판단하랴! 찬반토론이 어떻게 진행될지 궁금해졌다.

학생들이 쓴 글을 통해
논술 형식을 알아보자

둘째 시간과 셋째 시간에는 같은 편끼리 모여 의견을 나누고 발제
문을 썼다. 찬반토론을 위해 쓰는 발제문은 논술과 형식이 같다. 주장
을 제시하고(서론), 근거를 들어 주장을 입증하고(본론 1 또는 2, 때론 본론
3), 상대의 반론을 예상해서 반박하고(본론 3 또는 4, 때론 본론 5), 자기 견
해를 정리(결론)한다. 3분 동안 말하려면 손 글씨로 공책 한 쪽을 써야
한다.

여학생 셋, 남학생 둘이 서로 이야기를 주고받으며 발제문을 써나갔다.
찬반토론에 나서는 네 학생은 오래 독서반에 나왔고 다른 여학생 한 명
은 내 자녀라 토론에 익숙하다. 직접 찬반토론에 나서지 않는 학생들도
각자 발제문을 써보라고 했지만 힘들어했다. 어떻게 시작해야 할지 몰라
서론을 쓰지 못했다. 본론은 흉내를 냈지만 결론은 본론을 그대로 요약
했다.

논술뿐만 아니라 독서감상문을 쓸 때도 어떻게 시작해야 할지 몰라서

힘들어하는 학생이 많다. 서론은 첫인상이다. 글 전체에 대한 느낌을 좌우한다. 그만큼 중요하다. 논술은 질질 끌면 안 된다. 무얼 말하려는지 짧고 강하게 알려야 한다. 스마트폰이 필요하다면 논술에서는 '엄마 핸드폰 사줘!'라고 해야 한다. 독서감상문은 부드럽게 시작해야 한다. 상관없어 보이는 다른 이야기를 꺼내 분위기를 만든 뒤에 하고 싶은 이야기를 한다. '이번에 시험 잘 봤는데~'라고 시작하는 게 좋다.

그렇다고 서론 시작하자마자 대뜸 핸드폰 사달라고 하면 안 된다. 왜 핸드폰이 필요한지에 대해 호기심을 유발하면서 상대방이 귀를 기울이게 만들어야 한다. 수많은 이야기 중에 왜 해당 논제를 다루어야 하는지 말해야 한다. 마음을 끌어당기는 이야기를 꺼내 읽을 만한 가치가 있다고 보여주어야 한다. 서론이 가장 어렵기 때문에 나중에 쓰라고 한다.

동생에게 자기주장을 설명한다고 해보자. 동생이 이해하려면 동생 눈높이에서 시작해야 한다. 지킬과 하이드로 인간의 본성을 논술한다면 마음이 이쪽저쪽 왔다 갔다 하는 현상을 말하면 동생도 이해한다. 이를 바탕으로 본론에서 지킬과 하이드의 속성을 드러내어야 한다. 물론 많은 사람이 인정하는 내용이어야 한다. 그래도 무얼 써야 할지 모른다면 논제가 다루는 핵심 낱말에 대한 설명, 인용문장, 관련된 속담이나 뉴스 등을 쓴다. 특히 논제에 담긴 전제를 살펴야 한다.

제15회 대한민국 독서토론·논술대회에서 '식량 안보'를 논제로 중학생 참가자가 쓴 논술 서론을 살펴보자.

학생 (가)
중1

요즘 고기나 인스턴트 때문에 쌀이 주식에서 멀어지고 있다. 여러 라면회사들이 더 편리한 인스턴트 라면을 개발하고 있어서 사람들은 쌀을 안 먹는다. 나도 오늘 점심에 라면을 먹었는데 내가 쌀을 먹어야 된다면서 라면을 먹으면 이 글을 쓸 자격이 없다고 생각하므로 이쯤에서 물러나면 안 되니까 계속해보겠다.

학생 (나)
중2

2008년과 2010년, 세계를 강타한 국제 곡물가격 상승으로 식량안보의 위기가 심각해지고 있다. 이러한 식량 위기의 원인과 영향, 해결방안에 대해서 알아보겠다.

학생 (다)
중3

어제 저녁으로 무얼 먹었는가? 라고 질문한다면 사람들은 밥, 피자, 스파게티 등 여러 대답을 내놓을 것이다. 하루 세 끼 모두가 쌀로 지은 밥이었던 예전과 비교했을 때 우리 입맛이 많이 서구화되었다는 것을 알 수 있다. 그런데 당신은 우리의 이러한 서구화된 입맛이 어떤 영향을 끼치는지 알고 있는가?

　세 글 모두 서론이 부족하다. 학생 (가)의 첫 번째 글은 자신의 경험을 써서 객관성, 타당성이 부족하다. 글을 쓸 자격이 없다거나 물러나면 안 되기 때문에 계속해보겠다는 말은 쓰지 말아야 한다. 논술에는 자신 있게 말해보겠다는 말조차 쓸 필요가 없다. 논술에 자신의 감정을 중계방송하면 안 된다.
　학생 (나)의 두 번째 글은 논제에서 제시한 사실을 그대로 요약했다. 어떻게 시작해야 할지 모를 때 어설프게 감정을 드러내기보다 논제를 요약하는 게 낫다. 그렇다면 논제를 요약한 뒤에 자신의 말로 다시 설명해야 한다. 서론이 너무 짧아서 억지로 썼다는 느낌을 준다.

학생 (다)의 세 번째 글은 자기만 심각한 서론이다. 사람들이 저녁에 무얼 먹었는지 하나만으로 입맛이 서구화되었다고 성급하게 결론을 내렸다. 또한 확실한 통계자료도 없는 저녁 식단을 앞세워 '당신은 알고 있는가?' 하며 자기 말을 꼭 들어야 할 것처럼 썼다. 읽는 사람이 정말 생각해야 할 문제라고 느끼게 만들어야 좋은 서론이다. '당신은 알고 있는가?'라는 질문에 '내가 그걸 왜 알아야 하지?'라는 반응을 일으키는 서론은 쓰지 말아야 한다.

본론에서는 근거를 들어 설득해야 한다. 많은 학생들이 근거를 간단하게 쓰고 설명도 없이 끝낸다. 자기 생각이 당연하다고 여기기 때문에 자세하게 설명하지 않는다. 그러면 읽는 사람은 설득할 의지가 없다고 여긴다. 논술은 이유를 말하고, 표현을 달리해서 설명하고, 예를 들어 자료를 제시해야 한다. 주장을 뒷받침하는 근거(왜냐하면), 자세한 설명(다시 말해), 증거자료(예를 들어)*를 제시하는 것은 논술의 기본이다.

본론이 가장 쓰기 쉽다. 본론은 보통 세 문단으로 쓴다. 자신의 주장을 입증하는 근거를 한 문단씩 두 가지 제시한 뒤에 상대방의 주장에 대한 반론을 한 문단 쓴다. 각 문단에서는 근거를 제시하고 증거 자료를 들어 설명한다. 하고 싶은 말을 내뱉는 게 아니라 상대가 듣도록 설득한다는 마음으로 글을 쓰면 좋다. 마음을 사로잡는 근거를 찾는 능력은 창의적 사고력에 가깝고 근거를 알맞게 제시하는 능력은 문제해결력에 가깝다.

* 『너희가 책이다』에서 허병두 선생님은 논술에서 갖추어야 할 세 가지를 '왜냐하면, 다시 말해, 예를 들어'로 소개했다.

본론은 깔끔하게 써야 한다. 상대를 설득하겠다고 쓸데없는 내용을 잔뜩 늘어놓으면 안 된다. '대한민국 독서토론·논술대회' 고등부 단체전에 참가하는 학생 발제문을 손봐주면서 내용을 계속 삭제했다. "이것도 지우고, 이건 지나치게 길게 썼고……" 했더니 평소에는 자세하게 쓰라고 하시더니 왜 자꾸 줄이느냐고 묻는다.

"평소에는 독서감상문을 썼잖아. 감상문은 감정을 전하는 글이야. 마음에 맺힌 이슬을 보여줘야 해. 그러려면 자세하게 써야지. 논술은 명확한 논리로 간결하게 주장을 내세우는 글이야. 너저분하게 길게 쓰면 논리가 서지 않아. 당연히 줄여야지! 감상문은 지킬, 논술은 하이드!"

라고 대답했다. 결론은 본론을 정리하는 부분이지만 본론에서 쓴 내용을 되풀이해서 요약하면 좋지 않다. 똑같은 이야기를 두 번 쓰기보다는 다른 이야기를 써서 정리해야 한다. 대안을 제시하는 결론이 좋다. 조기 유학에 대한 논술을 쓴다면 유학이 꼭 필요하다거나 쓸데없다는 결론보다 '삶의 목표를 정하자'라는 대안을 제시하면 더 낫다. 또한 자신의 주장을 따르면 어떤 변화가 일어날지 보여주어도 좋다.

학생 (라) 중1	인스턴트의 환경문제 때문에 미래 식품을 더 보완해야 한다. 자칫 잘못하면 인간도 멸종되고 지구가 멸망할 수도 있으니 미래를 대비하고 식품을 만들어야 한다.

학생 (마) 중2	이렇게 중요한 식량안보를 지키기 위해 우리는 노력해야 한다. 국가, 기업, 국민, 농민들이 서로서로 배려하며 국내산 농산물을 많이 이용한다면 식량안보를 강화할 수 있을 것이다.

학생 (바)
중3

결론적으로 농업의 기업화, 해외 의존도 증가로 일어난 식량 안보 위기는 농업 성장률 감소, 일부 국가의 독점을 일으킨다. 이를 해결하기 위해서 정부는 적극적으로 그들의 역할을 수행해야 한다. 자국의 주요 식품에 관한 식품은 수입률을 줄이고 다국적 기업에 대한 견제를 자영농들을 위해 실천해야 한다.

상, 중, 하 수준의 결론을 한 편씩 골랐다. 학생 (라)의 첫 번째 글은 밑도 끝도 없는 결론이다. 식량안보 문제에 인스턴트식품을 끌어들였고 인스턴트 환경문제가 무엇인지 모호하다. 또한 인스턴트 환경문제 때문에 미래 식품을 보완한다는 것도 모르겠다. 자신의 의견을 따르지 않으면 지구가 멸망하고 인간이 멸종한다는 식의 결론은 의외로 자주 나온다. 마치 밥을 한 끼만 굶어도 죽는다는 식의 결론은 반드시 피해야 한다.

학생 (마)가 쓴 두 번째 글은 그나마 논술을 잘 쓴 학생의 결론이다. 많은 학생이 두 번째 글처럼 본론 내용을 요약한다. 본론에서 쓰지 않은 내용과 표현으로 내용을 새롭게 요약하고 대안을 제시하려면 창의적 사고가 필요하다. 논술을 시험대비 훈련으로 배우면 쓸 내용이 생각나지 않는다. 이럴 때 본론 요약은 그나마 최선의 결론이다.

학생 (바)가 쓴 세 번째 글은 상을 받은 상위 다섯 명 중 한 학생이 쓴 결론이다. 본론에서 제시한 내용을 요약하고 대안을 제시했다. 식품의 수입률을 줄이는 방법, 다국적 기업을 견제하는 방법을 제시하지 않았지만 중학생이 이런 방법을 생각했으므로 잘 썼다.

마지막으로 독서반에서 『불량하우스』*를 읽고 쓴 글을 살펴보자.

---

* 『불량하우스』 케이트 클리스 지음, 김율희 옮김, 주니어 RHK.

『불량하우스』 터닙슨 선생님의 행동은 올바르지 않다.

〈서론〉 터닙슨 선생님은 미국상공회의소를 상대로 거짓말을 하였다. 나는 이 이야기에서 거짓말을 하면 안 된다는 것을 떠올렸다. 지금부터 그 이유를 설명하겠다.

〈본론·근거1〉 첫째, 터닙슨 선생님은 거짓 그림을 냈다. 그러나 그후 터닙슨 선생님은 후회를 하였다. 왜냐하면 그림은 우승을 차지하게 되었고 미국상공회의소의 사람들이 마을을 찾아온다는 소식을 알게 되었기 때문이다. 그렇게 되면 마을의 실체가 공개되고 모든 사람들이 데니스 에이커스를 비웃을 것이기 때문이다. 이처럼 거짓말은 자신에게 부메랑처럼 돌아온다. 그래서 자신이 한 거짓말에 책임을 질 수 없다면 하지 말아야 한다.

〈본론·근거2〉 둘째, 거짓말은 부메랑과도 같지만 거짓말은 게임 같기도 하다. 게임을 하면 계속하고 싶고 한 시간이 지나도 하고 싶고 두 시간이 지나도 하고 싶다. 나는 게임을 하면 시간 가는 줄 모른다. 그래서 한 시간만 한다 해도 두세 시간을 하고도 한 시간만 했다 한 적도 있다. 거짓말 또한 그렇다. 미국상공회의소에서 부서진 마을 재건을 도와주려 할 때 몇 번의 거짓말을 또 하게 되었다.

〈결론〉 거짓말은 해도 하고 싶은 면이 있다. 그래서 나의 결론은 거짓말을 하지 않고 성실히 살아가야 한다는 것이다.

독서논술에서 저지르기 쉬운 실수를 많이 한 대표적인 글이다. 서론에서 자신이 하고 싶은 말을 다 했다고 생각하지만 상대가 관심을 갖게 만들지 못했다. '나는 ~ 떠올렸다'는 지킬의 표현이다. '터닙슨 선생님이 거짓말을 했다. 상대방을 위해 하얀 거짓말을 한 것도 아니다. 더구나 마

을의 대표도 아니면서 국가기관을 속였다. 이런 불법은 용납할 수 없다'
고 냉정하게 써야 한다.

　본론에서 근거 1을 잘 썼다. 대상도서 내용을 소개하며 거짓말이 가져
올 영향을 설명했다. 거짓말이 부메랑처럼 자신에게 돌아온다는 표현도
아주 좋다. 마지막으로 자신의 주장을 강조한 점도 좋다. 다만 마지막 문
장은 거짓말에 책임을 질 수 있다면 해도 된다는 뜻으로 들린다. 논술에
서 문장을 쓸 때는 반대로 질문하거나 해석할 수 있는지 확인해야 한다.

　두 번째 근거로 거짓말의 중독성을 들었다. 좋은 내용이지만 제대로 설
명하지 못했다. 논술에서는 개인의 경험을 쓰면 안 된다. 경험을 쓰고 싶
다면 대다수가 인정하는 사례를 객관적으로 제시해야 한다. 게임의 중독
성은 객관화된 자료가 많으므로 찾아서 제시하면 된다. 그러나 거짓말의
중독성이 게임처럼 심각한지는 자료를 찾기 어렵다. 그러므로 게임을 언
급하지 말고 거짓말을 하면 계속하게 된다고 쓰는 게 낫다. 미국상공회
의소에서 마을 재건을 도와주려 했을 때 계속 거짓말을 했다는 증거만으
로도 충분하다.

　논술을 처음 쓰는 학생이라 반론을 예상하고 반박하는 내용은 쓰지 않
았다. 만약 쓰라고 시켰으면 근거 1과 2처럼 쉽게 썼을 것이다. 논술에서
는 역시 서론과 결론이 가장 어렵다. 이 글에도 근거 1과 2는 200자 내외
로 알맞게 썼지만 서론과 결론은 두세 문장으로 끝냈다. 학생들은 본론
에서 하고 싶은 말을 다 했기 때문에 결론에 무얼 쓸지 모르겠다고 한다.
그래서 대안이 필요하다.『불량 하우스』에서는 '주민들의 선의가 거짓말
의 폐해를 덮어준다. 눈앞의 이익보다 작은 선의가 오히려 공동선을 이
룬다'는 내용을 쓰면 훨씬 나은 글이 될 것이다.

카이사르가 루비콘 강을
건너지 말았어야 할까?

역사논술은 과거에 끝난 일에 대한 평가를 쓰는 글이다. 과거의 일을 발판 삼아 현재를 판단하고 앞날을 내다보는 논제라면 서론에서 과거의 사건을 왜 지금 다시 생각해야 하는지, 본론과 결론에서 이 사건을 바라보는 관점이 미래에 어떤 영향을 주는지 써야 한다. 첫 시간에 내가 제시한 논제는 카이사르가 했던 행동의 정당성만을 따진다. 지금 다시 따져봐야 하는 까닭과 우리 사회에 주는 시사점을 쓰기 어렵다. 그러면 서론과 결론이 중요하지 않게 되므로 본론을 어떻게 쓰는지 알아보기에 좋다.

넷째 시간에 2대 2 찬반토론을 했다. 찬성 1번 토론자 3분 발언, 반대 측 반박 질문 1분, 찬성 측 재반론 2분, 반대 1번 토론자 3분 발언, 찬성 측 반박 질문 1분, 반대 측 재반론 2분을 한 뒤에 2번 토론자가 같은 방식으로 토론하는 규칙이다. 그러나 우리는 대회를 하는 게 아니기 때문에 시간을 1~2분 더 써도 그냥 두었다. 넷째 시간에 토론한 내용이다.

찬성 측 1번 토론자 주장

이가진
고2 여

〈서론·도입〉 카이사르가 루비콘 강을 건넌 건 최선의 선택이었다. 카이사르는 지배자로서의 역할을 해낸 것뿐이다. 어느 시대나 지배층이 존재하면 피지배층이 존재한다. 원활한 국가나 사회 운영에 있어 지배층의 역할은 국가나 시민을 위한 정치를 하는 것이다. 자신에게 주어진 권력이 개인적 욕심을 충족하는 수단으로 쓰여서는 안 된다. 카이사르가 살았던 시대의 지배층인 원로원은 과연 로마와 시민을 위한 정치를 하였을까?

〈본론·근거1〉 원로원은 부패했다. 권력의 중심이 썩어버린 국가는 곧 사회 전체의 부패를 가져온다. 원로원이라는 정치 시스템 내에서 자유로운 정치적 견해를 주고받는 것이 아닌 오직 사익을 추구한 정치방법은 이성적이지도, 정치의 올바른 방향도 아니다. 카이사르가 부패의 원인이자 중심인 원로원과 내전 이후에도 함께할 이유는 없다. 원로원은 제거의 대상이었고 카이사르가 내전을 일으킨 이유였다.

〈본론·근거2〉 원로원은 자신들의 권력이 카이사르에 의해 약해질까 두려웠다. 때문에 원로원은 존재하는 모든 권력을 이용해 카이사르가 가진 권력을 무력화하려 했다. 이에 카이사르는 끊임없이 협상을 시도했다. 하지만 권력과 욕심에 눈이 먼 원로원은 이러한 요구를 전부 무시했다. 애초에 카이사르가 권력을 지키고 내전을 피해 원로원과 합의할 모든 평화적 방법을 차단했다. 결국 카이사르는 어쩔 수 없이 강을 건넜고 내전을 일으켰다.

〈본론·근거3〉 카이사르는 내전 중에도 끊임없이 원로원, 폼페이우스와 대화를 시도하려고 했고, 절대로 로마 시민을 함부로 하지 않았다. 오히려 대부분이 그를 지지했다. 즉, 카이사르에게 내전은 로마 부패의 중심인 원로원과의 대립이었으며 체제와의 싸움이었다. 바로 이점이 카이사르와 박정희가 본질적으로 다른 이유이다. 카이사르는 부패한 권력과 싸워 로마 사회를 구원했고 박정희는 오직 권력 독점을 위해 당시 정치 시스템을 파괴하고 강제로 군림하였다. 카이사르의 내전은 부패한 정치 시스템과의 싸움이었고 박정희의 쿠데타는 국민의 억압과 싸움이었다. 박정희의 사익을 위한 권력남용은 오히려 원로원과 비슷하다. 군대를 동원한 점은 비슷하지만, 행위의 동기가 중요하며 본질적으로 다르다.

〈결론·강조〉 가장 중요한 건 원로원과 카이사르가 어떻게 권력이라는 도구를 이용했느냐는 것이다. 원로원에게 권력이란, 카이사르 제거와 권력 독점을 위한 도구였다. 원로원은 비겁했다. 자신들의 권력으로 시민들을 무시하고 카이사르의 목을 조였다. 카이사르는 이 모든 것들을 변화시키기 위해 권력을 이용했다. 어떤 것이 권력을 좀 더 올바르게 사용하고 시민을 위했는지 생각해 볼 필요가 있다. 또한 국가가 위기에 처했을 때, 권력을 가진 이들의 역할은 또 무엇인지, 카이사르와 원로원은 이러한 상황에서 어떻게 행동했는지 정확히 인지해야 한다.

이에 대해 반대 측은 세 가지 질문을 했고 찬성 측이 대답했다.

| 질문 | 원로원이 무능하고 권력욕이 있었다는 것에 동의한다. 그러면 카이사르는 권력욕이 없었나? 권력욕이 없었다면 왜 황제가 되었나?
| 대답 | 카이사르에게도 권력욕이 있었지만 문제가 되지 않는다. 권력으로 원로원 측을 제거하려 하지 않았다.

질문 | 루비콘 강을 건너면 안 된다는 법을 어긴 뒤에 협상을 하는 게 말이 될까?

대답 | 카이사르는 공화정 자체를 부패, 처단의 대상으로 봤다. 공화정을 없애려면 일단 루비콘 강을 건너야 했다. 협상은 그다음 일이다.

질문 | 원로원은 카이사르를 장군으로 임명한 상관이었다. 상관의 명령을 어겨도 되는가?

대답 | 원로원이 다른 방법을 차단했다. 상관의 명령은 부당했으며 카이사르의 목숨을 요구했다. 부당한 처사에 항변할 수밖에 없었다.

토론이 끝난 뒤에 나는 두 가지를 물었다.

• 소크라테스는 악법도 법이라고 말하며 지켰다. 상대가 바르지 않은 태도를 보였지만 법을 지켰다. 상대가 법을 어긴다고 카이사르도 법을 어겨야 했나? 이게 논점 아닌가?

• 카이사르가 법을 지켰다면 죽었을 거라고 말했다. 자신의 생명을 내던지고 법을 지킨 사례도 있지 않나?

위의 글은 논술의 기본 형태인 서론, 본론(근거 1, 근거 2, 반론에 대한 반박), 결론을 따르지 않았다. 가진이는 4학년 때부터 나와 함께 토론하고 글을 썼다. 글을 쓰라고 하면 한 시간 동안 꼼짝 않고 아이디어를 하나 쓰고 생각하고, 다시 쓰고 생각하며 개요를 짰다. 개요짜기가 끝나면 숨도 쉬지 않을 정도로 무섭게 글을 썼다. 논술의 기본 형태에 매이지 않고 자유자재로 글을 썼다.

서론에서 지배층의 역할을 규정하며 로마 원로원이 지배층으로 올바른 역할을 했는지 물었다. 카이사르의 행동이 옳다 그르다를 논하기 전에 지배층의 역할을 설명함으로써 카이사르의 행동을 정당화할 배경을 제시했다. 좋은 서론이다. 국가에서 지배층은 절대 불변의 자리가 아니다. 지배층이 올바르게 행하지 않으면 바꾸어야 한다. 당시 로마에서 지배층을 바꾸려면 카이사르가 루비콘 강을 건너는 방법밖에 없었다.

본론 1에서 로마 원로원이 부패했음을 지적하고 카이사르가 내전을 일으킬 수밖에 없었다고 썼다. 본론 2에서 카이사르가 루비콘 강을 건넌 뒤에도 무력을 쓰지 않고 협상을 시도했지만 원로원이 받아들이지 않았다는 점을 들어 카이사르를 옹호했다. 본론 3에서는 카이사르가 시민의 지지를 받았기 때문에 논제가 카이사르의 잘못이 아니라 부패한 체제를 바꾸는 데 초점을 두어야 한다고 썼다. 다만 박정희를 카이사르와 비교한 것은 논술의 방향에서는 어긋난다. (박근혜가 탄핵당한 직후에 글을 썼기 때문이라 생각한다.)

결론에서는 권력의 이용방식을 썼다. 원로원은 자신들의 이익을 채우기 위해 카이사르를 제거하는 도구로 권력을 이용했고, 카이사르는 잘못된 상황을 바꾸기 위해 권력을 이용했다고 썼다. 서론에서 지배층의 역할을 언급하며 카이사르를 옹호한 것처럼 결론에서도 권력의 이용방식이라는 새로운 시각으로 카이사르를 옹호했다. 또한 국가에서 권력을 가진 이들이 어떤 역할을 해야 하는지 생각하자는 제안을 했다. 반대 측 토론자뿐만 아니라 나도 생각하지 못한 좋은 내용이다. 가진이의 발제를 들으면서 카이사르가 정말 루비콘 강을 건널 수밖에 없었다는 생각이 들었다.

반대 측 1번 토론자 주장

변중현
고1남

〈서론·도입〉 질서가 지켜지는 사회에선 지배층이 국민을 위해 일한 다. 따라서 그 나라는 발전한다. 이런 사회에서는 올바르게 살 면 이익을 얻고 편법과 불법을 저지르면 손해를 보기 때문에 사람들은 올바르게 살아가려 한다. 하지만 질서가 지켜지지 않는 사회에서 는 지도자가 자신을 위해 산다. 따라서 나라는 혼란스러워진다. 이 사회에서 올바르게 사는 소크라테스들은 독배를 마시고 잘못 사는 카이사르들은 부 귀, 명예를 얻기 때문에 사람들은 잘못된 방법으로 살아가려 한다. 당연히 이 런 나라는 멸망한다.

〈본론1·근거〉 카이사르는 로마인에게 법을 어겨도 힘이 있다면 부귀와 명예를 누릴 수 있다는 확신을 주었다. 당시 로마는 불안정했다. 이 상황에서 카이사 르가 독재자가 되어 폭정을 휘두를 수도 있었고 반대세력들을 잔인하게 진 압할 수도 있었다. 혹은 측근에게 암살당할 수도 있었다. 모든 것이 불확실한 상황에서 카이사르는 희박한 확률로 주사위를 던졌다. 다음 세대인 아우구 스투스와 오현제가 희박한 확률로 선정을 베풀어서 로마는 위기에서 벗어날 수 있었지만 결국 카이사르가 로마 멸망의 실마리를 제공했다.

〈본론2·반론〉 하지만 결과적으로 봤을 때 로마가 질서를 되찾고 반성하지 않았 느냐고 말할 수 있다. 그러나 로마에 도움이 된 것은 카이사르 때문이 아니라 아우구스투스와 오현제의 선정 때문이었다. 카이사르 덕분에 아우구스투스 와 오현제가 나오지 않았느냐고 묻는다면 네로가 있다. 세종대왕의 선정이 이성계의 위화도 회군 덕이라고 말할 수 없듯 아우구스투스와 오현제의 선 정 역시 카이사르가 루비콘 강을 건넜기 때문에 나왔다고 말할 수 없다. 카이사르는 이를 의도하지 않았고 그들의 탄생은 불확실했다. 또한 당시 원로원은 능력이 없었다. 따라서 카이사르의 물갈이가 필요했다고 주장할 수 있다. 왜 카이사르와 원로원을 비교하여 생각하는가? 폼페이우스처럼 카이사르도 원로원과 함께 일할 수 있다. 그리고 꼭 반란을 통해서만 통치가 가능하다는 것은 위험한 생각이다.

카이사르는 이익을 위해 질서를 지켰다. 그래서 로마 사회에 혼란을 주었다. 소크라테스는 시민들의 생각에 반대하기 위해서 법을 지켰다. 카이사르와 소크라테스가 법을 지키는 이유와 목적이 서로 달랐다. 카이사르의 뒤를 이은 오현제의 선정이 없었다면 로마는 멸망하였을 것이다. 그러므로 카이사르가 루비콘 강을 건넌 것은 옳지 않았다.

이에 대해 찬성 측은 세 가지 반박 질문을 했다.

| 질문 1 | 카이사르가 루비콘 강을 건넌 것이 도박이라 주장했다. 카이사르가 건너지 않았다면 원로원 측과 민중파의 대립으로 인한 혼란이 계속되지 않았을까?

| 대답 | 왜 하필 카이사르였나 하는 점이 궁금하다. 소크라테스도 아테네의 멸망을 알았지만 멸망을 늦추기 위해 죽었다. (반박에 제대로 답하기 어려워 이렇게 대답했다.)

| 질문 2 | 카이사르가 로마 멸망의 실마리를 주었다고 했는데 카이사르 이후에 좋은 왕(오현제)이 나오게 된 계기 역시 카이사르가 제공하지 않았나?

| 대답 | 오현제의 선정은 카이사르가 제공한 원인 때문이 아니라 오현제라는 인물의 선정이다. 위화도 회군이 세종대왕을 낳은 것은 아니듯.

| 질문 3 | 법을 지켜야 하는 건 맞지만 지켜야 할 법의 내용이 중요하지

않나? 소크라테스가 법을 지킨 것도 저항하기 위해서 아닌가?

| 대답 | 법을 지킨 행동의 목적이 소크라테스는 정의를 위해, 카이사르는 사익을 위해서이다.

중현이도 4학년 때부터 계속 독서반을 하고 있어서 글을 잘 쓴다. 가진이와 같은 논리로 서론을 시작했다. 가진이는 국가에서 지배층이 올바른 역할을 해야 한다고 썼다. 중현이는 질서가 지켜져야 나라가 발전한다고 썼다. 질서가 지켜지지 않아 소크라테스가 독배를 마시고 카이사르가 부귀와 명예를 얻는 나라는 멸망한다고 썼다. 좋은 서론이다.

본론 1에서는 불안정한 당시 상황에서 카이사르가 불법으로 권력을 장악했기 때문에 카이사르가 나라를 안정시킬 확률이 낮았다고 지적했다. 카이사르가 황제 위치에 오른 사건이 로마 멸망의 실마리를 제공했다고 주장했다. 중현이는 『로마인 이야기』를 5권까지 읽었기 때문에 당시 상황을 이해하고 글을 썼다.

본론 2는 반론을 예상하고 대답했다. 본론 1에서 주장한 것과 달리 로마는 카이사르 이후 안정을 유지했다. 로마의 안정은 카이사르 때문이 아니라 오현제가 훌륭했기 때문이라고 대답했다. 특히 세종대왕의 선정이 이성계의 위화도 회군 덕분이라고 말할 수 없다는 근거를 들어 카이사르 때의 안정을 반박했다. 세종대왕을 예로 들 때 '저렇게 볼 수 있겠구나!' 하며 깜짝 놀랐다.

결론은 소크라테스를 들어 법을 지키는 이유를 강조했다. "소크라테스는 자기 뜻을 이루기 위해(시민들의 예상과 달리) 법을 지키는 쪽을 선택했고, 카이사르는 자기 뜻을 이루기 위해(시민들의 예상대로) 법을 어겼다."

는 내용은 창의성이 뛰어난 해석이다. 그러나 학생들은 소크라테스의 준법행위 역시 자신의 뜻을 이루기 위해서라면 카이사르와 다를 바 없지 않느냐는 주장을 지나쳤다. 다시 봐도 이 해석은 정말 놀랍다.

한 차례 발제, 질문, 반박이 이어지는 모습을 보고 지켜보던 학생들이 놀랐다. 3분 정도 상대편 주장을 듣자마자 곧바로 질문하고 이에 대해 즉시 반박하는 모습이 놀랍다고 했다. 이어서 2번 토론자가 이어받았다.

찬성 측 2번 토론자 주장

권민하
고1 여

〈서론·도입〉 카이사르가 루비콘 강을 건넌 것은 잘한 일이다.

〈본론·근거1〉 왜냐하면 로마의 공화정 체제는 당시 상황에 맞지 않았다. 로마는 거의 백 년 전부터 기존의 체제를 유지하려는 사람들과 개혁을 하려는 사람들로 나뉘어 싸우고 있었다. 포에니 전쟁이 끝나고, 로마의 패권이 커졌으므로 그에 맞는 새로운 체제를 만들어야 한다는 것은 이미 그라쿠스 형제에 의해 밝혀졌다. 하지만 대부분의 사람들은 그 사실을 깨닫지 못해서 형제의 개혁은 실패했고, 둘 다 살해당했다.

이후에도 그 점을 깨달은 사람들이 있었다. 카이사르와 폼페이우스 전 세대인 마리우스와 술라가 대표적인 예이다. 공화정이 흔들리는 것을 보자 마리우스는 개혁을 하려고 했고, 술라는 공화정 체제를 보강하고 강화함으로 공화정을 다시 세우려고 했다. 방법은 다르지만 그들 모두 공화정이 시대에 맞지 않았다는 것을 알았다.

공화정이 왜 시대에 맞지 않았을까?

〈본론·근거 1에 대한 설명 1〉 첫째, 시간이 지나면서 로마 시민권자의 수는 점점 늘어났다. 그중에는 로마에서 멀리 떨어진 곳에 사는 시민도 있었다. 또 그 많은 사람이 수도 로마로 가서 투표를 한다는 것은 말도 안 되는 일이어서 로마에서 하는 선거로는 로마 시민 전체의 뜻을 반영하기 힘들어졌다. 하지만 카이사르 이후 아우구스투스가 확립한 제정에서는 로마 군단과 원로원의 승인을 받아 황제가 된다. 로마 군단은 로마 시민권을 가진 17세 이상의 건강한 남성이면 누구나 들어갈 수 있기 때문에 변방에 사는 시민의 의견도 반영하게 되었다. 군단병만의 의견이지 시민 전체의 의견이 아니라고 할 수 있지만 목숨을 걸고 국경지역에서 나라를 지키는 군단병에게 최고 지휘관인 황제를 뽑을 권리가 있는 것은 당연하다. 또한 군단병이 아닌 사람도 지방자치단체의 선거에 참여할 수 있고 재능만 있으면 공직에 나갈 수도 있었다.

〈본론·근거 1에 대한 설명 2〉 둘째, 원로원은 아주 사소한 문제를 결정하는 데에도 오랜 시간이 걸렸다. 원로원에서 토론을 해서 결정하는 방식이다 보니 느릴 수밖에 없어서 빨리 결정해야 할 비상사태에는 독재관을 임명했다. 그런 방식은 포에니전쟁 때까지는 유효했지만 로마제국이 커지고 결정해야 할 것도 많아진 상태에서 보다 신속한 결정이 필요해졌다. 그래서 원로원에서 제정으로 바뀌며 한 사람이 결정하게 되자 신속한 결정을 하게 되어 더 효율적이게 됐다. 군대를 해산하고 미래에 제정으로 전향했다고 해도 안정된 정치를 하기 어려웠을 것이다. 카이사르만이 생각할 수 있는 여러 정책과 시스템은 반영되지 않았을 것이고, 로마의 수명은 단축되었을 것이다.

〈본론·근거2〉 그리고 카이사르가 아니었어도 미래에 내전이 일어났을 것이다. 카이사르 이전에 그라쿠스 형제와 마리우스, 술라가 그렇게 피를 뿌리고, 내전을 일으켰다. 하지만 내전은 또 일어났다. 내전은 제정이 될 때까지 계속됐을 것이고, 카이사르는 그 내전을 자신의 대에서 끝냈다. 이는 잘한 일이다.

〈결론·반박과 정리〉 카이사르가 권력을 차지하려고 했다고 하지만 카이사르에게 권력은 제정을 확립하기 위한 수단이었을 뿐이다. 카이사르가 루비콘 강을 건넌 건 제정을 확립하기 위한 것이었고 그럼으로써 로마의 수명을 몇백 년이나 늘렸으니 루비콘 강을 건넌 것은 잘한 일이다.

이에 대해 반대 측이 세 가지 반대 질문을 했다.

| 질문 1 | 원로원 부패 개혁이 로마 시민의 뜻이었나?
| 대답 | 원로원 위원을 시민이 뽑으며 원로원이 시민의 의견을 대표한다고 잘못 생각했기 때문에 질문이 잘못되었다.
| 질문 2 | 투표 방법을 개선하면 되지 않았나?
| 대답 | 개선하기 어렵다. (당시 투표방식을 설명했다.)
| 질문 3 | 결정이 빠르면 잘못된 결정을 내릴 가능성이 크지 않나?
| 대답 | 그런 예로 네로가 있다. 그때 국민들은 네로의 결정이 잘못되었다는 것을 깨닫고 네로를 쫓아냈다. 로마에서 권력의 기반은 시민에게 있다. 잘못된 결정은 시민의 지지를 약화한다. 그러면 황제가 되지 못한다. 따라서 잘못된 결정을 내릴 가능성이 작다.

민하는 『로마인 이야기』를 몇 번이나 읽었다. 대상도서가 다루지 않는 로마 시대 역사를 증거로 들어 상대편이 제대로 반박하지 못했다. 민하가 쓴 글을 분석하면 다음과 같다.

| 1문단 – 서론 | 자기 입장을 한 문장으로 썼다.
| 2문단 – 본론 (근거 1) | 공화정 체제가 시대에 맞지 않았다. (공화정 체제가 갈등을 일으키던 당시 상황을 설명하고 실제로 갈등을 일으킨 인물을 증거로 제시했다.)

| 3문단 – 본론 (근거에 대한 설명) | 시대에 맞지 않았던 이유

　1) 로마 시민권자의 투표 방식이 시대에 맞지 않았다.

　2) 원로원이 문제를 해결하는 방식이 시대에 맞지 않았다.

| 4문단 – 본론 (근거 2) | 카이사르가 아니었어도 내전은 일어났을 것이다. (반론) 카이사르가 권력을 차지하기 위해 욕심을 부렸다는 반대 측 주장에 대한 반론과 함께 결론을 내림.

| 5문단 – 결론 | 반론과 함께 제시

민하는 책을 많이 읽고 독서감상문에는 익숙하지만 논술은 거의 쓰지 않았다. 당시 상황을 잘 알고 썼지만 서론, 본론, 결론의 형식을 제대로 갖추지 못했다. 형식을 갖춘 글로 고쳐보았다.

| 1문단 – 서론 | 시대에 맞지 않는 공화정 체제를 설명하고 자기 견해를 제시함. 또는 카이사르가 루비콘 강을 건너기 전의 로마 상황을 설명하고 견해를 제시함.

| 2문단 – 본론 (근거 1) | 로마 시민권자가 증가하는 상황에서 기존 투표 방식은 시민의 뜻을 제대로 반영하기 어려웠다. 또한 원로원의 문제 해결방식은 시간이 오래 걸렸다. 카이사르가 이를 개혁했다. (단, 기존의 2-3문단 내용을 줄여야 함.)

| 3문단 – 본론 (근거 2) | 카이사르가 아니었어도 내전은 일어났을 것이다. 카이사르가 로마를 제정으로 바꾸었기 때문에 내전 가능성이 사라졌다.

| 4문단 – 본론 (반론) | 카이사르가 권력을 차지하기 위해 욕심을 부렸다는 반대 측 주장에 대한 반론 제시

| 5문단 – 결론 | 카이사르의 정당성을 다시 한 번 강조하고 업적 제시

반대 측 2번 토론자 주장

김민좌
중3 남

〈서론〉 『내전기』는 카이사르가 썼다. 어디까지나 카이사르의 입장이다. 카이사르가 말하는 입장을 제외하고 객관적 사실만 보면 카이사르는 법을 어겼다. 내전을 일으켰고 자신의 독재체제를 만들었다. 즉 그는 루비콘 강을 건넘으로써 나라에 분쟁을 가져왔다. 『내전기』를 보면 '내가 잘났다. 난 잘못한 게 없다'고 말한다. 앞서 말했듯이 이 책의 흐름은 카이사르의 입장에서 흘러간다. 여기에 과연 카이사르가 권력의 중심에 섰을 때까지의 아픈 얘기들을 적어 놓았을까? 당연히 아니다. 즉 이 책으로는 카이사르가 생각한 진심을 판단할 수 없다. 따라서 카이사르의 주장에는 정당성이 없다.

〈본론1-근거1〉 나폴레옹은 위대하지만 황제가 되지 말아야 했다. 카이사르도 마찬가지다. 권력을 쥐기 위해 불법을 행했다.(는 내용을 말했다. 마지막 시간에 다시 토론하기 위해 글을 고쳤는데 처음 쓴 글을 지우고 위에 다시 써서 내용이 사라졌다.)

〈본론2-근거2〉 카이사르가 나라를 성공적으로 이끌었고 로마 발전의 토대를 마련했다고 말한다. 그러나 가장 발전한 시기라고 가장 행복한 시대는 아니다. 박정희는 당시 사람들의 압도적인 지지를 받았으며 나라를 많이 발전시킨 것은 사실이다. 하지만 그는 쿠데타라는 범법행위로 권력의 중심에 올라갔으며 민주주의를 퇴보시켰고 전두환이라는 또 다른 범법행위자에게 범법 행위의 정당성을 부여했다. 카이사르 또한 압도적인 지지를 받고 잠시 동안 괜찮은 정치를 했다고 볼 수 있지만 그는 범법 행위로 권력을 장악했다. 또한 내전과 정치체제를 바꾸는 혼란을 일으켰다. 그가 빨리 죽기는 했지만 박정희처럼 변하지 않을지는 모르는 일이다. 그는 로마 시민들이 모두 자신을 지지해 자기가 황제가 됐다고 말하지만 내분의 소용돌이에 휩싸여 내전으로 자신의 아들, 남편, 아버지를 잃은 사람들에게 어떻게 동의를 얻을 수 있는지 이해가 되지 않는다.

〈결론 - 없음〉 :

　찬성 측 반대 질문은 다음과 같다.

| 질문 1 | 카이사르와 박정희, 전두환은 독재방식이 다르다. 카이사르와 달리 두 사람은 국민을 억압했으므로 비교할 수 없다. 둘의 쿠데타와 카이사르의 경우는 다르지 않은가?

| 대답 | 독재방식은 다르지만 독재자로 들어선 과정은 비슷했다.

| 질문 2 | 카이사르가 권력욕이 많았다고 하는데 근거가 무엇인가?

| 대답 | 개혁이 필요하다면 내전을 일으키지 말고 원로원에 직접 가서 말해야 했는데 그러지 않았기 때문에 권력욕이 많다.

　민좌가 쓴 논술은 색다르다. 서론에서 『카이사르의 내전기』 자체를 부정한다. 카이사르가 썼기 때문에 카이사르의 처지를 옹호하는 내용이라고 주장한다. 자기 이야기를 객관적으로 서술하기 어려우므로 민좌의 주장을 반박하기 어렵다. 서론에서 반박하기 어려운 근거를 내세웠기 때문에 본론에서는 비슷한 방법으로 황제나 대통령이 된 사례를 제시한다. 나폴레옹은 카이사르처럼 법을 거스르고 황제가 되었다. 박정희와 전두환을 말할 때는 '중학교 3학년이 이런 생각까지 하구나!' 하며 놀랐다. 카이사르가 다른 황제들이 범법 행위를 할 정당성을 부여했다는 말

에 동의하는 마음이 커졌다. 그러나 '행복'을 언급한 것은 적절하지 않다. 행복했다면 불법을 행해도 괜찮다는 뜻으로 읽히며, 논제가 행복과는 거리가 멀기 때문이다. 결론은 시간이 부족해서 쓰지 않았다.

이 논술은 서론만 남기고 다시 써야 한다. 카이사르가 독재자처럼 행동했다는 점을 들어 카이사르의 업적(찬성 측 주장)을 부정적으로 평가해야 한다. 카이사르가 좋은 결과를 낳았다고 해도 결과가 좋다고 모든 일이 허용되는 건 아니라고 쓸 수도 있다.

토론 후 생각을 정리해
글을 쓰자

다섯째 시간에 찬반토론에서 발표하고 토론한 내용을 바탕으로 글을 고쳐 쓰고 다시 토론하기로 했다. 상대의 주장과 반박을 모두 들었기 때문에 같은 편끼리 활발하게 의견을 나눈다. 그래도 토론은 네 번째 시간이 더 재미있었다. 상대가 어떤 말을 할지 몰라 긴장한 상태에서 토론했기 때문이다. 토론이 끝난 다음 주에 중현이가 글을 써왔다.

변중현
고1남

인간은 너무도 나약하여 혼자선 도저히 살아갈 수 없다. 그래서 사람들은 살아가기 위해 서로 힘을 합하기 시작했고 점점 사람들이 많아지면서 국가가 되었다. 따라서 국가의 정의(定義)는 '모두 함께 살아가는 곳'이고 국가의 정의(正義)는 '모두 함께 살아가는 것'이다. 만일 어떤 독재자가 나타나 질서를 어지럽히고 자기 혼자만 살려 한다면 그는 추방함이 마땅하다.

모두 함께 살아가려면 어떻게 해야 할까? (이어지는 내용 요약 : 사람들이 각자의 소임을 다하여야 한다고 주장하며 인간으로서의 소임, 사회 구성원으로서의 소임을 다해야 한다고 썼다. 또 국가가 국민 모두의 발전을 위해 역할을 해야 한다.)

서론을 아주 잘 썼다. 국가가 무엇이며, 어떤 일을 해야 하는지를 '정의(定義)'와 '정의(正義)'로 설명했다. 사회 질서를 어지럽히고 자기만을 위해 행동하는 독재자는 추방해야 한다고 주장하며 카이사르가 옳지 않다고 쓰려 했다. 그러나 '모두 함께 살아가는 사회'에 마음을 빼앗겨 카이사르를 잊어버렸다. 글을 고치겠다며 가져갔다가 두 배나 더 써온 글을 보며 중현이에게

"너, 하고 싶은 말이 많았구나! 논제와 상관없는 내용이라는 건 알지?"

하니

"알아요. 그래도 정말 쓰고 싶었어요."

라고 대답했다. 그래서 논술을 어떻게 써야 한다는 말을 하지 않았다. 하고 싶은 말이 있어서 2,500자를 쓰는 모습이 그냥 멋졌다.

논술을 잘 쓰려면 개요를 짜야 한다

찬반토론에 나선 학생들은 모두 개요를 짜고 논술을 썼다. 각 문단에 어떤 내용을 쓸지 미리 정하면 글을 쓰기 쉽다. 이를 개요짜기라고 한다. 개요짜기는 설계도이다. 내비게이션에 목적지를 입력하면 전체 거리와 길을 간단하게 먼저 보여준다. 마찬가지로 개요는 글이 흘러가는 방향을 알려준다. 개요를 짜면 글을 쓰기 쉽다. 글 쓰는 시간의 최대 절반까지 개요를 짜야 한다.

논술을 많이 쓰지 않은 학생은 지나치게 형식적이거나 아예 형식을 무시한다. 개요짜기를 모른다면 간단한 요령이 있다. 일단 문단 다섯 개

를 쓴다. 근거를 많이 쓰되, 관련된 이야기를 생각나는 대로 쓴다. 다 쓴 뒤에 근거로 쓸 만한 내용이 담긴 문단을 본론에 배치한다. 호기심을 끄는 내용을 쓴 문단을 서론으로, 정리하는 내용을 결론에 둔다. 이미 쓴 내용을 형식에 맞게 자리를 정하는 것이다. 적당히 글을 만들어내는 요령이어서 좋은 방법은 아니지만 처음 쓰는 학생에게는 도움이 된다.

처음에는 표에 개요를 짜게 한다. 표에 내용을 채워 넣고 순서대로 글을 쓰면 된다. 341쪽에 예로 든 표는 초등학교 6학년 학생이 『옛날 사람들은 어떻게 공부했을까?』*를 읽고 '조기유학이 필요하다'는 논제로 논술을 쓰기 위해 짠 개요이다. 이렇게 개요를 짜면 분량에 맞춰 글만 쓰면 된다. 개요를 짜면 글을 써야 하므로 다시 고치기 어렵다. 그래서 처음부터 신중하게 천천히 생각하고 개요를 짜야 한다.

* 『옛날 사람들은 어떻게 공부했을까』 햇살과 나무꾼 글, 한창수 그림, 채우리.

책이름			옛날 사람들은 어떻게 공부했을까?
논제			공부를 잘하기 위해 조기유학을 떠나는 사람들이 많다. 과연 초등학생의 조기 유학이 필요할까?
내 주장			초등학생의 조기 유학은 필요하지 않다.
서론	1문단	관련 이야기	온달은 결혼 때까지는 까막눈이었지만 꾸준한 노력으로 총명한 장군이 되었다.
		논제 제기	꼭 조기 유학을 가지 않아도 노력하면 잘할 수 있다.
본론	2문단	근거 1	아이들의 스트레스가 증가한다.
		근거 설명	아이들이기 때문에 익숙하지 않은 환경과 말은 힘들다.
	3문단	근거 2	유학을 가려면 엄청난 비용이 든다.
		근거 설명	
	4문단	근거 3	유학은 분명 효과가 있다.
		근거 설명	(예측한 반론 대응)
결론	5문단	요약 이야기 대안 제시	유학을 가지 않더라도 공부를 열심히 하면 되기에 초등학생의 조기 유학은 필요하지 않다.

제6부

통합논술을 쓰면서
책을 보는
눈을 넓히다

베르나르 베르베르가 『개미』에 쓴 "매미를 잘게 자른다고 매미가 왜 노래하는지를 발견하게 되는 것은 아니다."*라는 문장이 글을 쓰는 태도와 비슷하다. 매미가 노래하는 모습을 보고 기쁘거나 신기한 마음을 쓰면 감상문이다. 감상문은 난초 꽃잎을 현미경으로 관찰하지 않고도 아름다움을 표현한다. 현미경을 들여다본 놀라움도 표현할 수 있다. 마음 가는 대상이라면 무엇이라도 감상문에 쓸 수 있다.

논술은 분석하고 분류한다. 논술을 쓰려면 논제를 이해하고 분석해야 한다. 정확하게 분석할수록 논술을 잘 쓸 수 있다. 그러나 조심해야 한다. 자칫 매미를 잘게 잘라버리는 데까지 가버리면 안 된다. 머리로 논술을 멋지게 써내지만 매미를 죽이고도 아무렇지 않은 마음을 가진다면 논술이 무슨 소용이 있으랴! 우리나라 학생들은 논술을 쓰기 위해 논술을 배우기 때문에 분석을 위한 분석에 머무를 위험이 크다.

분석은 통합을 위한 것이어야 한다. 분석을 위한 분석은 소용없다. 네덜란드 철학자 키르케고르가 들려준 마차에 탄 한 부자 이야기를 보자. "한 부자가 마차를 타고 장거리 여행을 떠났다. 밤이 되자 부자는 마차 안에 들어갔고 마부는 계속 마차를 몰았다. 부자는 불빛 아래 앉아 있어서 바깥에 펼쳐진 별들의 전경, 마부가 놓치려야 놓칠 수 없었던 그 영광스러운 광경을 보지 못했다."

논술을 쓰면서 정말 바라보아야 할 광경을 놓친다면 차라리 쓰지 않는 게 낫다. 한두 가지 논제에 매여 전체를 보는 눈을 잃지 않으려면 넓게 바라봐

*『개미』 베르나르 베르베르 지음, 이세욱 옮김, 열린책들.

344

야 한다. 서너 권의 책을 읽고 한 가지 주제로 통합하여 글을 쓰는 활동은 영광스러운 광경까지는 되지 못하지만 넓은 시야를 갖게 해준다. 그래서 '대한민국 독서토론·논술대회'에 참가하기 위해 한 해에 석 달은 논술을 집중해서 공부한다. 대회에서 독서통합논술을 요구하기 때문이다.

대한민국 독서토론·논술대회는 이야기식 독서토론을 하기 때문에 경쟁하는 분위기가 아니다. 책 세 권을 통합해서 논술을 써야 하므로 책을 분석하고 통합해야 한다. 이런 장점이 있어서 독서반에서 두세 달 동안 집중해서 논술을 가르친다. 그렇지만 마음에도 없는 내용을 포장하지 않게 하려고 충분히 토론하고 논술을 쓴다. 쓴 글을 함께 고치며 서로에게 배우는 도중에도 과정이 중요하다고 계속 강조했다.

"상을 받고 안 받고는 중요하지 않다. 전국에서 모여든 아이가 상을 노리겠지만 너희는 다른 목적으로 가야 한다. 생각이 다른 학생들과 이야기를 나누는 자체가 귀하다. 토론하면서 눈이 열릴 거다. 독서논술 쓰는 것도 좋은 경험이 될 거다!"라고 말한다. 대회가 끝나고 돌아올 때 학생들은 늘 토론이 얼마나 재미있었는지, 논술을 어떻게 썼는지 말한다. 상을 받을 수 있는지는 신경 쓰지 않고 무얼 얼마나 느꼈는지 말한다.

이번 장에서는 2014~2016년까지 열린 제13회, 14회, 15회 대한민국 독서토론·논술대회에 참가하기 위해 통합논술을 쓴 과정을 소개한다. 통합논술을 쓰는 기술보다 전체를 바라보는 눈에 집중하길 바란다.

책에 대한 해석이
논술의 깊이와 넓이,
방향을 결정한다

"잘하는 것과 하고 싶은 게…… 다를 수 있다는 말이야.
삼촌, 하고 싶은 걸 하면 재능이 없더라도
잘할 수 있지 않을까?"(『사이렌』106쪽)

한 주제로 묶어 통합논술을 쓰기 위한 책

사이렌

전성현 글, 조성흠 그림,
문학과지성사, 2014

10대를 위한
정의란 무엇인가

마이클 샌델 원저, 신현주 글, 조혜진 그림,
김선욱 감수, 아이세움, 2014

인터넷 나라의
앨리스

안트예 스칠라트 지음
이덕임 옮김, 미래인, 2014

대학이 통합논술을 요구한다. 그냥 논술도 벅찬데 통합논술은 더 감당하기 어렵다. 그래서 수능이 끝나면 고액 논술 과외가 기승을 부린다. 단기간에 좋은 결과를 보장한다는 광고는 불안감을 먹고 사는 기생충이다. 지푸라기라도 잡고 싶은 학부모가 보기에 고액 과외는 그만한 효과를 주는 것처럼 보인다. 그러나 논제를 미리 알아낸다면 모를까 논술은 과외 몇 번으로 해결할 만큼 만만한 상대가 아니다.

통합논술은 서너 개의 지문을 읽고 주어진 논제에 대한 자기 생각을 논리에 맞게 쓰라고 요구한다. 지문이 무엇을 말하는지, 논제가 지문을 어떻게 해석하기 원하는지 찾아야 한다. 책을 많이 읽은 학생에게도 만만치 않다. 세 권을 연결하는 안목을 요구하기 때문에 토론 경험이 많거나 여러 책을 연결해서 글을 쓴 경험이 있어야 한다. 주어진 글을 읽고, 내용을 파악하고, 논제에 맞게 내용을 해석하고, 통합해서 논술을 쓰려면 끙끙대는 과정을 거쳐야 한다.

논제의 유형과
통합논술 대상도서

논제의 유형

논제의 유형에는 네 가지가 있다. 단독 과제형, 논제 제시형, 찬반토론형, 문제 해결형이다.

단독 과제형은 논제가 한 가지이다. 논제가 한 가지라고 쉬운 건 아니다. "『인터넷 나라의 앨리스』는 『사이렌』에서 일어나는 문제가 없는 사회를 보여준다. 『사이렌』과 『인터넷 나라의 앨리스』 중에서 어떤 사회가 더 나을까?"는 두 책을 이해하고 비교해야 하므로 쉽지 않다.

논제 제시형에는 단독 제시문형, 혼합제시문형 두 가지가 있다. 단독 제시문형은 논제관련 글을 하나만 제시하고 혼합제시문형은 두 세 가지 글을 제시하고 통합하여 논술하는 형태이다. 글을 한 가지만 제시하는 단독 제시문형 논제가 더 쉽다. 『파우스트』에서 "메피스토펠리스의 유혹이 파우스트의 성장에 도움이 되는가?"는 단독 제시문형이다. 이번 장에서 소개하는 통합논술은 혼합 제시문형이다.

　찬반토론형 논제는 단독 제시문, 혼합 제시문 두 가지 형태로 모두 제시할 수 있다. 『파우스트』는 단독제시문 형태의 찬반토론 논제이다. 〈제시문1〉과 〈제시문2〉를 읽고 논제에 대한 찬반 의견을 묻는 논술은 모두 혼합 제시문 형태의 찬반토론 논제이다.

　문제 해결형 논제는 여러 개의 지문을 제시하고 문제를 해결하라고 요구하는 논제이다. 사례로 제시하는 '대한민국 독서토론·논술대회'의 논제, 이번 장에서 소개하는 논제처럼 문제점을 찾아보고 해결방안을 제시하라는 논제이다.

통합논술 대상도서를 어떻게 정할까?

　2016년에 열린 제15회 대한민국 독서토론·논술대회의 주제는 '쌀과 식생활'이고 대상도서는 『모두 깜언』, 『빈곤의 광경』, 『하리하라의 음식 과학』이었다. 2014년 주제는 '소비'이고 대상도서는 『10대와 통하는 땅과 집 이야기』, 『개념전』, 『오르세 미술관에서 꼭 봐야 할 그림 100』이었다. 2015년 주제는 '디지털 시대의 행복'이고 대상도서는 이어지는 연습 사례에 소개하는 세 권이다.

　독서대회를 준비하면서 주제를 보내달라는 요청을 받지만 시대 흐름에 어울리는 주제를 찾기 어려웠다. 주제에 어울리는 토론도서를 찾는 건 더 어려웠다. 나는 다양한 종류의 책을 많이 읽었다. 토론과 논술을 오래 지도했다. 10년 넘게 독서토론·논술대회에서 진행과 심사를 맡았다. 그래도 주제에 어울리는 책을 가려내기 힘들었다.

그래도 몇 가지 방법을 알면 시도해볼 만하다. 주제를 먼저 정하고 대상도서를 찾는 방법을 알아보자. 우선 학생들이 관심을 두는 주제, 관심을 가져야 할 주제를 찾는다. 2017년은 트럼프의 대통령 당선과 함께 세계 곳곳에서 대립과 갈등이 높아지고 있다. '대결이냐, 타협이냐?', '발전이 먼저인가, 복지가 우선인가?' 등을 토론하면 좋겠다. 대통령 탄핵과 관련지어 '자유와 책임', '의사표현', '미디어의 역할'을 토론할 수 있고 다양한 의미를 담아 '광장', '이기주의'도 토론하면 좋겠다.

주제를 찾으면 책을 세 권 정해야 한다. 문학책만 정하는 것보다 문학, 인문사회, 과학 책을 한 권씩 정하면 좋다. 의사표현을 주제로 정한다면 의사표현과 관련된 질문을 계속한다. "사람들은 생각을 어떻게 표현할까? 생각을 표현할 방법이 없다면 어떻게 할까? 생각을 지나치게 표현하거나 억압당하는 이야기가 나오는 책이 있을까? 노예 문제까지 생각하면 지나친 걸까?" 이렇게 하다 보면 관련 책이 생각난다.

나는 평소에 읽은 책이 어떤 내용인지 요약해 놓는다. 그걸 보면 '의사표현'을 다룬 책을 찾을 수 있다. 주제에 어울리는 책을 찾기 어렵다면 인터넷 검색을 활용한다. 문학책, 인문사회책에 비해 과학책은 찾기 어렵다. 과학교사나 사서에게 물어보면 좋겠지만 이게 힘들다면 인터넷 서점에서 검색해야 한다.

책을 읽다 보면 토론하고 싶은 주제가 떠오르는데, 이때 책 제목과 주제를 적어둔다. 주제와 대상도서 한 권이 정해졌으니 다른 책 두 권을 더 찾으면 된다. 내가 읽다가 마음에 든 주제이기 때문에 관련 책을 읽었을 확률이 높다. 이것도 어렵다면 독서대회나 대학에서 출제한 논술을 보고 주제와 대상도서를 그대로 따르라고 권한다.

통합논술
연습사례

　제14회 대한민국 독서토론·논술대회에 참가하려고 중학생 독서반에서 통합논술을 연습했다. 대한민국 독서토론·논술대회는 3월에 인문, 사회, 과학 각 다섯 권씩 총 열다섯 권을 누리집에 공지한다. 최종 대상도서 세 권은 두 달 전에 공지한다. 열다섯 권 중 『10대를 위한 정의란 무엇인가?』를 토론한 뒤에 최종 대상 도서 공고를 보고 두 권을 더 토론했다. 『10대를 위한 정의란 무엇인가?』를 4주 동안 토론하고, 『인터넷 나라의 앨리스』와 『사이렌』을 각각 3주 동안 토론했다. 그리고 예상 논제를 만들어 조별토의 90분, 개요짜기 90분, 통합논술 쓰기를 90분 했다. 계절이 바뀌는 걸 보면서 20시간(13주×90분) 동안 공부했는데도 학생들이 힘들어했다. 그래도 한번 배웠으니 다음에 통합논술을 쓸 때는 책 세 권을 각각 1주씩 토론하고, 조별토의 1주, 개요짜기 1주, 논술쓰기 1주 해도 되겠다. 몇 번 더 하면 논제와 지문 파악 한 시간, 개요짜기 한 시간, 논술쓰기 한두 시간이면 될 것이다.

『인터넷 나라의 앨리스』 - 자유가 제한받지 않는 사회

인터넷은 학생들의 놀이공간이다. 학생들은 인터넷에서 웃고 떠들며 논다. 부모에게 혼나고, 친구와 싸우고, 성적이 떨어져도 인터넷을 향한 사랑을 멈추지 않는다. 사랑을 노래한 가사에서 대상을 인터넷으로 바꾸면 딱 맞을 정도이다. 인터넷의 위험성을 알아도 소용없다.

『인터넷 나라의 앨리스』는 학생들에게 친근한 이야기이다. 쉽고 재미있지만 결과가 뻔해서 유치하다고 한다. 앨리스가 '질주하는 리타'라는 이름으로 블로그에 다른 사람을 깔보고 조롱하는 글을 올린다. 학생들이 앞부분만 보고도 다툼이 생기거나 누군가 앨리스를 스토킹하리라 예상했다고 한다. 남자친구가 구해줄 거라는 예상까지 딱 맞다. 독서토론 대회 대상도서로는 수준이 떨어진다고 말한다.

첫 시간에 학생들이 인터넷을 어떻게 이용하는지 듣고 깜짝 놀랐다.

▶ 우리가 살아가는 현실에서 연예인과 유명 인사들이 스토킹을 당했다는 뉴스가 가끔 나온다. 일반인에게도 이런 일이 일어날까?

스토킹이 충분히 가능하다고 말하면서 자기들이 인터넷 공간을 어떻게 활용하는지 말해준다. 내가 상상도 못 한 놀라운 일이 일어난다. 학생들 이야기를 들으며 격세지감이었다.

▶ 질주하는 리타처럼 학생들 사이에서 유명한 블로그나 사이트를 소개해보자.

유명하진 않지만 블로그를 운영하는 친구 사례를 말하는데 『인터넷 나라의 앨리스』보다 더 심하다. 돈을 받고 이상한 광고를 링크하거나 사이트를 팔기도 한다. 시골에서 이 정도라면 도시에선 더 놀라운 일이 일어나겠지! 상상도 못 한 이야기를 들으며 『인터넷 나라의 앨리스』가 유치한 이야기가 아니라 토론해야 할 우리 이야기라고 생각했다.

▶ 해당 블로그나 사이트의 도덕성이 어느 정도나 될까?

도덕성 문제가 아니라고 한다. 학생들은 인터넷을 도덕성으로 접근하지 않는다. 옳고 그름을 판단할 수준을 넘은 짓을 하기에 운영하는 학생이 미친 거 아니냐고 물었다. 자기들도 운영하는 친구가 미쳤다고 생각하지만 이상하게도 그 사이트를 자꾸 보게 된다고 말한다.

▶ 친구가 '질주하는 리타' 같은 블로그를 운영한다면 어떻게 할까?

대부분 그냥 놔두겠다고 한다. 앨리스가 선생님과 친구를 비하하는 내용을 올렸지만 실명을 쓰지 않았으니 괜찮다고 한다. 한 학생이 "실명을 쓰진 않았지만 누군지 다 알잖아! 그럼 문제 아니야?" 했지만 괜찮다고 한다. 그래서 만약 그게 네 이야기라면 어떻게 하겠냐고 물었더니 가만두지 않겠다고 한다. "그럼 너만 아니면 된다는 거냐?" 하니 씩 웃는다. 요즘 학생들이 인터넷을 이렇게 대한다.

뒷담화와 어떻게 다른지 물었다. 파급력이 다르다고 한다. 뒷담화는 공개 범위가 학교에 한정되지만 인터넷은 단기간에 사방으로 퍼져나간다. 뒷담화는 사적 영역에서 일어나지만 인터넷에 올리면 공적 영역으로 이동한다. 또한 뒷담화는 흘러가는 이야기로 지나가지만 인터넷에 올린 내용은 계속 남는다.

『인터넷 나라의 앨리스』는 내용이 유치하지만 분명히 다루어야 할 '우리 이야기'를 다루었다. 이외에도 인터넷 매체에 대한 심의 필요성, 올리버 골이 앨리스를 스토킹한 까닭, 이름을 도용해서 이메일을 보낸 행위를 어떻게 보는지에 대해 토론했다.

『사이렌』 – 자유를 제한하는 사회, 내비게이션 프로그램

아이들은 만 여섯 살이 되면 의무적으로 3차까지 진행되는 직업 진로 검사를 받는다. 1차에선 언어 능력과 공간지각 능력, 창의성과 수리 능력 등 32가지 지능 검사를 한다. 2차에선 성향과 기질 분석 외에 운동 능력 테스트를 한다. 마지막 3차에서는 모발 검사와 DNA 검사 그리고 건강 검진 등의 정교한 의학 검사를 했다. 모든 검사가 끝나면 표준 평가 기준에 의한 산출 결과를 통해 아이들은 각자에게 적합한 장래 직업군을 부여받았다. 부모가 동의하는 절차까지 마치면 아이의 개인 정보와 장래 직업군이 내비게이션 프로그램에 저장된다.(17~18쪽)

아이들은 내비게이션 프로그램이 정해준 시간표에 따라 공부하며 국가에 필요한 인재로 길러진다. 프로그램의 명령대로 행하면 더 좋은 기회를 받지만 명령을 거스르면 청소년보호소에 보내진다. 그곳에서도 순종하는 마음을 배우지 못하면 노동대기소에 갇혀 사람들이 꺼리는 위험한 노동을 해야 한다. 어느 날 갑자기 사이렌이 울리고 프로그램이 멈춰버린다. 프로그램대로 움직이던 사람들을 통제하는 수단이 사라지자 아무도 일하지 않고 사회가 엉망이 된다.

학생들은 이 책도 쉬웠다고 한다. 5~6학년을 위한 책으로 분류되어 있으니 중학생에게 쉽다. 다만 결론이 이상하다고 한다. 주인공 하루호가 철석같이 믿었던 삼촌이 나쁜 놈이라는 것까진 이해한다. 그러나 삼촌이 친누나인 하루호의 엄마를 고발해서 보호소에 보내고, 조카 하루호를 총으로 쏘는 결말은 받아들이기 어렵다. 소설가인 삼촌이 국가를 지탱하는 핵심 시스템을 우연히 해킹한다는 것도 어색하다. 삼촌이 누나와 조카를 해치면서까지 내비게이션 프로그램을 유지하려 한 이유가 명확하지 않다.

나도 『사이렌』이 유치하다고 생각했다. 뻔한 줄거리가 이어지다가 갑자기 이상하게 끝나서 당황했다. 토론하기 힘들겠다고 생각했는데 막상 학생들과 이야기를 나누면서 생각이 폭발했다. 새로운 질문이 계속 떠오르며 온갖 이야기로 이어졌다. 학생들과 함께 읽지 않았다면 『사이렌』은 책꽂이에서 다시 나오지 않는 책이 되었을 것이다.

소감을 나눈 뒤에 『사이렌』이 우리에게 무엇을 말하는지 한 문장으로 썼다. 개인이 내려야 할 결정을 사회가 대신 하면 안 된다고 한다. 자유와 선택에 대한 내용이다. 사람은 모두 자기만의 특징이 있어서 사회 구성원들이 비슷한 모습으로 살아가기가 어렵다고 한다. 『사이렌』은 모든 사람에게 똑같은 기준을 적용하면 안 된다는 것을 알려주는 책, 각자의 선택이 중요하다는 것을 알려주는 책이다.

둘째 시간에 내비게이션 프로그램에 대해 알아보려고 질문을 여섯 개 만들었다. 내가 만든 질문만 나누었다면 평범한 토론이 되었을 것이다. 내가 핵심을 잡아내지 못하자 학생들이 질문을 뛰어넘는 이야기를 꺼냈다. 그걸 집어내어 다시 물었다.

▶ 누가 어떤 목적으로 내비게이션 프로그램을 만들었을까?

국가가 개인의 직업을 정하는 시스템이 말도 안 되는 것 같지만 공상만은 아니다. 요즘 학생들이 듣기 싫어하는 질문 중 하나가 "꿈이 무엇이냐?"이다. 경쟁에 지쳐서인지, 너무 편하게 살아서인지, 스마트한 세상에 빠져 살기 때문인지 학생들은 꿈을 꾸지 않는다. 어쩌면 지금 감당해야 하는 일만으로도 벅차서 미래를 생각하지 못하는 것 같다.

작가는 후기에서 "『사이렌』 초고를 읽은 한 어린 친구가 내비게이션 프로그램이 직업을 정해주는 세상이 부럽다고 했다. 꿈이 없는 자신에게 어떤 목표를 가지고 살아야 할지, 어떤 미래를 살아야 할지 누군가 가르쳐 주면 좋겠다고 했다."(255쪽)라고 썼다. 미래를 막막하게 내다보며 발버둥 치는 것보다 능력을 정확하게 평가해서 자신에게 알맞은 직업을 정해주면 좋을 수도 있겠다.

프로그램을 만든 사람은 왓슨이다. 왓슨은 경제 공황으로 인한 사회 불안정을 해결하기 위해 내비게이션 시스템을 만들었고 효과가 좋았다. 현대사회 역시 청년 실업률이 증가하고, 학생들이 경쟁에 매여 힘들어 한다. 이런 시스템에 문제가 있다는 사실은 누구나 인정한다. 그래서 능력에 맞게 직업을 정해주는 시스템이 좋을 수도 있겠다고 말한다.

▶ 내비게이션 시스템이 지배하는 사회 모습을 설명해보자.

규칙대로 살아가는 사회라고 한다. 이런 사회의 장점을 찾아보았다. 지능, 신체 능력, 의학 검사 결과에 따라 직업을 정해주므로 공정하다. 누구나 자기 능력에 맞는 직업을 가지므로 불만이 줄어든다. 반대로 내비게이션 시스템이 미처 생각하지 못한 게 있다. 흥미를 비롯한 인간의 감정을 측정하지 못한다. 흥미(하고 싶어 하는 일)와 능력(잘할 수 있는 일)은 다르다. 인간성도 측정하지 못했다.

서든은 내비게이션 시스템이 정해준 직업을 따르지 않아 청소년 보호소에 간 학생이다. 하루호의 인지심리학 수업에 뛰어들어 감정을 표준에 맞출 수 없는 사람들은 어떻게 하느냐고 교수에게 묻는다. 감정적인 요소를 내비게이션 프로그램이 표준 행동 규칙으로 객관화해서 판단하도록 했지만 이 표준을 벗어나는 사람이 있었다. 문득 예전에 토론한 책이 생각났다. 인간의 흥미와 감정, 인간성을 고려하지 않아 생기는 문제까지 해결해 주는 사회를 다룬 책이다.

"미래를 자신이 결정하는 시대를 지나 언젠가 내비게이션 시스템이 직업을 정해주는 세상이 올지도 모른다. 인간의 흥미, 감정, 인간성까지 완벽하게 통제할 수 있는 사회를 다룬 책이 있어. 기억나니?"

『멋진 신세계』라고 대답한다. 『멋진 신세계』는 사람이 흥미와 감정에 흔들리지 않도록 세뇌한다. 수면 시 프로그램으로 무의식 세계를 조정한다. 인간의 능력을 측정해서 알맞은 직업을 찾아주는 수준을 뛰어넘어 직업에 맞는 인간을 생산한다. 『사이렌』은 현재 우리가 살아가는 사회와 『멋진 신세계』 사이에 일어날 수 있는 이야기를 다룬다.

▶ 내비게이션 프로그램에 오류가 생겼을 때 일어난 일을 생각하며 내비게이션 프로그램의 장점과 단점을 찾아보자.

실업률이 0퍼센트이다. 단순하게 따지면 직업이 고르게 분포되어 있어 사회가 안정된다. 철저한 평가 시스템이 규칙을 준수하게 해 사회를 유지하므로 안전하다. 미래에 대해 고민하지 않아도 되어 걱정이 없다. 그러나 학생들은 폭풍 전야라고 한다. 내비게이션 시스템이 해킹되어 작동하지 않을 때 우유가 배달되지 않았고, 쓰레기도 계속 쌓여만 갔다. 시스템이 고장 나서 평가가 사라지자 모두 일을 내팽개쳤다. 의지가 아니라 강요에 의해 일하므로 수동적이다. 그러다 갑자기 스스로 선택할 수 있는 순간이 오면 방종하게 된다.

▶ 우리 사회를 운영하는 시스템이 있을까? 있다면 무엇일까?

이 질문에는 제대로 답을 하지 못했다. 무엇을 묻는지 깨닫지 못했다. 우리나라에서 내비게이션 프로그램 역할을 하는 걸 학생들이 찾기 어려운 게 당연하다. 개인의 선택이 사회의 영향을 받는다는 걸 알려주기 위해 물었다. "너는 어떤 일을 하며 살고 싶어?" 남학생이 공기업에 취직하고 싶다고 한다. 안정된 직장에 취직해서 죽을 때까지 꾸준히 게임을 하며 살겠다고 한다.

편안하게 살면서 게임이나 하고 싶다는 대답을 과연 혼자 생각했을까? 공기업이 편하다는 생각, 게임을 하고 싶다는 생각은 자신만의 결정이 아니다. 사회의 인식, 사회가 제공하는 정보와 시대 상황이 알려준 생각을 학생이 받아들였다. 우리는 모두 사회가 제공하는 생각에 영향을 받으며 살아간다. 이런 사실을 알려주기 위해

"너희들 모두 미래에 대해 불안해하잖아. 30년 전, 여러분 부모님은 어땠을까? 우리나라가 성장하는 시대에 태어난 사람들은 어떻게 생각했을까?"

물었다. 그때 태어났다면 미래에 대해 불안해하지 않았을 거라 한다. 이처럼 시대가 개인의 결정에 영향을 준다고 알려주었다.

"요즘 방송이 재미있잖아. 광고도 재미있지. 재미를 포장해서 숨겨놓은 메시지가 있어. 광고는 어떤 생각을 주입할까?"

돈 쓰라는 거라고 대답한다. 기업은 자기들 제품을 먹으면 맛있고, 입으면 멋쟁이로 보인다고 한다. 자기들 물건을 쓰면 가치가 높아진다고 말한다. 우리는 매체의 영향을 받으며 살아간다. 이런 것들이 우리 사회를 운영하는 시스템이다.

▶ 카이가 내비게이션 프로그램을 해킹하고 누나(하루호의 엄마)를 신고하고 조카에게 총을 겨누면서까지 지키고 싶었던 것은 무엇일까?

혼란을 피하고 싶었다고 한다. 과연 그럴까? 그는 인정에 굶주린 사람이다. 왓슨도 마찬가지다. 왓슨이 내비게이션 시스템을 만든 진짜 이유는 따로 있다. 왓슨의 엄마는 지나친 기대로 왓슨을 힘들게 했다. 엄마는 공부 잘하는 왓슨에게 날마다 성적을 더 올리라고 강요했다. 마음에 들지 않으면 왓슨의 물건을 부쉈다. 아빠는 엄마를 감당하지 못해 이혼했다. 어느 날 왓슨은 방에 불을 질렀다. 며칠 뒤 엄마가 자살했다. 왓슨은 엄마가 죽었다는 사실을 일주일이 넘도록 알리지 않았다. 조사 결과 왓슨은 엄마에게 독극물을 구해주어서 자살을 방조했다는 사실이 밝혀졌다.

요즘 학생들 중에서도 이런 학생이 많다. 공부 잘하는 학생들이 어떤 어려움을 겪는지 함께 나누었다. 능력은 뛰어나지만 경쟁에 지친 마음을 위로받을 곳이 없어서 성적이 부족한 친구를 차별하고 무시하면서 만족하는 모습을 이야기했다. "엄마가 왓슨에게 무엇을 빼앗았을까?" 시간, 직업, 선택을 빼앗았다고 한다. 우리나라 학생들도 같은 경험을 하고 있다. 그래서일까, 학생들은 지나치긴 하지만 왓슨의 행동을 모두 이해한다고 말한다.

『10대를 위한 정의란 무엇인가』
- 공리주의와 자유지상주의, 둘 다 아니라면?

『정의란 무엇인가』는 철학 인문서이다. 제레미 벤담의 공리주의, 존 스튜어트 밀의 자유지상주의, 마이클 샌델이 옹호하는 공동체주의를 다룬다. 사례 중심으로 설명하지만 논리를 따라가기가 쉽지 않다. 그런데도 출간된 지 11개월 만에 100만 권이 팔렸다. '과연 이 책을 제대로 이해한 사람이 구매자 중 10퍼센트나 될까?' 하는 생각이 들었다. 만약 내용은 그대로 두고 제목만 '공공의 이익과 선택의 문제'나 '공리주의와 자유지상주의' 또는 '개인이 우선이냐 공동체가 우선이냐'로 바꿨다면 판매량이 10만 권을 넘지 않았을 것이다. 그만큼 우리나라 사람들이 정의에 목말라 있다.

『10대를 위한 정의란 무엇인가』는 『정의란 무엇인가』를 사례 중심으로 요약한 책이다. 예를 들어 '기차를 멈출 수 없는 상황에서 그대로 가면 선로 위에서 일하는 다섯 명이 죽는다. 비상 선로로 기차를 돌리면 한 사람이 죽는다. 당신이 기관사라면 어떻게 할까?' 질문하고 각각의 선택이 어떤 윤리관을 나타내는지 알려준다. 실제로 무인자동차 개발자들은 같은 상황에서 차가 어느 쪽을 선택하도록 프로그램을 해야 하는지 고민한다.

'난파당한 배에서 네 명이 다 죽을 것인가, 약하고 병든 한 사람을 잡아먹고 살아날 것인가' 하는 문제도 학생들이 좋아했다. 특히 대리모 문제에 대해 관심이 높았다. 학생들이 아버지 정자를 대리모의 난자와 수정한 경우에는 대리모가 엄마라고 했다. 아버지의 정자와 어머니의 난자를 수정해서 대리모가 자궁만 제공한 경우에는 대리모가 엄마가 아니라고 했다. 그래도 뭔가 찜찜하다고 한다.

일본 자민당이 제3의 난자를 이용하거나 대리 출산할 경우 대리모를 법률상 어머니로 규정하기로 했다는 기사*를 읽고는 이제 곧 현실화될 문제로 실감 나게 받아들였다. 하층 카스트 우대정책에 반발해서 50만 명이 시위를 벌인 인도에 대한 기사**도 흥미롭게 토론했다. 책 내용이 모두 이런 식의 질문으로 되어있다. 학생들에게 문제 상황을 제시하고 어떻게 결정할지 묻고 토론한 뒤에 마이클 샌델이 설명하는 내용을 공부했다. 학생들 모두 재미있다고 한다. 실제로 일어났던 일을 사례로 제시하고 토론을 이끌어가서 더 흥미로웠다.

* 『연합뉴스』 〈日여당 '타인 난자로 출산해도 낳은 여성이 엄마' 법제화〉, 조준형 특파원, 2015년 6월 27일.

** 『연합뉴스』 〈인도 카스트시위 19명 사망 '유혈 참극'으로〉, 나확진 특파원, 2016년 2월 22일.

논술의 주제 제시와
논술문 쓰기

논술의 주제 제시

　논술을 쓰기 위해 인터넷 나라의 장단점, 사이렌 나라의 장단점을 찾았다. 인터넷 나라의 장점으로는 '소통이 활성화된다, 현실에서 표현하지 못하는 자아 표현을 돕는다, 앨리스의 블로그는 지나친 면이 있지만 의견 공유의 장으로 역할을 했다, 친구(카트야와 앨리스)의 친밀감이 높아졌다, 페이스북과 카톡 등 한 곳에 국한되지 않는 의사소통이 가능하다'고 말한다. 단점으로는 '개인정보 유출 문제가 심하다, 개인의 책임이 너무 크다, 사생활의 경계가 허물어진다, 인터넷상의 사회적·개인적 불안이 심화된다, 현실과 가상의 기준이 모호해진다, 인터넷 중독 문제가 생긴다, 범죄에 악용될 수 있다'고 한다.

　사이렌 나라의 장점으로는 사회가 안정되어 범죄율이 줄어든다. 정부가 제 역할을 한다. 학생들의 미래에 대한 불안감이 해소되면서 가정과

학교 분위기가 좋아진다. 비정규직, 3포세대* 같은 문제가 없다. 단점으로는 국가주의를 강요한다. 개인의 꿈을 실현할 기회가 적다. 개성이 없어진다. 개인 정보를 표준화하여 개인을 기계화한다. 즉 개인의 권리, 인간의 존엄성을 무시한다. 오직 평가만으로 결정하기 때문에 배움의 자유, 선택의 자유를 억압한다. 책에 등장하는 청소년 보호소나 노동대기소와 같은 것들이 개인의 자유를 억압한다. 예외를 허용하지 않는다. 오류가 생기면 독재정권, 북한, 나치에 충성한 사람들처럼 자기 일에 책임을 지지 않고 수동적으로 된다.

『사이렌』은 자유를 제한해서라도 공공질서를 유지하여 다수에게 이익을 주는 사회이므로 공리주의와 연결했다. 『인터넷 나라의 앨리스』는 개인의 자유를 지나치게 내세우므로 자유지상주의와 연결했다. 마이클 샌델이 미덕을 키우고 공동선을 고민하는 것이 중요하다고 한 말은 대안이 될 수 있다. 샌델은 특정한 사상이 아니라 고민하는 개인과 공동체가 대안이라고 말한다. 세 가지를 살펴보고 논제를 제시했다.

| 논제 | 자유로운 공간인 『인터넷 나라의 앨리스』와 자유가 제한된 공간인 『사이렌』에서 드러나는 문제점을 지적하고 선택(의사표현)의 자유와 한계에 대한 자기 생각을 기술하라. 그리고 『정의란 무엇인가』에서 대안을 제시하라.

* 취업난, 생활비용 상승 등 사회적 압박으로 연애와 결혼, 출산을 포기한 세대를 일컫는 신조어다. 3포세대 이후 내 집 마련, 인간관계, 꿈, 희망 등 여러 가지를 포기해야 하는 세대를 뜻하는 5포세대, 7포세대, n포세대라는 용어도 생겼다.

논술문 쓰기

　서론을 쓰기 위해 "왜 이 논제를 제시했을까? 이 논제가 우리 사회에서 얼마나 중요할까?", "행복한 사회에서 살아가려면 무엇이 갖추어져야 할까?"를 물었다. 본론은 논제를 분석하면서 나눈 이야기를 토대로 쓰기로 했다. 결론에는 대안을 제시하거나 제시한 대안이 어떤 영향을 끼칠지 예측하면서 자신의 생각을 강조하라고 했다.

변중현
중2 남

〈1문단〉 몇 년 전에 인터넷 실명제로 인해 큰 논란이 생겼다. 악플을 줄이자는 사람들과 표현의 자유가 인터넷 실명제로 망가진다는 사람들이 대립했다. 이것은 '통제로 인한 이득과 자유로 인한 이득 중 무엇이 더 크냐?'는 질문이다. 이를 잘 보여주는 예가 『사이렌』과 『인터넷 나라의 앨리스』이다.

〈2문단〉 『사이렌』에서는 내비게이션 시스템이 개인의 미래를 결정해준다. 사람들은 국가의 이익을 위해서 일한다. 국가를 위해 개인의 권리나 존엄성은 무시된다. 개인은 자기가 하고 싶은 것이 없고 시키는 대로 산다. 이 사회의 장점은 사회가 안정적이고 효율적이라는 것이다. 그렇다면 과연 안정적인 사회가 좋은 사회일까? 안정적이라는 말은 변화가 없다는 뜻이고 변화가 없으면 발전이 없다.

〈3문단〉 『인터넷 나라의 앨리스』에서 앨리스가 사이버 공간에 학교 사람들을 조롱하는 글을 올린다. 앨리스가 사이버 공간에서 사람들의 공감과 관심을 받고 표현을 자유롭게 할 수 있지만 지나친 자유 때문에 책임의식이 사라진다. 책임지지 못할 글을 올리고 책임지지 못할 일을 하는 등 악의적인 행동을 한다. 이 사회 역시 『사이렌』처럼 개인을 기계화한다.

〈4문단〉 역사에서 피지배계층이 지배계층에 불만을 품고 반란을 일으킨 경우가 많다. 프랑스 혁명이나 스파르타쿠스의 난동이 그렇다. 이것은 인간의 본능이 자유를 갈망하기 때문이다. 하지만 모든 사람이 행복하게 살기 위해서는 적절한 통제도 필요하다. 좋은 사회를 만들기 위해서는 이 둘의 조화가 중요하다. 너무 한쪽으로 치우치면 문제가 생기는데 이를 잘 보여주는 예가 『인터넷 나라의 앨리스』와 『사이렌』이다.

〈5문단〉 『인터넷 나라의 앨리스』의 사이버 공간은 자유가 부각된다. 앨리스는 사이버 공간을 통해 카트야와 더 친해지고 선생님을 놀리면서 현실에서 하지 못한 분풀이도 할 수 있었다. 이렇게 사이버 공간에서는 표현이 자유롭고 친구를 사귀기 쉽다. 의견을 공유하고 공감과 관심을 받을 수 있다. 하지만 개인정보가 유출되고 사생활의 경계가 사라진다. 중독되거나 야레드처럼 악용하는 사람들도 있다. 그리고 사이버 공간에서는 통제나 제재가 적기 때문에 개인의 책임의식이 줄어든다. 재미로 글을 올리고 책임지지 못할 일을 하는 등 악의적인 행동을 한다. 많은 자유가 역효과를 낸 셈이다.

〈6문단〉 반대로 『사이렌』은 자유가 억압된 세상이다. 이 사회에서는 내비게이션 시스템이 개인의 미래를 결정해준다. 개인은 자신의 일을 하면서 일일이 평가되고 감시된다. 이 사회에서 사람은 그저 일을 하기 위한 존재인 것이다. 자기가 원하는 일이 아닌, 자기 적성에 맞는 일이라는 탈을 쓴 남이 시킨 일을 말이다. 이렇게 수동적으로 시키는 일만 하다 보니 시키지 않으면 아무것도 못 하고 아무것도 안 한다. 그리고 효율적으로 일을 하기 위해 개인의 권리나 자유도 무시된다. 이렇게 함으로써 모든 사람이 자기의 일을 효율적으로 할 수 있으며 범죄율이 줄어들어 사회가 안정된다.

〈7문단〉그렇다면 과연 사회가 안정된다는 건 좋을까? 사회가 안정된다는 것은 큰 변동이 없다는 뜻이다. 곧 변화가 없다는 뜻이다. 고인 물이 썩는다는 말이 있듯이 변화 없이는 발전이 없다. 안정된 사회는 발전이 없이 정지된 사회라는 뜻이다.

중2 학생의 글로는 잘 썼다. 서론에서 표현의 자유가 일으킨 문제를 언급하며 시작한 점이 좋다. 안정된 사회를 변화가 없다는 뜻으로 본 것도 좋은 생각이다. 그러나 2문단에서 자유를 억압하는 사회의 장점을 서술하느라 논제가 요구하는 선택의 자유에 대한 개인의 권리와 존엄성을 설명하지 않았다. 4문단을 잘 썼지만 5, 6문단이 2, 3문단과 같은 내용이므로 4문단을 결론으로 삼아 자기 생각을 확실하게 드러내야 했다. 마지막 문단에서 안정된 사회보다는 『정의란 무엇인가』를 언급하여 정리해야 했다. 가장 큰 단점은 논술문에 자기만의 주장이 없다는 점이다.

학생들의 논술에서 가장 안타까운 점은 절박함이 없다는 사실이다. 독서감상문을 쓸 때는 등장인물이나 저자의 마음에 감정을 이입해서 안타까워하고, 분노하고, 호소하며 글을 썼다. 그러나 논술에서는 문제점만 지적하고 끝나기 일쑤였다. '이것도 안 되고 저것도 안 된다. 그러므로 적당히 잘하자!'는 내용이 많았다. 물론 비판하기는 쉬워도 대안을 제시하기가 어렵다는 점은 인정한다. 그래서 학생들에게 훌륭한 지도자가 백성을 설득하듯이, 억울한 백성이 지도자에게 호소하듯이, 특정 단체의 대표가 정부에 자신들의 입장을 외치는 마음으로 글을 쓰라고 했다.

내가 같은 주제로 논술을 쓴다면 이렇게 개요를 짜겠다.

│1문단 – 서론│ 인터넷이 우리 생활에 준 장점과 단점을 동시에 들어 선택의 자유와 한계를 조율하는 일이 점점 중요해진다는 사실을 제시한다.

│2문단 – 본론 1│ 인터넷 나라의 앨리스의 문제점을 자유지상주의와 연결하여 선택의 자유가 지나칠 때의 문제점을 지적한다.

│3문단 – 본론 2│ 사이렌의 문제점을 공리주의와 연결하여 선택의 한계에만 집중할 때의 문제점을 지적한다.

│4문단 – 본론 3│ 사회는 늘 갈등하며 발전하므로 토론이 중요하다. 마이클 샌델의 토론 수업과 우리 학생들의 일제 수업은 의사표현의 자유와 한계에 대한 생각의 차이에서 나온다. 의사표현의 자유와 한계를 극복하려면 토론 문화가 몸에 스며들게 해야 한다고 주장한다.

│5문단 – 결론│ 목적을 이루기 위한 책읽기가 아니라 다양한 생각을 나누기 위한 책읽기와 독서토론의 필요성과 기대효과를 제시한다.

통합논술 사례로
논술 쓰는 방법을 살펴보자

제13회 대한민국 독서토론·논술대회 중학생 논제로 논술을 쓰는 방법을 알아보자.

논제 사회적 불평등 현상은 어느 시대, 어느 사회를 막론하고 나타나게 된다. 빈부 격차, 성차별, 도시와 농촌 간의 문화·경제적 차별, 소수 인종(인종차별)과 장애인 등 사회적 약자에 대한 불평등 현상 등을 사례로 들수 있다. 다음 글 〈가〉와 글 〈나〉에 나타난 사회적 불평등 현상을 찾아보고, 글 〈다〉와 글 〈라〉를 종합적으로 활용하여 불평등의 요인을 없애고 사회 구성원들이 행복한 삶을 살기 위해서는 어떻게 해야 하는지 논술하시오. (1,000자 내외(±10퍼센트), 띄어쓰기 포함)

〈가〉 "원래 진도엔 황구, 백구, 흑구 다 있었디야. 근디 일정 땐가 언제부터 흑구를 따돌려서 잘 보이지 않게 되었디야."

흑구는 자신이 어쩌다 검은 털을 옷으로 해서 태어났는지 모른다. 물론 자신의 출생의 비밀 따윈 궁금하지 않았것다. 그런데 왜 진돗개는 모두 노랑이 아니면 흰둥이인지 모르겠다. 예전엔 늑대 닮은 재구도 있었고, 호랑이 닮은 호구도 있었다는데, 요새는 백구 아니면 황구다. 재구나 호구는 사라진 지 오래고, 검정개 흑구도 보기 힘들다. 흰색, 노란색이 섞이기만 해도 잡종 진돗개 취급하는 세상이 되었지 않은가.

흑구는 한편으론 자신이 검정개 계보를 잇는다는 자부심이 들기도 했지만, 다른 개들한테 개무시를 받으며 따돌림을 당할 땐 속이 무척 상하고 쥐약 먹은 쥐라도 먹고 사라져 버리고 싶기도 했것다. (『개념전』 72~73쪽)

〈나〉 밀레도 바르비종에 머물면서 있는 그대로의 자연을 그리는 일에 몰두했으나, 빛과 대기와 색으로 이어지는 무념무상의 자연 속에 이야깃거리가 되는 인물들을 집어넣음으로써 다른 바르비종의 화가들과 차이를 두었다. 다만 너른 대자연을 배경으로 한 인물들은 아카데미가 선호하는 신화나 종교적 인물 혹은 혁혁한 공을 세운 영웅이 아니라, 그저 땅을 주인으로 삼고 일하는 농부들이었다. 그 때문에 '가난하고 소외된 자들의 삶'을 그리는 '농민화가'라는 이름을 얻게 되지만 밀레는 그런 정치적 입장과 자신을 분리시키고자 했다. (중략)

〈만종〉은 하루 일과를 마친 뒤, 아무리 고된 삶이라도 그저 신에게 묵도하는 겸손한 농부의 모습으로 읽을 수 있다. 그러나 훗날 그림을 감식한 결과 밀레가 부부 발치에 죽은 아이, 예컨대 열악한 환경 때문에 굶주려서 생을 마감한 아이의 시신을 담은 바구니를 그렸다가 지운 사실이 밝혀진 것으로 보아 본인의 주장이 어떠하든 그에게 분명 현실 고발적 의지가 있었다고도 볼수 있다. (『오르세 미술관에서 꼭 봐야 할 그림 100』 41쪽)

〈다〉 행복하게 산다는 것은 무엇일까요? 행복에 대해서 사람마다 생각하는게 다르므로 무 자르듯이 딱 이것이라고 얘기하기는 어렵다. 그러나 인간 생활에서 가장 기본적인 의식주가 해결되지 않고는 행복하기 어렵다는 점은 분명하다. (중략)

1960~70년대까지는 실제로 대다수 사람이 보릿고개를 겪어야 했고 배고픔에 허덕이는 사람이 많았다. 지금도 결식아동이 있는 것처럼 이 문제가 완전히 해결된 건 아니지만, 사정이 많이 달라졌지요. 옷 즉, 의생활은 더 말할 것도 없죠. 과거에 어린아이들은 여름철에 아예 아랫도리를 내놓고 살거나, 겨울철에는 봄옷을 여러 벌 껴입고 추위를 이겨 내던 시절을 생각하면 잘 알수 있죠.

이렇게 보면 사람이 사는 데 꼭 필요한 요소도 시대에 따라 변한다고 하겠다. 그러나 여전히 해결되지 않고 있는 게 바로 '집 문제'이다. 요즘은 여기에 교육과 의료 등의 문제가 더해져 이들이야말로 행복한 생활을 위한 '신(新)인간 생활의 3요소'가 되고 있다. (『10대와 통하는 땅과 집 이야기』 108~109쪽)

〈라〉 아직도 많은 나라에서는 경제적으로 어려운 사람이나 여성, 노인, 어린이, 장애인 등의 인권이 침해되는 경우가 많다. 최근 우리 사회에서는 이주노동자, 결혼 이민자, 북한 이탈 주민, 성적 소수자의 인권 침해에 관한 관심이 높아졌다. (중략)

사회적 약자가 스스로의 힘으로 고통에서 벗어나기란 쉬운 일이 아니다. 따라서 이들에게 기회를 평등하게 주는 것만이 아니라 우선하여 대우해 주는 적극적인 조치가 필요하다. 적극적 우대 조치, 소수자 우대 정책 등으로 불리는 사회적 약자 우대 정책이 바로 그것이다. 이는 주로 교육이나 고용 분야에서 이전에 차별을 받아오던 집단의 구성원에게 우선적으로 기회를 부여하는 적극적 보호 조치를 말한다. (『중학교 도덕 1 (비상)』 136~137쪽)

　대부분의 학생들이 1문단—서론, 2문단—인종차별(가)과 경제적 차별(나)로 대표되는 사회적 불평등 현상, 3문단— 경제적 차별을 해결하기 위한 해결방안(대상도서에서 제시하는 대안—제도 개혁, 조합 등), 4문단— 사회적 약자에 대한 배려 방안, 5문단— 결론 순서로 글을 쓴다. 논제가 달라져도 서론▶원인 분석▶해결 방안▶강조해야 할 사항▶결론 순서로 쓴다. 독서반 학생 절반도 이렇게 썼다. 논술대회가 끝난 뒤에 물었다.

　"2문단에 사회적 불평등 현상의 예를 썼겠지. 논제에서 제시한 빈부격차, 성차별, 문화·경제적 차별, 인종 차별, 사회적 약자에 대한 불평등 외에 다른 예를 쓴 사람?"

　아무도 없다.

　"그럼 논제에서 제시한 예를 똑같이 썼는데 어떻게 생각해? 다 알려준 이야기를 쓸 필요 있을까?"

　당황하는 눈치다. 이번 논제의 핵심 두 가지를 물으니 차별 사례와 해결방안이라 말한다.

　"좋아. 그럼 〈가〉와 〈나〉에서 사례 찾고 〈다〉와 〈라〉에서 해결방안을 쓸 텐데 논제에 다 알려준 얘기잖아. 그냥 정답 찾아 쓰는 거네! 누가 책 내용을 잘 기억해서 표현을 잘하느냐를 평가하는 거네. 논술이 그런 건가?"

또 당황한다. 창의적 사고력은 다르게 해석하는 능력이라고 했다. 다르게 해석하려면 다르지 않은 해석 즉 누구나 생각하는 내용을 알고 이와 다른 방식으로 생각해야 한다.

그러나 학교와 학원에서 정답 찾기 문제에 매달린 학생들은 정해진 결론에서 맴돈다. 논제가 요구하는 대로 〈가〉와 〈나〉에서 불평등 현상을 찾고 〈다〉와 〈라〉에서 손쉬운 결론을 내릴 것이다. 그렇다면 〈가〉와 〈나〉에서 불평등 현상 외에 무얼 찾아야 할까?

"논제에서 제시한 것처럼 〈가〉와 〈나〉에서 원인만 찾지 마라. 너희는 문제가 생기면 어떻게 해결하지?"

"문제가 뭔지 알아보죠."

"그리고?"

"원인을 찾죠?"

"다음에는?"

"원인을 해결할 방법을 찾아야죠."

"맞아. 너희가 처음 쓴 논술은 글에서 원인을 찾고 끝냈어. 지금은 원인의 원인을 찾아보자. 개를 색깔로 나눠 차별한 게 원인이라면 원인의 원인, 즉 왜 그렇게 차별했을까? 그걸 알면 해결방법이 나오잖아. 왜 색깔로 차별하지?"

이걸 찾는 능력이 창의적 사고력이다.

"밀레는 가난한 사람의 고된 삶을 그렸어. 경제적 차별을 드러냈지. 그럼 당시 농부는 왜 힘들었을까? 고칠 방법이 없었을까?"

"원인의 원인을 찾으면 〈다〉와 〈라〉는 당연히 따라오는 이야기야. 〈다〉와 〈라〉의 해결책을 개에게 적용해도, 밀레 시대에 적용해도 좋은 해결 방법이 될 거야. 다시 써보자."

한 시간 동안 꼼짝도 하지 않고 쓰고 다음 시간에도 이어서 썼다. 넷째 시간에 다시 쓴 논술을 읽고 이야기를 나누었다. 어느 때보다 활발하게 말한다. 다음은 동현이가 쓴 글의 서론 일부다.

김동현
중2남

〈1문단〉 과거부터 지금까지 사회적 불평등 현상은 늘 존재해 왔다. 『개념전』에서는 진돗개를 빗대어 사람 간의 인종차별 문제를 나타내고 있다. 특히 흑인은 예로부터 많은 차별을 받았는데 그로 인하여 사회생활을 하는 것뿐만 아니라 사람들과 관계를 맺는 것에서도 어려움을 겪었다. 이러한 문제는 현대에 와서 완화되긴 했지만 여전히 우리들 생활 속에 남아있다. 인종을 차별하는 문제 외에도 사회적 불평등 현상은 우리 삶 속에 녹아들어 있다. ⋮

동현이는 서론에서 사회적 불평등이 늘 존재해 왔다고 썼다. 대상도서와 흑인의 예를 든 뒤에 우리 생활에도 불평등 현상이 녹아들어 있다고 했다. 모든 시대와 사회에 불평등이 있다는 논제와 똑같은 내용이다. 그렇다면 창의적 사고력이 없을까? 서론을 읽으면 불평등 현상이 인간의 생활에 스며들어 있었다고 인정하게 된다. 또한 동현이가 앞으로 어떤 말을 할지 궁금해진다. 동현이가 해결하길 원하는 문제에 호기심을 갖게 된다. 그러므로 창의적 사고력이 있는 서론이다.

다른 글을 보자. 중현이가 쓴 글의 서론이다.

변중현
중1남

⟨1문단⟩ 사회적 불평등 현상은 어느 시대, 어느 사회를 막론하고 나타난다. 요즈음에는 사회적 약자에 대한 인식이 높아지면서 그들을 위한 제도와 지원이 많아지고 있지만 아직도 많이 부족하다. 그들을 잘 알아야 그들을 제대로 도와줄 수 있기 때문에 나는 이 글에서 그들이 당하는 차별과 그 해결책을 이야기해 보겠다.

　동현이 서론과 비슷해 보이지만 중현이 글은 어떤 내용을 쓸지 보인다. '차별과 그 해결책을 이야기해 보겠다.'는 내용이 아니라 이 문제를 왜 고민해야 하는지 써야 했다. 평등, 민주주의, 인권 등의 개념이 부각되기 전에는 어쩔 수 없다 해도 민주주의가 뿌리를 내린 곳조차 왜 불평등 현상이 일어나는지 고민해야 한다고 써야 했다.

　김동현이 쓴 2문단을 보자.

김동현
중2남

⟨2문단⟩ 밀레는 자신의 그림 안에 가난하고 소외된 자들의 삶을 그려낸 것으로 알려져 있지만 그 시대의 시대상을 비판하고자 노력한 것으로 보인다. ⟨만종⟩은 일과를 마친 뒤 아무리 고된 삶이라도 그저 신에게 묵도하는 겸손한 농부의 모습으로 읽혔지만 그림 뒤에는 상류층의 사치스러운 생활, 결국 생을 마감한 아이의 시신이 담긴 바구니가 있었다. 이러한 그림은 밀레라는 화가가 상류층의 사치스러운 생활을 경멸했지만 그것을 드러내놓고 그리기에는 용기가 부족했던 것으로 보인다. 그렇지만 그의 확고한 의지는 그림 속에 그것이 존재한다는 것을 지금까지도 밝히고 있다.

친구들이 감탄했다. 문장력과 표현력은 말할 것도 없고 문장이 자연스럽게 이어진다. 〈만종〉을 통해 당시의 사회 경제적 상황과 이를 바라보는 밀레의 마음을 잘 분석했다. 대상도서를 창의적으로 보고 있다.

"잘 썼어. 다른 질문을 해보자. 지금까지 〈만종〉을 어떻게 생각했지?"

"평화로운 모습, 일과를 끝내고 돌아가는 풍요로운 모습, 아름다운 풍경이요."

"자세히 살펴보면 밀레의 숨겨진 마음을 찾을 수 있었을 텐데 오래도록 평안, 안식을 나타내는 그림으로만 생각한 까닭은 뭘까?"

여러 의견이 나왔지만 '해석자'의 관점에서 생각하진 못한다.

"〈만종〉을 전시했을 때 누가 소개하는 글을 썼을까?"

배운 사람, 부자를 말한다. 적어도 농부는 아니라고 한다.

"그들은 무얼 봤을까? 그들 눈에 〈만종〉은 '평화와 풍요'로 보였을까? '슬픈 현실'로 보였을까? 동현이는 글을 잘 썼어. 다만 〈만종〉을 평화와 풍요로 해석한 부유층의 인식과 고통스러운 현실로 바라보는 농부의 인식 차이를 고민하는 눈을 가졌다면 좋았을 거야."

동현이가 3문단으로 쓴 결론이다.

**김동현
중2 남**

〈3문단〉 이렇게 과거의 화가부터 현대의 문학소설까지 사회적 불평등 현상을 알리려고 노력하고 있다. 그러나 이러한 작은 노력은 사회적 불평등 현상을 해결하는 데 도움을 줄 수는 있지만 뿌리 뽑지는 못한다. 이 문제를 해결하기 위해서는 사회적 불평등 문제의 피해자인 사회적 약자에게 기회를 평등하게 주는 것을 넘어서 우선하여 대우해 주는 적극적인 조치가 필요하다. 또한 소수의 노력이 아닌 다수의 사람들과 국가의 노력이 필요하다. 적극적 우대 조치와 소수자 우대 정책 등과 같은 것이 이러한 문제를 해결하기 위한 사람들의 노력의 결실이다. 이렇게 여러 사람들이 노력하여 모두가 행복해지는 시대가 오면 사회적 불평등 문제는 우리의 삶에서 사라지게 될 것이다.

　동현이는 사회적 약자 우대 정책과 다수의 사람과 국가의 노력이라는 두 가지 해결책을 제시했다. 그러나 두 가지 의견이 어떻게 문제를 해결하는지 논증하지 않았다. 설명과 예시를 들어 설득하지 않으면 〈라〉의 내용을 되풀이하는 것에 불과하다.

　흑구와 〈만종〉의 농민들로 대표되는 사회적 약자가 불평등을 느끼지 않으려면 무엇이 필요한지 제시해야 문제 해결력을 갖춘 글이다. 따라서 동현이의 글은 창의적 사고력은 뛰어나지만 문제 해결력이 부족하다. 해결책이 글 〈라〉에서 제시한 내용을 넘어서지 못한다.

　〈다〉『10대와 통하는 땅과 집 이야기』를 2주 동안 토론하면서 책에서 제시하는 해결책을 이해하고, 우리도 해결책을 찾았지만 하나도 제시하지 못했다. 아쉽지만 중학교 2학년의 글로는 잘 썼다고 칭찬했다.

자세하게 설명할 내용과
간단하게 언급할 내용을 구분해야 한다

김동현, 변중현 논술을 읽고 의견을 나누다가 자세하게 설명할 부분과 간단하게 언급할 부분을 어떻게 구분하는지 물었다. 먼저 동현이의 서론(1문단)을 살폈다.

김동현
중2남

①과거부터 지금까지 사회적 불평등 현상은 늘 존재해 왔다. ②『개넘전』에서는 진돗개를 빗대어 사람간의 인종차별 문제를 나타내고 있다. ③특히 흑인은 예로부터 많은 차별을 받았는데 그로 인하여 사회생활을 하는 것뿐만 아니라 사람들과 관계를 맺는 것에서도 어려움을 겪었다. ④이러한 문제는 현대에 와서 완화되긴 했지만 여전히 우리들 생활 속에 남아있다. ⑤인종을 차별하는 문제 외에도 사회적 불평등 현상은 우리 삶 속에 녹아들어 있다.

①번 문장에서 사회적 불평등 현상을 자세하게 설명해야 할까? ④번 문장에서 우리 생활에 남아있는 차별 문제를 설명해야 할까? ②번 문장 위치가 알맞을까?

동현이는 ①과 ④를 설명해야 하는지는 대답하지 않았고 ②번 문장은 그대로 두자고 했다. ②번 문장을 빼면 '①사회적 불평등은 오래전부터 있었다. ③특히 흑인이 심했다. ④이런 문제는 지금 우리 곁에도 남아있다. ⑤사회적 불평등 문제로 녹아있다.'인데, ②번 문장을 어디에 써야 할까?

① 앞에 넣으면 ②의 개념전은 ①의 부연설명이 되지만 어색하다. ④와 ⑤ 사이에 넣으면 지금도 우리 생활에 남아있는 차별의 예가 된다. ⑤ 뒤에 넣으려면 ②를 본론으로 시작해야 한다. 이럴 때 중요한 건 글쓴이의 의도이다. 동현이는 개념전을 예로 들어 지금도 사회적 불평등 현상이 계속되고 있다는 점을 지적하려 했다고 한다. 따라서 ③번 뒤에 넣으면 자연스럽다. 이어서 중현이 서론을 살펴보았다.

변중현
중1 남

①사회적 불평등 현상은 어느 시대, 어느 사회를 막론하고 나타난다. ②요즈음에는 사회적 약자에 대한 인식이 높아지면서 그들을 위한 제도와 지원이 많아지고 있지만 아직도 많이 부족하다. ③그들을 잘 알아야 그들을 제대로 도와줄 수 있기 때문에 나는 이 글에서 그들이 당하는 차별과 그 해결책을 이야기해 보겠다.

중학교 2학년 여학생이 묻는다.

"①에서 사회적 불평등을 설명하고 ②에서 인식, 제도, 지원에 대해 설명하고 ③번도 설명해야 하는 거 아닌가요?"

"이 문단은 서론이다. 이어질 2문단은 인종차별, 3문단은 경제적 차별, 4문단은 차별 해결 방법, 5문단은 결론을 썼다. 그럼 중현이가 1문단에서 무엇을 쓰려고 했을까? 중현이가 논술하려는 내용은 ①, ②, ③ 중에 무엇일까?"

"이어지는 글에서 차별의 사례와 해결책을 썼으니 ③번이죠!"

"그럼 ①과 ②는 왜 썼지?"

"③을 말하기 위해 썼어요."

"그럼 ①과 ②를 자세하게 설명해야 할까?"

"아니요."

"③은 어때?"

"①과 ②에서 설명했으니 안 해도 될 것 같은데요."

논술에서 자세하게 쓸 부분과 간단하게 언급하고 넘어갈 부분을 구분하는 일은 굉장히 중요하다. 정작 자세하게 설명해야 할 곳은 넘어가고 중요하지 않은 곳에서 설명과 예시, 경험과 생각까지 쓴 논술을 많이 봤다. 우리가 쓴 글로 두 부분의 차이를 알아보면서 좋은 공부를 했다. 통합논술은 쓰기 어렵다. 주어진 글에서 논제가 요구하는 내용을 공통으로 찾아야 하고 대안까지 제시해야 한다.

마지막으로 제15회 대한민국 독서토론·논술대회 논제를 살펴보자. 논술 쓰는 방법을 설명하면서 언급했던 내용이다.

논제 식량안보란 인구증가, 자연재해, 전쟁 등을 고려하여 어느 상황에서나 먹을거리를 확보하는 것을 말합니다. 2008년과 2010년 세계를 강타한 국제 곡물가격 상승으로 식량안보의 위기가 심각해지고 있습니다. 최근의 세계적인 식량위기와 관련하여 그 원인을 글 〈가〉와 〈나〉를 참고하여 서술하고, 이러한 식량안보의 위기가 우리나라 및 개발도상국에 끼치게 될 영향에 대해 글 〈다〉와 〈라〉를 통해 알아본 후, 식량위기를 극복하고 식량안보를 강화할 수 있는 방안에 대해 논술하시오.

〈가〉 농업의 기업화는 세계 농업의 생산 구조를 바꾸어 놓았다. 미국을 비롯한 곡물 및 육류 수출국에서는 대규모 단일경작 체제를 강화하였다. 그 과정에서 자영농은 감소하였으며, 기업농은 빠르게 성장하였다. (…)

개발도상국의 농업 시장이 개방되면서 외국산 곡물의 수입량이 빠른 속도로 증가하게 되었다. 그 결과 자영농에 의한 곡물 생산이 줄어들게 되면서, 외국산 곡물에 대한 수입 의존도는 점차 높아지고 있다. (…)

우리 입맛은 어느덧 서구식으로 바뀌고 있다. 쌀 소비량은 크게 줄어드는 대신 밀가루를 이용하여 만든 빵, 라면, 과자 등의 소비량이 늘고 있으며, 쇠고기, 돼지고기와 같은 육류와 달걀의 소비량도 빠르게 증가하고 있다. 식단의 서구화는 우리나라에서만 나타나는 일이 아니다. 아프리카에서도 옥수수나 기장 대신 밀을 소비하는 인구가 늘어났다. 이 과정에서 아시아와 아프리카 국가들의 곡물 자급률이 눈에 띄게 낮아졌다.

일부 국가와 곡물 메이저의 식량 장악으로 2008년 식량이 부족해지면서 곡물 가격이 급등하는 애그플레이션이 발생하였다. 중국과 인도의 경제 성장에 따른 곡물 및 육류의 소비 증가, 농업 활동에 필수 요소가 된 석유 가격의 상승, 기후 변화에 따른 농작물 생산량의 변동 등도 농산물 가격 상승을 가져오고 있다. (『중학교 사회 2 (동아출판)』 38쪽)

〈나〉 전통적으로 우리나라의 밀 재배량은 쌀에 비해서 적은 편이었다. 밀은 고온에 약하기 때문에 평균 기온이 4℃ 내외이며 여름철에도 평균 기온이 14℃를 넘지 않는 지역에서 잘 자란다. 그래서 여름 기온이 이보다 높고 기온의 연교차가 큰 우리나라에서는 주된 식량 작물로 재배하기에 적합하지 못했다. (…)

통계청이 발표한 2012년 양곡 소비량에 따르면 우리나라 사람들의 연간 쌀 소비량은 1인당 69.8kg으로 나타났다. 지난 1971년 1인당 쌀 소비량이 136.4kg에 달했던 것에 비하면 절반 가까이 하락했다. 쌀이 이렇게 갈수록 찬밥 신세가 되는 것과 달리 밀 소비량은 꾸준히 늘어나고 있다. 밀의 1970년 1인당 소비량은 13.8kg에 불과했지만 2012년에는 33kg으로 3배 가까운 성장세를 보였다. 특히나 이러한 쌀과 밀의 역전 추세는 어린 연령대로 갈수록 뚜렷이 나타난다. 아무래도 아이들의 까다로운 입맛에는 비교적 단조로운 맛의 밥보다 설탕과 버터와 각종 부재료들이 어우러진 빵과 기타 밀가루 음식들이 더 유혹적이기 때문이리라. (『하리하라의 음식과학』 122~128쪽)

〈다〉 "아니, 어머이 말이 틀렸다는 게 아니라……. 지금 이렇게 농사가 어려운 건 하늘 탓이 아니잖아요. 농업을 포기하는 정부 탓이지. 한미 에프티에이 발효되고 나서 수입 농산물 많아지고 수입 소고기 쏟아져 들어오고 그러잖아요. 우리나라 식량 자급률이 50프로도 안 돼요. 정부에서 우리나라 경제가 오이시디 십 몇 위라고 떠들었죠? 그 오이시디 국가 삼십 몇 개 중에 꼴찌라구요. 그것도 사람 먹는 식량만으로 그런 거고 사료까지 따지면 식량 자급률이 30프로도 안 돼요. 이게 단순한 문제가 아닌데 사람들이 위기의식이 없어요. 세상이 다 돈돈 하니까 이제는 농민들도 다 돈돈 해요. 이러다 쌀 전면 개방이라도 하게 되면 농업은 아예 희망이 없어진다구요."

(『모두 깜언』 217~218쪽)

〈라〉 마다가스카르에서는 한때 자국에서 유아용 분유를 생산하지 않았기 때문에 모두 수입에 의존했었어요. 그래서 가난한 사람들은 비싼 분유를 도저히 살 수가 없었죠. 게다가 아기 엄마는 태어난 아이가 10개월 정도 되면 다시 임신을 하기 때문에 젖이 나오지 않아요. 엄마들은 어쩔 수 없이 아기에게 연유를 사서 먹이는데, 이것은 영양이 편중되어 있어서 아기가 먹으면 금방 건강이 나빠집니다. (『빈곤의 광경』 31쪽)

과거 필리핀의 많은 농부들은 작은 경작지를 가족들과 같이 일구어 살아가는 자급농이었다. 쌀과 옥수수의 생산이 많았으나, 다국적 기업이 들어와 곡물 생산 지역에서 바나나를 생산하게 되면서 토지의 많은 부분이 외국계 기업농에게 팔리고 농민들은 농업 노동자가 되었다. 필리핀의 농업 노동자들은 우리나라 돈으로 하루 5,000원 정도를 받는다. 비행기로 살포되는 농약을 뒤집어쓰면서 장시간 일하는 대가로는 너무 적은 것이다. 이들은 적은 임금으로 외국에서 생산한 쌀을 사먹고 있다. 하지만 국제 바나나 가격은 저렴해진 대신 국제 쌀 가격은 크게 올라 어려움을 겪고 있다.

(『중학교 사회 2 (동아출판)』 38쪽)

생각 확장하기

대회 공고를 보고 논술 주제가 '식량'인지는 알았지만 논제가 어떻게 나올지는 몰랐다. 논술을 준비하기 위해 다양한 관점에서 생각했다. 어떤 논제가 나와도 생각을 정리해서 짜임새 있게 구조화하도록 다양한 관점에서 내용을 생각하도록 토론했다. 토론하지 않고 무조건 글부터 쓰면 예상하지 못한 논제가 나왔을 때 제대로 쓰지 못한다. 그래서 세 권을 각각 두 시간씩 토론했다.

개요짜기

제시문을 요약해보자.

〈가〉 경쟁에 의한 농업의 기업화가 자영농을 감소시키고, 입맛의 서구화가
　　 수입 곡물에 대한 의존도를 높여 곡물 자급률이 낮아졌다. 더구나 식량 가
　　 격의 변동 폭이 커져 자급률이 낮은 국가에 위기가 온다.
〈나〉 우리나라에서 재배하기 어려운 밀의 소비량이 늘어나(입맛의 서구화로 인
　　 한 결과) 자급률이 점점 낮아진다.
〈다〉 식량 자급률이 낮아지는데도 정부와 국민들이 위기의식을 갖지 않는다.
〈라〉 마다가스카르와 필리핀에서 보듯 식량 자급률이 낮아지면 위험하다.

　　 논제가 식량위기의 원인, 영향, 극복 방안을 서술하라고 요구하므로
개요를 짜기 쉽다. 1문단-서론(식량 위기 문제에 관심을 가져야 하는 까닭), 2문
단-본론 1(식량위기의 원인), 3문단-본론 2(식량위기의 영향), 4문단-본론 3(식량
위기 극복 방안), 5문단-결론(생략 가능)을 쓰면 된다. 제시문을 잘 요약하기
만 해도 짜임새를 갖춘 논술을 쓸 수 있다. 2문단에 식량위기가 우리에
게 주는 영향을 쓰고 3문단에서 왜 이러한 영향을 받게 되었는지 쓴 뒤
에 이어서 식량 위기 극복 방안을 제시해도 좋겠다.

논술 쓰기

변중현
중3 남

〈1문단〉 인간이 살아가기 위해선 식량이 꼭 필요하다. 그러나 대자연 앞에서 나약한 인간은 늘 굶주렸다. 그래서 인간은 질소 비료를 생산하고 새로운 품종을 개발하는 등 안정적인 식량 확보를 위해 과학을 발전시켰다. 하지만 이러한 노력에도 불구하고 지난 2008년과 2010년 세계적인 식량위기가 터지면서 식량문제에 대한 새로운 해결책이 필요하게 되었다. 그렇다면 우리는 식량위기를 극복하고 식량안보를 강화하기 위해 어떻게 해야 할까?

〈2문단〉 먼저 식량위기가 일어난 원인에 대해 알아보자. 가장 근본적인 원인은 세계의 갑작스러운 경제성장 때문이다. 경제성장으로 인해 급격하게 인구가 증가했고 농업 활동의 필수요소가 된 석유값이 상승했다. 또한 지구온난화로 세계 여러 곳에 자연재해가 일어나면서 식량위기가 심각해졌다. 다른 원인으로는 입맛의 서구화가 있다. 사람들이 점점 서양 음식을 찾으면서 우리 땅에서 잘 자라지 않는 식재료가 필요하게 되었다. 따라서 식량의 수입 의존도가 높아졌고 세계의 식량 사정에 큰 영향을 받게 되었다.

〈3문단〉 이러한 식량 위기는 많은 문제를 일으킬 수 있다. 첫 번째로 식량위기는 자영농을 감소시킨다. 이로 인해 기업농만 살아남게 된다. 이것이 왜 문제냐 하면 기업농은 이윤을 위해 움직이기 때문이다. 이들은 더 많은 생산량을 위해 유전자재조합 식품과 여러 가지 화학약품 등을 써서 많은 폐해를 일으킨다. 따라서 안전하지 못한 식량이 생산될 수밖에 없다. 두 번째로 식량 위기는 식량 자급률을 줄인다. 따라서 마다가스카르처럼 수입에 의존한 채 국제 사회에서 힘을 잃을 수 있다.

〈4문단〉 그렇다면 해답은 무엇일까? 나는 문제의 원인이 공정하지 못한 분배에 있다고 생각한다. 현재 식량도 세계 인구의 두 배를 먹일 정도인데 새로운 품종은 (식량위기 해결에) 효과가 없다. 따라서 우리는 세계화에서 모두 이득을 볼 수 있는 방법을 선택하고 정책을 바꾸어야 한다. 나라 안에선 세계화로 막대한 이윤을 얻는 대기업에 높은 세금을 물려 가난한 자들에게 돌려주어야 한다. 그리고 국제사회에서는 선진국이 개발도상국에 더 많은 지원과 기부를 통해 스스로 자립할 수 있게 해야 한다. 모두를 위하고 공정하게 생각한다면 식량위기는 금세 사라질 것이다. ⋮

　1,000자(±10퍼센트)로 대안까지 제시해야 하므로 생각을 정확하게 정리해야 한다. 앞의 통합 논술 예시에서 중현이는 1,600자를 쓰고도 대안을 제시하지 못하고 했던 말을 되풀이했다. 지금은 짜임새 있게 글을 썼다.

　서론(1문단)에서 인간이 식량을 확보하기 위해 노력해왔지만 과학 기술이 발달한 2000년대에 식량위기가 터진 사실을 제시하며 식량안보의 중요성을 제시했다. 주어진 논제가 지금 시대에 얼마나 중요한 문제인지 잘 드러냈다.

　본론 1(2문단)에서 식량위기의 원인으로 갑작스러운 경제성장과 입맛의 서구화를 들었다. 제시한 글 〈가〉와 〈나〉에서는 경쟁으로 인한 농업의 기업화, 입맛의 서구화, 시장 개방이 가져온 문제점을 언급했다. 세 가지 원인은 경제성장으로 설명할 수 있다. 경제가 성장하면서 농업이 기업화되었다. 우리나라도 경제가 성장하면서 교류가 늘어나서 입맛이 서구화되었다. 시장 개방 역시 경제 성장과 밀접하게 관련되어 있다. 중현이가 식량위기의 원인으로 경제성장을 말한 점이 뛰어나지만 제대로 설명하지 못했다. 더구나 입맛의 서구화를 따로 설명해서 아쉽다.

　본론 2(3문단)에서 식량 위기 때문에 생긴 문제로 자영농 감소, 안전하지 못한 식량 생산, 식량 자급률 감소를 들었다. 자영농이 감소하고 기업농이 증가하면 식량을 이익 추구의 수단으로 사용하여 폐해가 일어날 거라 말한다. 좋은 지적이다. 식량 자급률 감소가 일으키는 문제는 분량 때문에 간단하게 언급했다. 조금 아쉽다.

　결론(4문단)에서는 식량 문제 해결 방안으로 공정한 분배를 제시했다. 이를 위해 대기업과 선진국이 책임을 더 지도록 해야 한다고 주장했다. 좋은 대안이다. 식량문제에 대한 위기의식, 단일화된 세계에서 공동체 의식이 없으면 공멸할 수밖에 없다는 생각을 제시하면 더 좋았겠다고 생각한다.

가을 어느 날 점심시간에 아이들과 산책하다가 할미꽃을 봤다. 할미꽃을 모르면 그냥 꽃이거니 하고 지나친다. 꽃 이름을 안다고 해도 아이들은 봄에 피어야 할 할미꽃이 가을에 핀 게 이상하다고 생각하지 않는다. 자연을 읽어낼 눈이 없기 때문이다. 보는 눈이 있으면 "한 알의 모래에서 우주를 보고, 한 송이 들꽃에서 천국을 본다."*

유한준 선생은 김광국의 『석농화원(石農畵苑)』 발문에 "알게 되면 참으로 사랑하게 되고, 사랑하게 되면 참으로 보게 된다."**라고 썼다. 나는 할미꽃을 좋아한다. 봄이 오면 할미꽃 사진을 찍으러 다닌다. 할미꽃 전설을 알고, 뿌리에 독이 있어서 화장실 해충을 죽일 때 썼다는 사실도 안다. 옮겨 심기 까다롭지만 화분에서 키우는 방법도 알고 있다. 그래서 할미꽃을 사랑하고, 할미꽃을 알아보는 아이도 사랑한다.

가을에 개나리나 벚꽃이 피면 사람들은 이상기후를 일으킨 원인을 설명한다. 배기가스, 온실효과, 엘니뇨와 라니냐 등을 말한다. 그러나 잠시만 지나면 또 다른 뉴스에 귀를 기울인다. 이런 태도로는 무엇 하나 바꾸지 못한다. 환경오염의 심각성에 대해 어떻게 토론할까? 찬성과 반대 의견을 뒷받침하는 논리와 증거를 찾아 주장과 반박을 할 것이다. 논제를 깊이 따져보고 준비하기 때문에 웬만한 어른이 맞서도 이기기 어렵다. 그러나 내가 본 대부분의 찬반토론에서 학생들은 배우기 위해서가 아니라 꼬투리를 잡기 위해 상대편 의견을 듣는 것 같았

* 블레이크가 쓴 시 〈순수의 전조〉의 앞부분.
** 『김광국의 석농화원』 김광국 지음, 유홍준·김채식 옮김, 눌와.

다. 정해진 논제의 관점으로만 책을 읽기 때문에 다양하게 이야기하기도 어려웠다. 승패가 가져오는 감정의 소용돌이에 휘말려 허탈감만 남지는 않을까 염려되었다.

나는 가을에 할미꽃이 피었다는 사실에 대한 여러 사람의 생각을 듣는 걸 더 좋아한다. 봄이면 할미꽃을 찾아다니고, 햇볕이 따가워지기 시작하면 흰 머리를 흩뜨린 모습으로 지는 할미꽃을 살핀다. 내가 본 할미꽃, 네가 생각한 할미꽃, 우리 할머니 이야기를 나눈다. 그러면 할미꽃에서 고개 숙이는 겸손한 노인을 생각하고, 소녀시절의 꿈을 다시 키우는 고운 할매를 떠올린다. 돌아가신 할머니가 보고 싶다는 말도 나온다.

독서반을 하면서 학생들에게 할미꽃을 최대한 여러 가지로 바라보도록 도와주려 했다. 나만의 할미꽃, 너만의 할미꽃, 우리들의 할미꽃을 갖고 살아간다면 얼마나 좋을까! 처음 시작한 학생들이 대학에 가고 독서반을 새롭게 시작했다. 두 번째 학생들이 고등학교에 들어갈 때 독서반이 어땠는지 글을 썼다. 내가 독서반을 하면서 원한 마음이 이 글에 다 들어있다.

시작은 미미하되 끝이 창대하리라는 말이 있다. 난 이 독서모임이 좋았다. 초등반에 있다가 중등반으로 왔을 때는 조금 두렵긴 했어도 서로 토론하면서 많이 편해졌다. 난 여기 오면서 책에 대한 것도 배웠지만 남의 의견을 수용하는 것을 배운 것 같다. 내 단점은 귀 닫고 말하는, 토론에 가장 안 좋은 그런 스타일이다. 아직 많이 부족하지만 냉정해지고 남의 말을 수용하게 된다. 이것 또한 큰 배움이었다고 생각한다.

아침에 올 때는 졸렸지만 집에 갈 때는 정말 뿌듯하게 간 것 같다. 뭔가를 배워간다는 느낌을 받았고 또 집에 가는 길에 그날 토론했던 문제를 생각하며 갔다. 다른 날은 몰라도 그날만은 진짜 책에 대해 깊이 생각했다. 그것들이 미미하지만 모여서 조금 나를 바꾼 것 같다. 일반적인 문제를 생각하고 책을 다 읽었을 때 재미있다고 받아들이는 것보다 다시 한 번 책 내용에 대한 의문점을 생각해 보았다. 읽은 책을 친구들에게 소개해주기도 했지만 역시 친구들은 딱히 좋아하지 않았다. 그래도 나 스스로 여기서 읽은 책들을 생각해보는 게 좋았다. 정말 시작은 미미했다. 대충 책만 읽고 간단한 얘기하고 그랬지만 또 시간이 지나니 창대까지는 아니더라도 미미보다는 나아진 것 같다. 이 시간에 선생님의 인생에 대한 조언도 좋았고 거의 다 좋았다. 그냥 이 활동에 감사한다고밖에는 말 못 하겠다. 김민좌 (중1)

◾◾◾◾◾ 고맙습니다. 길다면 긴 시간 동안 정말 많은 세상을 바라볼 수 있었던 것 같아요. 어렸을 때 아무리 책을 좋아해도 편식해서 좋아하는 것만 읽었는데 다양한 종류의 책을 접할 수 있었던 게 독서반을 하면서 가장 좋았던 점 같아요. 이제는 도서관에 가도 더 많은 책에 관심을 가지게 되었고 책

을 통해 무언가 배우는 기쁨도 알게 되었어요. 책을 읽다가 작가의 필체에 감동할 때도 있었고 평소에는 모르고 지나쳤을 한 줄의 즐거움을 알게 되었어요.

독서반 하면서 꾸준히 글도 쓰다 보니 글에 대한 견해는 물론 어떤 종류의 글을 어떻게 써야 좋을지 고민하게 되고 실제로 더 전략적으로 글을 쓰게 돼요. 이제 글쓰기는 자기소개 취미란 한 자리를 차지하고 생각날 때마다 조금씩 쓴 글들이 USB에 가득 차게 됐어요. 나도 남들처럼 글쓰기를 두려워하고 지루해하게 될 줄 알았는데 '논술 잘 쓰기', '자기소개서 격파' 같은 쓸데없는 책 안 읽어도 되는 게 가장 큰 행운 같아요. 조금 힘든 점이 있다면 글쓰기 대회가 있으면 자동 등록되어 버린다는 정도. 억지로 글 쓰는 건 힘들잖아요. 이번 축제 때 교장선생님 인사말도 제가 썼어요. 하하. 초등학교 3학년 과학 선생님으로 처음 뵙고 지금까지 선생님과 만날 수 있는 건 평생 잊지 못할 거 같아요. 학교 선생님보다 더 의지할 수 있었고 이렇게 끝나는 게 조금 허무하고 실감도 안 나요. 사실 독서반 더 하고 싶다고 찡찡거리고 싶지만 왠지 모르게 떠나야 할 거 같은 기분이 들어요. 가끔씩 꼭 올게요. 저 선생님 뵈려고 교회 다닐지도 몰라요.

이제 이런 얘기를 누구랑 하죠? 독서대회 그런 거 이제 나가볼 수는 있을까요? 소중한 게 뭔지 진심으로 느낄 수 있는 시간이 되었던 거 같아요. 정말 고맙습니다. 이가진 (중3)

『내 영혼이 따뜻했던 날들』 편

『인디언의 선물』마리루이즈 피츠패트릭 지음, 황의방 옮김, 두레아이들, 2011, 난이도 ★

감자 기근으로 아일랜드 사람들이 고통당한다는 소식을 듣고 촉토 부족이 아일랜드 사람들을 도와주어야 하는지 회의를 연다. 백인들에게 고통당하는 처지에 어떻게 돕느냐는 반대가 있었지만 촉토 부족은 아일랜드 사람들을 돕기로 결정한다. 학교에서 설렁설렁 읽다가 하도 눈물이 나서 당황스러웠던 책이다. 『내 영혼이 따뜻했던 날들』의 할아버지 같은 사람들 이야기이다.

『소유냐 존재냐』에리히 프롬 지음, 차경아 옮김, 까치, 1996, 난이도 ★★★

프롬은 40년 전에 사람들이 존재양식을 잃고 소유양식에 매달려 살아가리라 예측했다. 우리가 가진 소유물에 마음을 빼앗겨 우리가 어떤 존재인지 잊을 때의 위험을 경고했다. 현대 사회는 프롬의 말을 증명하고 있다. 우리가 어떤 모습으로 살아가는지 살펴보고 어떤 존재가 되어야 하는지 고민하라고 소리치는 책이다.

『앵무새 죽이기』 편

『파수꾼』하퍼 리 지음, 공진호 옮김, 열린책들, 2015, 난이도 ★★

하퍼 리는 『앵무새 죽이기』 한 권으로 퓰리처상을 받고 다시는 책을 내지 않았다. 『파수꾼』을 써놓았지만 『앵무새 죽이기』의 높은 인기가 부담스러워 금고에 감춰두었다. 55년이 지난 뒤에 변호사가 원고를 발견하고 하퍼 리가 죽기 직전에 출판되었다. 『앵무새 죽이기』에 등장하는 진 루이즈가 성인이 되어 아빠를 바라보는 이야기이다. 아빠인 에티커스가 인종 차별주의자였는가 하는 논란을 일으킨 책이다.

『하늘을 달리는 아이』제리 스피넬리 지음, 김율희 옮김, 다른, 2007, 난이도 ★

뉴베리상을 받은 책이다. 세 살 때 부모를 잃고, 사랑 없는 집에서 자라던 아이가 갑자기 달리기 시작해서 투밀즈에서 멈춘다. 투밀즈의 흑인마을 이스트엔드와 백인마을 웨스트엔드를 오가며 양쪽에서 가족을 만들어가는 이야기이다. 흑백차별을 깨뜨리고, 가정을 찾아가며, 상처를 치유해가는 따뜻한 이야기이다. 『앵무새 죽이기』와 색깔이 다르지만 같은 이야기를 한다.

『인간의 품격』 데이비드 브룩스 지음, 김희정 옮김, 부키, 2015, 난이도 ★★

인간에겐 드높은 위상과 승리를 원하는 외적인 본성과 함께, 도덕적 자질을 귀하게 여기며 고요하고 평화로운 인격을 갖추길 원하는 내적인 본성이 있다. 자신의 성취를 만끽하기를 원하지만 동시에 거룩한 목적을 위해 세속의 성공과 사회적 지위를 포기하기도 한다. 저자는 후자의 모델이 되는 인물 여덟 명을 소개한다. 겸손, 교양, 인격의 깊이를 갖춘 사람들의 실제 이야기를 들려주며 성공이 아니라 성장이 더 중요하다고 말한다. 실제로 에티커스처럼 살아가는 사람들 이야기다.

『수레바퀴 아래서』 편

『스프링벅』 배유안 지음, 창비, 2008, 난이도 ★

아프리카에 사는 스프링벅은 무리가 적을 때는 조용히 풀을 뜯지만 무리가 커지면 뛰기 시작한다. 좋은 풀을 먹으려면 앞으로 나가야 하고, 다른 놈보다 앞서가려다 보니 결국 모든 무리가 격렬하게 뛴다. 따라 뛰는 스프링벅들은 왜 뛰는지 모른 채 절벽이나 바다로 뛰어든다. 수레바퀴 아래에 깔리지 않으려고 대학만 바라보고 달리는 우리나라 학생들 이야기이다.

『학문의 즐거움』 히로나카 헤이스케 지음, 방승양 옮김, 김영사, 2001, 난이도 ★★

수학의 노벨상으로 불리는 필드상을 받은 일본 수학자가 자신이 공부한 과정을 들려준다. 살아오면서 겪은 작은 일들이 수학자가 되는 데 어떻게 도움을 주었는지 말한다. 선행학습, 좋은 학원, 공부 기술이나 노력이 아니라 공부하지 못하게 말린 아버지를 포함해 실패하게 만든 것들을 더 많이 말한다. 좋은 친구와 좋은 선생님을 성공의 비결로 꼽았다. 『수레바퀴 아래서』의 한스와 달리 공부하는 즐거움에 빠진 사람의 이야기이다.

『행복한 진로학교』 박원순·임영신·박기태·송인수 외 지음, 시사IN북, 2011, 난이도 ★★

(사)사교육걱정없는 세상에서 〈새로운 길을 가는 8인의 직업 이야기〉라는 주제로 진행한 강의 내용이다. 박원순(서울시장), 임경수(사회적 기업 이장 대표), 박기태(반크 대표), 주상완(씨앤엠 로보틱스 대표), 임영신(공정여행가), 최영우(도움과 나눔 대표), 송인수(사교육걱정없는 세상 공동대표) 선생님이 살아온 여정과 가치를 말한다. 수레바퀴 아래서 달리는 학생과 부모들에게 도움이 되는 이야기가 가득하다.

『왜 학교는 불행한가』 전성은 지음, 메디치미디어, 2011, 난이도 ★★★

1970년 거창고등학교 학생들이 3선 개헌에 반대하는 데모를 하자 유신정권이 학생들을 처벌하라고 요구했다. 전두환 정권 때는 일정 숫자의 학생을 삼청교육대로 보내라고 했다. 거창고등학교는 둘 다 거절했다. 교장이 파면당하고 사사건건 괴롭힘을 당했지만 학생을 보호했다. 이 책은 학교의 목적을 지킨 이야기와 함께 학교가 무엇인지, 학교에서 무엇을 해야 하는지 말한다. 죽은 사회에서 시인처럼 살았던 교육자의 이야기이다.

『도대체 학교가 뭐길래』 이상석 글, 박재동 그림, 양철북, 2014, 난이도 ★★

이상석 선생님이 공고에서 학생들을 가르치며 쓴 일기 모음이다. 성공담도 있지만 학교를 떠나버린 제자 이야기도 있다. 답답한 마음으로, 분노하며, 대안이 없기에 더욱 묵묵히 글을 썼다. 아픔과 상처를 글로 고백하며 함께 울고 보듬고 또 살아가야겠다는 마음을 갖게 한다. 대학을 목표로 하지 않는 학생들이 모인 학교의 슬픔과 그 속에서 학생들을 이해하고 사랑하며 버티는 선생님을 보여준다.

『소설처럼』 다니엘 페낙 지음, 이정임 옮김, 문학과지성사, 2004, 난이도 ★★★

『학교의 슬픔』의 저자 다니엘 페낙의 대표작이다. 책을 읽는다는 것에 대한 최고의 책이다. 처음은 조금 어려울 수 있지만 50쪽을 넘어가면서 점점 재미있어진다. 3부는 그야말로 걸작이다. 교수가 대학생들에게 책을 읽어주며 수업하는 이야기가 나오는데 기가 막힌다. 툭툭 내뱉는 문장의 맛이 굉장하다.

『뭘 해도 괜찮아』 이남석 지음, 사계절, 2012, 난이도 ★★

성적과 경쟁이라는 쳇바퀴에 갇힌 학생들은 미래를 위해 사람들이 가는 길로 따라갈 수밖에 없다고 생각한다. 자기가 좋아하는 일을 찾아보라거나 자기만의 계획을 세우라는 말을 신기루 바라보듯 한다. 틀에 박힌 생각에 매인 '나'를 조르바가 일깨워주었듯이 입시 체제에 매인 생각도 깨져야 한다. 뭘 해도 괜찮다는 걸 보여주는 책이다.

『추사의 마지막 편지, 나를 닮고 싶은 너에게』 설흔 지음, 위즈덤하우스, 2013, 난이도 ★★★

추사 김정희는 학문이 높고 예술에 대한 조예가 깊어 여러 관직에서 백성을 위해 일했다. 그러나 안동 김씨를 비판하고 오랫동안 외롭고 힘든 유배 생활을 보냈다. 험난한 삶을 살았던 추사가 아들에게 삶의 지혜를 들려준다. 조르바에게 배우는 삶의 지혜보다 더 묵직한 울림을 주는 가르침이 담긴 책이다.

『산둥 수용소』 랜던 길키 지음, 이선숙 옮김, 새물결플러스, 2014, 난이도 ★★★

일본이 중국을 점령하고 백인들을 산둥에 있는 위헌수용소에 가둔다. 무인도에 갇힌 소년들 이야기가 허구라면 좁은 수용소에 갇힌 백인 무리의 이야기는 실화다. 수용소 밖에서 목사, 신부, 사장, 막노동품꾼이었던 사람들이 수용소 안에서는 똑같은 포로이다. 같은 식탁, 화장실, 침실을 쓰며 인간이 어떤 모습을 보이는지 기막히게 분석했다.

『죽도록 즐기기』 닐 포스트먼 지음, 홍윤선 옮김, 굿인포메이션, 2009, 난이도 ★★★

사회비평과 교육, 의사소통 영역에서 독보적인 위치를 차지하는 닐 포스트먼이 성찰 없는 미디어세대를 분석, 비판한다. 미디어의 세계엔 어른이 없다. 자기를 돌아보고 다른 사람과 의견을 나누는 마음도 없다. 욕망과 본능을 부각하는 미디어 공간이 '파리대왕'일지도 모른다. 미디어에 빠진 세대를 만나고 가르치는 교사와 학부모가 읽어야 할 책이다.

『1984』 조지 오웰 지음, 정회성 옮김, 민음사, 2003, 난이도 ★★

최고의 미래 소설로 꼽히는 책이다. 빅브라더로 불리는 독재 권력이 지배하면서 인간의 자유와 존엄성은 사라진다. 집단을 앞세우는 전체주의 사회에서 개인의 저항은 무기력해서 무의미해 보인다. 잭이 고기를 앞세워 횡포를 부렸다면 『1984』는 사회 구조를 내세우며 개인을 지배한다. 『멋진 신세계』와 함께 읽어야 할 필독서이다.

『해리포터 죽음의 성물』 조앤 K. 롤링 지음, 최인자 옮김, 문학수첩, 2016, 난이도 ★

볼드모트가 쓰는 방법은 억압, 통제, 감시, 복종, 두려움과 위협이다. 조지 오웰이 『1984』에서 예고한 미래사회의 모습과 같다. 미래사회뿐만 아니라 과거에도, 지금도 이 방법은 통한다. 학교에서 이런 수단으로 학생을 통제하던 때가 있었고 지금도 흔적이 곳곳에 남아있다. 『1984』와 함께 『파리대왕』의 내용을 토론하기에 좋은 책이다.

『유토피아』 토머스 모어 지음, 주경철 옮김, 을유문화사, 2007, 난이도 ★★★

토머스 모어가 영국 사회의 부조리를 비판하기 위해 완벽한 나라를 소개한다. 어디에도 없는 곳이라는 뜻의 유토피아이다. 사유 재산이 없고 생산과 소비가 조절되며 인구도 조절된다. 좋은 환경에서 계획에 따라 일하는 노동의 모습을 그렸다. 그러나 제국주의 모습을 담아 한계도 드러난다. 미래를 다룬 토론에서 필수로 다루는 책이다.

『기억 전달자』 편

『우주에 남은 마지막 책』 로드먼 필브릭 지음, 김희정 옮김, 우리같이, 2011, 난이도 ★★

대지진이 일어나 세상이 엉망이 된다. 도시마다 구역을 지배하는 조직이 있다. 글이 사라져 책을 볼 수 없다. 뇌에 프로브 바늘을 꽂으면 온갖 영상을 볼 수 있지만 그럴수록 뇌가 망가진다. 이곳에도 『기억 전달자』처럼 책이 없다. 지나치게 안정된 기억 전달자 사회를 깨뜨리는 것도 책이고 안정이 깨어진 사회를 안정시키기 위해 필요한 것도 책이다. 과거를 기억하지 않으면 미래가 얼마나 불행할지, 그 속에서도 사랑과 같은 기본적 인간성이 어떻게 우리를 구하는지 보여준다.

『랑랑별 때때롱』 권정생 글, 정승희 그림, 보리, 2008, 난이도 ★

『강아지똥』으로 잘 알려진 권정생 선생님의 마지막 작품이다. 지구에 살던 두 아이가 북두칠성에서 다섯 걸음 떨어진 랑랑별에 가서 일어난 일을 상상해서 쓴 동화이다. 랑랑별의 500년 전 모습은 『멋진 신세계』와 『기억 전달자』를 합쳐놓은 것 같은 세상이었다. 과학 기술이 발전한 세상의 삭막함을 벗어나려고 랑랑별 사람들은 옛날 모습으로 돌아가기를 원했다. 이웃과 어울려 인간으로 살고 싶었던 권정생 선생님의 마음이 담겨있다.

『침묵의 행성 밖에서』 C. S. 루이스 지음, 공경희 옮김, 홍성사, 2009, 난이도 ★★★
『페렐란드라』 C. S. 루이스 지음, 공경희 옮김, 홍성사, 2011, 난이도 ★★★
『그 가공할 힘』 C. S. 루이스 지음, 공경희 옮김, 홍성사, 2012, 난이도 ★★★
영국을 대표하는 변증가인 C. S. 루이스가 쓴 우주 3부작이다.

『파우스트』 편

『셰익스피어 4대 비극』 셰익스피어 지음, 난이도 ★★★

『파우스트』『고도를 기다리며』『셰익스피어 4대 비극』모두 희곡 형식으로 쓰였다. 희곡형식의 원작은 낯설어서 이해하기 어렵다. 그렇다고 이야기 형식으로 편집한 책만 읽으면 안 된다. 희곡을 이야기로 풀어 쓴 책을 읽어 줄거리를 이해한 뒤 반드시 극본을 읽어야 한다. 천천히 소리 내어 읽으라고 권한다. 연극까지 보면 더 좋다. 표지에 "○○○ 편"이라 쓰인 책은 편집한 책이므로 "○○○ 역"으로 된 책 중에 마음에 드는 책을 읽으라고 권한다.

『돈 카를로스』 프리드리히 실러 지음, 안인희 옮김, 문학동네, 2014, 난이도 ★★★

실러가 죽었을 때 괴테는 존재의 반을 잃었다고 했다. 천재적 기질이 다분하고 직설적이었던 실러는 괴테가 작품을 쓰면 의견을 보냈다. 괴테는 『파우스트』를 가장 훌륭한 작품이라고 평했는데 만약 실러가 살아있었다면 『파우스트』가 얼마나 더 훌륭해졌을지 모를 거라고 말했다. 실러가 쓴 희극 『빌헬름 텔』과 비극 『군도』 『도적 떼』 『간계와 사랑』 모두 극본으로 쓰였다. 베토벤 교향곡 9번 합창은 실러가 쓴 『환희의 송가』에 가사를 붙인 작품이다.

『지킬 박사와 하이드 씨의 기이한 사례』 편

『체를 통과하는 물』 케빈 베일스 · 베키 코넬 지음, 송재영 옮김, 동산사, 2013, 난이도 ★★

자유와 평등을 귀하게 여기는 21세기에도 노예로 고통받는 사람이 있다. 무려 2,700만 명!! 거짓과 속임수, 자기만 배 불리려는 죄악이 만들어낸 범죄를 끊어내려면 우리 모두의 인식을 바꾸어야 한다. 성선설, 성악설과 관련지어 토론할 때 언급한 책이다.

『도리언 그레이의 초상』 오스카 와일드 지음, 김진석 옮김, 펭귄클래식코리아, 2008, 난이도 ★★

얼굴은 나이와 인품을 반영한다. 그러나 20년이 지나도 도리언 그레이는 얼굴이 청년 때와 똑같다. 그레이의 초상화가 대신 늙어가기 때문이다. 젊음을 보장받은 그레이는 어떻게 살까? 오스카 와일드가 사건 중심이 아니라 생각 중심으로 써서 읽기 어렵다. 그래도 인간의 본성에 대해 토론하기 좋은 책이다.

『식탁 위의 세계사』 편

『옷장 속의 세계사』 이영숙 지음, 창비, 2013, 난이도 ★★
『지붕 밑의 세계사』 이영숙 지음, 창비, 2015, 난이도 ★★

이영숙 씨가 『식탁 위의 세계사』와 함께 쓴 세계사 책들이다. 옷장, 건물을 주제로 세계사를 다루었다.

『10대와 통하는 요리 인류사』 권은중 글, 심상윤 그림, 철수와영희, 2014, 난이도 ★★

『옷장 속의 세계사』 『지붕 밑의 세계사』처럼 한 가지 소재와 관련된 역사를 설명한다. 불, 손, 물, 식물, 곡식, 물고기, 빵, 술, 후추, 고기, 국수, 설탕, 커피, 차, 감자, 곰팡이, 콜라, 피자와 햄버거, 전투식량으로 역사를 소개한다. 이영숙 씨가 쓴 세계사 책보다 어렵다.

『세계를 바꾸는 착한 식탁 이야기』 박소명 글, 홍지연 그림, 도서출판 북멘토, 2015, 난이도 ★

『식탁 위의 세계사』 초등 고학년 버전이다. 감자, 블루베리, 카망베르 치즈, 토마토, 연어, 올리브, 콩이 건강에 어떤 역할을 하는지 역사 이야기와 함께 들려준다. 이야기와 함께 간단한 역사를 소개한다.

『우리가 공유하는 모든 것』 제이 월재스퍼 엮음, 박현주 옮김, 검둥소, 2013, 난이도 ★★★

재산을 개인의 것으로 한정 짓고 자기 배를 불리려는 기업과 개인에 맞선 사람들의 이야기이다. 헨리 조지의 지공주의와 비슷한 개념으로 땅, 하늘, 물 들은 우리가 함께 공유해야 할 우리 모두의 것이라고 주장한다. 땅을 개인의 소유이자 돈 버는 수단으로 생각하는 인식을 바꾸는 데 도움을 주는 책이다.

『세계를 바꾸는 착한 마을 이야기』 박소명 글, 이영미 그림, 도서출판 북멘토, 2014, 난이도 ★★

땅을 욕망의 수단이 아니라 함께 누리는 공간으로 만든 마을 이야기이다. 환경 도시 브라질 꾸리치바, 자급자족 마을 태국 푸판, 자연과 전통을 지키는 마을 일본 유후인, 가난한 자들을 위한 그라민 은행 1호점 방글라데시 조브라, 세계 최초의 공정무역 마을 영국 가스탕, 협동조합 마을 이탈리아 볼로냐, 우리나라 육아공동체 마을 성미산 마을을 소개한다.

『갈리아 원정기』 가이우스 율리우스 카이사르 지음, 천병희 옮김, 도서출판 숲, 2012, 난이도 ★★★

카이사르가 갈리아(프랑스, 스페인 북부, 벨기에)를 정복한 기록이다. 카이사르는 루비콘 강을 건너기 전에 갈리아를 정복하면서 백성들과 군인들의 지지를 받게 되었다. 카이사르가 루비콘 강을 건널 때의 배경을 알려준다. 『내전기』를 토론하기 위해서라면 함께 읽어야 하지만 『갈리아 원정기』만 따로 읽을 필요는 없다. 2천 년이 지난 우리에게는 복잡한 부족 이름과 비슷한 전투 이야기가 되풀이되어 지루하다.

『로마인 이야기 1~15』 시오노 나나미 지음, 김석희 옮김, 한길사, 난이도 ★★

로마가 생기고 발전하고 쇠퇴하고 망하기까지의 역사를 열다섯 권(6200여 쪽)에 담았다. 로마는 하루아침에 이루어지지 않았다. 견고하게 발전했고 로마의 영광이 끝없이 이어질 것 같았다. 그러나 역사의 흐름은 로마를 멸망으로 내몰았다. 로마가 쇠퇴할 때 카이사르가 등장했다고 해도 멸망을 늦출 수는 있지만 막지는 못했을 것이다. 로마의 역사를 통해 우리 역사를 살펴보면 좋겠다.

'2017 대한민국 독서토론·논술대회' 대상도서를 소개한다. 세 권을 대상도서로 한 통합논술 제시문은 대한민국 독서토론·논술대회 누리집(readingkorea.org)에 있다.

중학생 대상도서

『나는야 베들레헴의 길고양이』 데보라 엘리스 지음, 김배경 옮김, 책속물고기, 2015

이스라엘과 팔레스타인 분쟁을 고양이가 바라보는 시각으로 썼다. 팔레스타인 마을 베들레헴에 사는 오마르의 집에 이스라엘 군인 둘이 몰래 숨어든다. 오마르는 자폐아이고 부모는 바로 전날 검문소에서 이스라엘 군인의 오해로 총에 맞아 죽는다. 이스라엘 군인이 오마르의 집에 있다는 사실을 알고 평화롭게 해결하려는 사람들과 무력으로 해결하려는 사람이 몰려온다.

『왜 자본주의가 문제일까』 김세연 지음, 반니, 2017

역사에서 자본주의가 어떻게 생겨나 발전했는지, 노동과 자본의 관계가 자본주의와 어떻게 관계를 맺는지 설명한다. 성장과 분배, 노동자와 자본가, 개발과 보존의 대립을 자본주의로 잘 분석했다. 학생들이 관심을 기울일 만한 내용으로 시작해서 깊이 분석한 내용을 이해하기 쉽게 소개한다.

『플랑크톤도 궁금해하는 바다상식』 김웅서 지음, 지성사, 2016

바다에 관한 상식부터 바다의 기원과 바다와 관련된 자원을 자세하게 소개한다. 개발과 오염으로 파괴되는 바다의 현재 모습을 알려주고 우리나라가 해양 강국으로 가기 위한 방안을 제시한다. 눈으로 직접 보지 못해서 심각하게 생각하지 않는 바다 생태계가 오염 때문에 얼마나 신음하는지 열려준다. 계속 바다의 신음을 무시하면 미래에 얼마나 큰 재난에 맞서야 할지 걱정이 된다.

『**소녀, 히틀러에게 이름을 빼앗기다**』마샤 포르추크 스크리푸치 지음, 백현주 옮김, 천개의바람, 2016

히틀러가 아리아 인의 숫자를 늘리기 위해 만든 레벤스보른 프로그램에 대한 내용이다. 레벤스보른 프로그램은 출산과 납치의 두 방향으로 진행되었다. 이 책은 우크라이나에서 아이들을 납치해서 독일 가정에서 기른 역사를 다루었다. 우크라이나에서 다섯 살까지 라리사로 자랐고, 독일 가정에서 그레첸으로 길러졌고, 나디아라는 이름으로 캐나다에 온 아이가 자신을 찾아가는 이야기이다.

『**다수를 위한 소수의 희생은 정당한가**』표창원·이희수 외 지음, 철수와영희, 2016

인권연대에서 열었던 인권교육 직무연수에서 강의 다섯 개를 골라 책으로 엮었다. 폭력(표창원-국회의원), 민주주의(오인영-고려대 교수), 철학(선우현-청주교대 교수), 이슬람(이희수-한양대 교수), 평화(고병헌-성공회대 교수)를 다루었다. 보다 나은 미래로 나아가기 위해 우리가 고민하고 넘어서야 하는 내용들이다. 고등학생보다 학부모, 교사에게 더 추천한다.

『**청소년을 위한 환경 교과서**』클라우스 퇴퍼·프리데리케 바우어 지음, 박종대 외 옮김, 사계절, 2009

독일 환경부장관, UN 환경 관련 일을 한 저자가 환경을 이야기한다. 물, 숲, 동식물, 바다를 이야기하는 책을 빈부 문제로 시작하고 하나로 연결된 세상으로 끝난다. 단순하게 환경문제와 관련된 지식을 전하는 데 그치지 않는다. 세계 각 나라들이 환경문제에서 어떤 위치에 있으며, 각 나라의 경제규모와 상황에 따라 어떤 역할을 해야 하는지 말한다. 환경 선진국 독일이 그냥 이루어진 게 아님을 알 수 있다.

**키워드
색인**

이 책에 소개 또는 언급된 키워드를 가나다 순서로 수록했다.
여러 쪽에 연속되어 나올 경우 첫 쪽 번호만 썼다.

10대를 위한 행복한 독서토론 ⓒ 권일한, 2017

초판 1쇄 발행 2017년 9월 1일
초판 4쇄 발행 2022년 2월 18일

펴낸이 한상수
편집 장현주 문현경
제목 캘리그래피 정병규
표지 일러스트 장효주
디자인 최재성 by GOLDEN

펴낸곳 (사)행복한아침독서
경영지원 홍병일 김진선
도서사업 이범국 이기 권가인 백정수 조현숙 김성재
사회공헌 송해석 손수정 오빛나
신문편집 조지연 남우정
행복한책방 권경선(파주) 신혜진(일산)
행복한그림책연구소 정병규 배홍숙

주소 경기도 파주시 경의로 1240번길 31, 6층
전화 031-943-7566 **팩스** 031-944-7569
출판등록 2007년 10월 26일
홈페이지 www.morningreading.org **블로그** blog.naver.com/10minreading
페이스북 www.facebook.com/morningreading
포스트 post.naver.com/10minreading

ISBN 979-11-85352-61-9 04370
       979-11-85352-50-3 (세트)

행복한
아침독서

『10대를 위한 행복한 독서토론』을 읽어주셔서 감사합니다.

이 책을 펴낸 사단법인 **행복한아침독서**는
책으로 행복한 세상을 꿈꾸며 다양한 일을 펼치는
독서운동 및 도서관·동네책방 전문 사회적기업입니다.
행복한아침독서는 책을 통해 우리 사회가 더 행복한 사회가 되기를 희망합니다.
독서교육에 도움이 되는 책을 만드는 것도
책 읽는 문화를 만들고 행복한 교실을 가꾸기 위한 노력 중 하나입니다.

'행복한 독서교육' 총서는 그러한 생각으로 정성스럽게 만든 책들입니다.
수십 년간 참교육 운동에 헌신한 이주영 선생님의
『책으로 행복한 교실이야기』를 시작으로,
유치원 아이들과 나눈 그림책 이야기를 엮은 이숙현 이진우 선생님의
『날마다 달마다 신나는 책놀이터』,
승패를 가르지 않고 소통과 경청의 자세를 기르자는 권일한 선생님의
『책벌레 선생님의 행복한 독서토론』,
초등학교의 아침독서 10년을 기록한 이세나 선생님의
『나는 아침독서하는 선생님입니다』, 그리고
이번 『10대를 위한 행복한 독서토론』이 다섯 번째 책으로 출간되었습니다.
아이들과 선생님에게 행복을 심어줄 책교실을 만들기 위하여
'행복한 독서교육' 총서는 꾸준히 나옵니다.